财政教育支出与社会代际流动

郝晓婧 ◎ 著

中国财经出版传媒集团
中国财政经济出版社
·北 京·

图书在版编目（CIP）数据
财政教育支出与社会代际流动 / 郝晓婧著. -- 北京 : 中国财政经济出版社，2025. 8. -- ISBN 978-7-5223-3930-6
Ⅰ. C912.8
中国国家版本馆CIP数据核字第2025KP8284号

责任编辑：董小烨　　责任校对：胡永立
封面设计：陈宇琰　　责任印制：张　健

财政教育支出与社会代际流动
CAIZHENG JIAOYU ZHICHU YU SHEHUI DAIJI LIUDONG

中国财政经济出版社 出版
URL：http：//www.cfeph.cn
E－mail：cfeph@cfeph.cn

社址：北京市海淀区阜成路甲28号　邮政编码：100142
营销中心电话：010－88191522
天猫网店：中国财政经济出版社旗舰店
网址：https：//zgczjjcbs.tmall.com
涿州汇美亿浓印刷有限公司印刷　各地新华书店经销
成品尺寸：170mm×240mm　16开　16.75印张　283 000字
2025年8月第1版　2025年8月河北第1次印刷
定价：76.00元
ISBN 978－7－5223－3930－6
（图书出现印装问题，本社负责调换，电话：010－88190548）
本社质量投诉电话：010－88190744
打击盗版举报热线：010－88191661　QQ：2242791300

前　言

教育关乎国计民生，惠及千家万户。公共教育作为一项政府公共服务，势必会对家庭微观主体产生影响，进而影响其后代一生的际遇与发展。然而，教育对于社会代际流动性可能是一把“双刃剑”，因为社会底层的后代可以通过教育获得更多向上流动的渠道，摆脱原有社会地位的影响；但教育也具有明显的自我实现和阶层再生产特征，因而可能成为加强代际传递、固化社会阶层的利器。那么这是否意味着我们不能通过公共教育政策来改善社会流动性？本书拟从财政教育支出面临的三个问题——规模、结构、责任分担出发，系统分析我国财政教育支出对社会代际流动的影响效应与作用机理，以期得到一些具有现实意义和价值的政策启示：政府部门应该如何配置财政教育支出，才能更好地改善社会流动性，促进社会公平。基于此，本书立足于财政，在分析财政教育支出和社会代际流动现状的基础上，利用科学的研究方法，基于规模、结构、责任分担三个视角，深入探讨了财政教育支出对社会代际流动性的影响效应以及背后的作用机制。

第 1 章绪论部分，阐述了本书的研究背景和意义，解释了本书所涉及的社会代际流动性和财政教育支出两个核心概念：社会代际流动性是指两代人之间社会阶层的流动，一般认为，两者所处的阶层差距越大，社会代际流动性越强；财政教育支出是指各级政府用于发展教育事业的财政经费。与此同时，简要介绍了本书主要的研究内容和创新之处。

第 2 章文献综述部分，本书分社会代际流动性的测算、教育与社会代际流动性、财政教育支出与社会代际流动性三个部分回顾了国内外相关研究成果，并总结评述了既有研究的贡献和有待拓展之处，在此基础上引出了本书的研究视角。

第 3 章我国财政教育支出和社会代际流动性的现状分析部分，本书分别对我国财政教育支出和社会代际流动性的现状进行了分析，在此基础上，进一步使用散点图初步探讨两者的关系，以期为后文研究提供部分事实证据。财政教育支出现状分析部分，本章首先对新中国成立以来财政教育体制进行了简要的梳理，将其分为以“中央集权，分级负责”为特点的萌芽期，以“条块结合，块块为主”为特点的探索期，以“分灶吃饭，分级包干”为特点的调整期，分税制改革下的初创期，公共财政下的建设期，以及现代财政制度下的完善期，并据此总结出我国财政教育体制改革主要遵循的三个脉络，以及在财政教育支出上的具体体现，即规模、结构与政府间责任分担。其次，使用多维度绝对指标和相对指标，如财政教育支出、占 GDP 和财政支出的比重，各级教育阶段财政教育支出、占总财政教育支出的比重，中央与地方财政教育支出、占总财政教育支出的比重等，分规模、结构、责任分担三个问题，对全国及地区（省）层面财政教育支出现状进行了分析。结果显示，我国财政教育支出的规模总体呈现上升态势，结构呈现“支持各教育阶段共同发展、并向义务教育倾斜”的特点，责任分担呈现“中央地方共担责任并以地方政府为主”的特点。社会代际流动性测算部分，本书使用 1988 年、1995 年、1999 年、2002 年、2007 年和 2013 年中国家庭收入调查（CHIPS），从经济地位、教育、社会地位三个角度分析了我国各年度社会代际流动性及变化趋势。结果显示，父代社会阶层和子代社会阶层确实存在正向相关性，总体而言，相较于其他国家，我国社会代际流动性还尚未进入令人警惕的低位。但是，从时间变化趋势来看，代际收入流动性先改善后减弱，代际教育、社会地位流动性总体呈减弱态势，近年来三者都有减弱的趋势。从异质性来看，低收入群体的流动性高于高收入群体，低学历群体高于高学历群体，农村家庭高于城镇家庭；“60 后”“70 后”“80 后”的代际收入流动性持续改善，但代际教育、社会地位流动性总体呈减弱态势。最后，本书尝试利用散点图来初步探讨财政教育支出与社会代际流动性的关系，结果显示，无论是规模、结构还是责任分担，财政教育支出都与社会代际流动相关系数呈负相关变动趋势，初步验证了两者的关系，为后文的研究提供了部分事实证据。

第 4 章财政教育支出对社会代际流动性影响的理论分析部分，本书主要从理论层面构建了两代人三期的世代交叠模型、两代人五期的世代交叠模型以及引入两级政府的世代交叠模型，分别对标本书拟研究的三个问题，即财政教育支出规模、结构、责任分担对社会代际流动性的影响。通过模型构建、效用最大化问题以及进一步分析和讨论，最终提出 12 个核心假设。

第 5 章财政教育支出对社会代际流动性的影响效应检验部分，本书同样分规模、结构、责任分担三个维度，实证检验了财政教育支出对社会代际流动性的影响效应。在计量模型的设定上，本书选取加入父代特征与财政教育支出交互项的模型作为基准回归模型。为进一步保证回归的全面性和完整性，在所有关于规模问题的回归中，均包含县、市、省、全国四个层面的实证检验；在结构问题中，教育阶段分为普通高等教育、普通高中教育、普通初中教育、普通小学教育、幼儿园教育五个阶段；在责任分担问题中，政府层级分为中央本级、省本级、市本级和县本级四个层级。与此同时，回归中均纳入多层次的控制变量，包括个体层面、宏观层面、城乡效应、数据库效应等。回归结果显示，父代社会阶层能够正向影响子代社会阶层，但财政教育支出可以降低上述正向影响，从而改善社会代际流动性；分教育阶段看，各级教育阶段财政教育支出均能改善代际流动性，相比之下，以义务教育为代表的基础教育作用要大于高等教育；分政府层级看，除市本级外，各级政府财政教育支出均能改善代际流动性，相比之下，省级政府和县级政府的作用更大。上述结论在考虑了样本选择偏误和遗漏解释变量等内生性问题、替换解释变量、替换被解释变量、替换回归方法、加入其他控制变量后，依然保持稳健。与此同时，财政教育支出对社会代际流动性的改善作用会因宏观区域和微观个体的不同而产生异质性，具体在农村家庭、部分地区、低收入家庭、低学历家庭、男性子代、“80 后”子代中的作用更大。

第 6 章财政教育支出对社会代际流动性影响的传导机制检验部分，本书使用有调节的中介效应模型、有中介的调节效应模型，同时辅之以分样本回归等方法，从宏观、家庭（父代）、个体（子代）三个维度探讨了财政教育支出改善代际流动性的渠道。结果发现：宏观层面，财政教育支出可以通过改善社会风气、促进教育均衡，改善代际流动性；家庭层面，财政教育支出可以通过减弱家庭教育支出对子代的影响或是直接挤出家庭教育支出，改善代际流动性；个人层面，财政教育支出可以通过减弱个体教育表现对子代的影响或是直接影响个体教育表现，进而改善代际流动性。

第 7 章结论、政策启示与展望部分，基于本书的研究结论，从促进社会公平的角度出发，财政教育支出有助于实现政府作为公共服务提供和公共价值实现的载体所追求的机会均等和社会公平两大目标，改善收入分配，促进社会代际流动。为此本书提出了政策的基本取向和具体思路。具体来看，基本取向包括：进一步加大财政教育支出规模，优化财政教育支出结构，理顺各级政府财政教育支出责任分担；具体思路包括：警惕社会代际流动性减弱趋势，发挥财政教育支出的积极作用，提高财政教育支出有效性，提高财政教育支出精准性，发挥县级政府主力作用、加强省级统筹，完善地区间教育资金转移支付，拓宽财政教育资金来源渠道，探索建立财政教育支出的长效机制。

目　　录

第1章 绪 论

1.1 研究背景及意义

1.1.1 研究背景

本书的研究背景主要涉及两方面。第一，当前我国社会经济呈现不平衡不充分的发展现状。从静态角度来看，我国收入差距依然较大，居民的收入分配公平程度不容乐观；从动态角度来看，这一收入差距很可能随着代际进行传递，表现为社会阶层固化，代际流动性偏弱。在这样的现实情况下，如何缩小收入差距，改善代际流动，进而促进社会公平，是新时代下我国社会经济发展进程中不可回避的问题。第二，教育具有社会流动功能，从而成为影响社会代际流动、促进社会公平的重要途径；与此同时，由于教育具有很强的正外部性，故需要政府进行积极有效的干预。从这个意义上讲，来自政府的财政教育支出可能会对社会代际流动性产生一定影响，由此确立了本书的研究选题。具体而言，本书将上述背景情况分以下四点进行阐述：

（1）我国收入差距依然较大

改革开放40余年来，我国社会经济取得了长足发展：综合国力持续增强，全国经济总量跃居世界第二；经济结构转型升级，产业结构、需求结构、区域结构日渐优化；人民生活水平稳步提升，2024年全国居民人均可支配收入达41314元①，较1978年171元②名义增长240.6倍；消费结构显著改善，全国居民恩格尔系数从1978年的63.9%下降至2024年的29.8%③，中国特色

① 国家统计局：《2024年居民收入和消费支出情况》。

② 国家统计局：《沧桑巨变七十载 民族复兴铸辉煌——新中国成立70周年经济社会发展成就系列报告之一》。

③ 国家统计局。

社会主义道路呈现出一派欣欣向荣的景象。

2017 年，党的十九大指出：“经过长期努力，中国特色社会主义进入了新时代”。在新的历史方位下，我国社会主要矛盾已经转变为人民日益增长的美好生活需要和不平衡不充分的发展之间的矛盾。其中，不平衡不充分发展的一个突出问题体现在收入差距依然较大。直观来看，我国居民收入在空间上呈现明显的东、中、西递减趋势（如图 1－1 所示）。2023 年东部地区居民人均可支配收入平均为 5.0 万元，中部地区和东北地区平均为 3.3 万元，西部地区平均为 3.1 万元，收入差距最高可达到 3—4 倍。进一步地，根据国家统计局公布的数据，2003—2014 年，全国居民收入基尼系数始终徘徊在 0.46—0.5 的高位，虽然 2008—2015 年实现了“七连降”，但仍高于国际公认的贫富差距警戒线，并且近几年又有上升的趋势（如图 1－2 所示）。

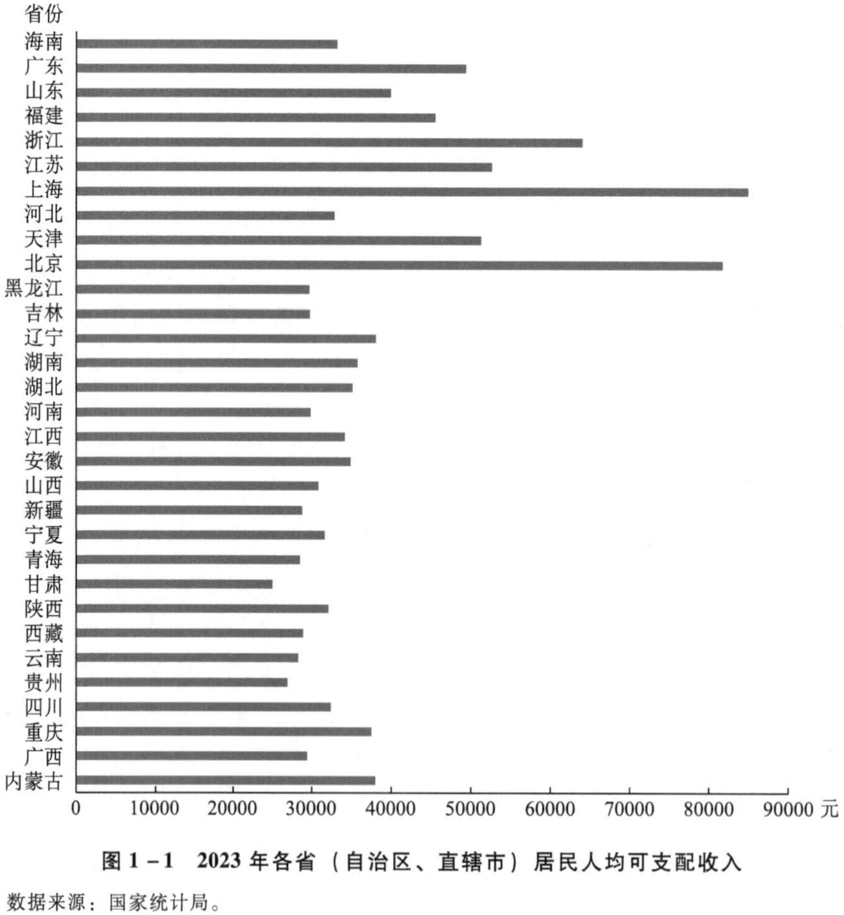

图 1－1　2023 年各省（自治区、直辖市）居民人均可支配收入

数据来源：国家统计局。

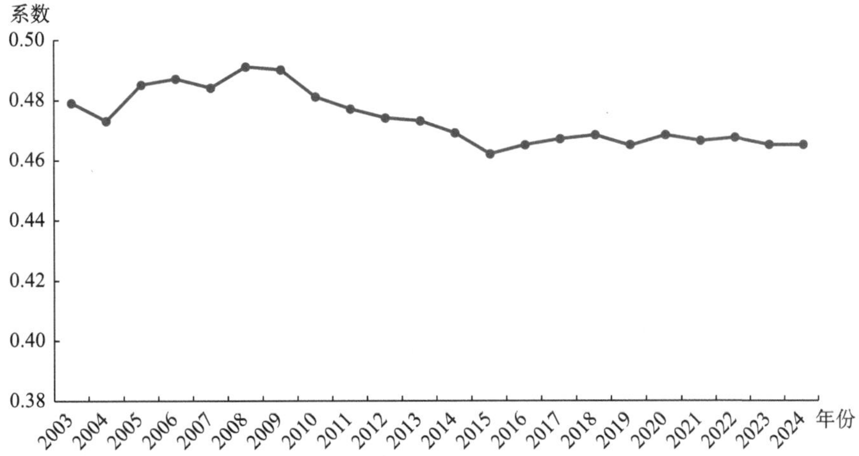

图1-2 居民人均可支配收入基尼系数：2003—2014年

数据来源：国家统计局网站、《中国统计年鉴》。

更有甚者，一些基于大规模家庭调查数据的研究表明，我国实则拥有更高的基尼系数。如西南财经大学中国家庭金融调查与研究中心根据其住户调查数据认为，2010年我国基尼系数为0.61①；Xie和Zhou（2014）基于多种调查数据，指出自2005年以来中国基尼系数处在0.53—0.55之间。杨耀武和杨澄宇（2015）根据中国居民收入调查数据库，发现我国2008—2013年基尼系数“五连降”，仅有三次在统计上是显著的，从而得出中国居民收入基尼系数进入下行通道的结论依然为时过早。种种数据和研究表明，当前我国收入差距依然较大，已经成为制约我国社会经济发展的重要因素。

（2）代际流动问题成为社会关注的焦点

基尼系数是一项静态指标，它描述的是同一时点全社会居民的收入分配情况。事实上，收入分配问题不仅体现于此，更重要的是，这一收入差距很可能随着代际进行传递，表现为社会的代际流动性。简单来说，社会流动是指个人或群体从某一社会阶层到另一社会阶层的变化，代际流动是社会流动的一种主要情况，指两代人之间社会地位的流动。社会流动会在很大程度上影响收入分配不公带来的负向效应：当社会流动性较强，社会底层及其后代就有较大的上升空间和广泛的上升渠道，因此，即便存在收入分配差距，处于社会底层的人们依然具有通过努力学习、工作，提升自己或后代生活水平

① 西南财经大学中国家庭金融调查与研究中心，《中国家庭收入不平等报告》，2012年12月9日。

的积极性；反之，当社会流动性较弱，在社会收入分配存在差异的情况下，容易形成社会阶层固化，处于社会底层的人们及其后代缺乏向上流动的动力，进而“穷者愈穷，富者愈富”，进一步拉大收入差距。

可见，社会流动性是影响收入分配的重要方面，提升社会流动性尤其是代际流动性可以缓解收入分配不公带来的负面效应。然而近年来，社会上频频出现一些“富二代”“穷二代”“官二代”“拼爹”的现象，“鲤鱼跃龙门”“寒门出贵子”难再，由此激发的矛盾不断，进而日渐成为社会公众关注的焦点。新华社、《人民日报》、《光明日报》等主流媒体也多次就社会流动性问题发文，如“社会流动对中国、中国人民意义重大”①“高社会流动性是促经济增长的关键”②“社会底层人群向上流动面临困难”③“一些贫者从暂时贫困走向跨代贫穷”④等。“二代”现象凸显了社会大众对我国社会代际流动性的热切关注，尤其是当前在贫富差距形势依然较为严峻的情况下，代际流动性较弱会加重社会阶层固化的趋势，更有甚者，引发社会分化、两级分化问题。因此，随着人民对社会公平要求的与日俱增，提升社会代际流动性，不仅是缩小收入差距、改善收入分配的重要途径，更是满足人民日益增长的美好生活需要的内在要求，应当成为我国深化改革的题中应有之义。

（3）教育是影响社会代际流动的重要途径

在收入分配差距依然较大的现实情况下，如何缩小收入差距，改善代际流动，进而促进社会公平，是新时代下我国社会经济发展进程中不可回避的问题，而教育具有社会流动功能，因此可能成为影响社会代际流动、促进社会公平的重要途径。教育学领域，教育的社会流动功能主要针对社会个体的生存发展而言，是指教育通过对社会个体的培养，激发个体的主观能动性和创造性，从而改善自身的生存环境与发展境遇，在整体上就体现为社会的流动性。经济学领域，经济学家们通常使用代际流动的大小来衡量社会流动的强弱，子代在收入状况、职业选择等方面受父代影响越大，表明代际流动越弱，进而社会流动性越弱。经典的代际传递理论认为，以教育为代表的人力资本积累是改善社会代际流动的重要途径，通过接受教育，处于社会底层人

---

① 引自《人民日报》2019年7月26日《流动的中国充满繁荣发展的活力—当代中国繁荣发展的重要密码》。

② 引自新华社新华网2017年2月12日《高社会流动性是促经济增长的关键》，作者颜色。

③ 引自《人民日报》2010年9月16日《底层人群无背景无身份向上流动困难》，作者白天亮、曲哲涵。

④ 引自《人民日报》2015年1月23日《一些贫者正从暂时贫困走向跨代贫穷》，作者冯华。

群的后代有机会获得公平的就业机会，从而摆脱原有阶层束缚，拓宽向上流动的渠道。正如美国社会学家哈维格斯特曾在《教育的社会流动价值》① 中指出的："随着社会的不断进步，教育将成为个体向上流动的主要途径。"但是，这一观点实则蕴含了一个重要前提——机会均等。如果教育系统内部本身就存在阶层分化，社会各阶层就无法拥有平等受教育的机会，那么教育将成为阶层固化的"助推器"。正如美国社会学家兰德尔·柯林斯在《文凭社会》② 中所主张的那样：不平等的教育只能成为阻碍社会流动的障碍。可见，教育能否改善、在多大程度上改善社会代际流动，关键在于机会均等的实现程度。

经济学领域关于社会代际流动性的研究始于 Becker 和 Tomes（1979），他们将代际传递因素分为三类：遗传禀赋（如智力）、人力资本投资和非人力资本投资，前两者是影响子代未来收入情况的关键因素。相较而言，父代对子代的遗传禀赋较为固定，一般无法通过外在条件予以改变，因此，以教育为代表的人力资本投资就成为父代影响子代的关键途径。这就进一步引出一个问题：是否越富裕的家庭越有能力对子女进行人力资本投资，越贫穷的家庭越难以为子女提供充足人力资本投资，进而子代在很大程度受到父代的影响，社会代际流动性越弱？Becker 和 Tomes（1986）进一步将家庭借贷约束引入，在富裕家庭不受借贷约束、贫穷家庭受借贷约束的合理假设下，证明了这一观点。可见，在收入分配存在差距的情况下，仅依靠家庭层面的人力资本投资，难以实现教育机会均等，进而难以改善社会的代际流动性。在这种情况下，政府作为弥补市场失灵、追求收入平等和机会均等政策目标的载体，在实现教育机会均等的过程中应扮演重要的角色：通过财政教育支出，与父母共同对子女进行人力资本投资。Solon（2004）从理论上证明了，如果政府的财政教育支出能够缓解甚至消除由家庭收入差距带来的人力资本投资差距，那么将改善社会代际流动性。此后，如 Mayer 和 Lopoo（2008），李力行、周广肃（2015）等学者的研究，为这一理论进一步提供了实践检验。

（4）教育发展需要政府部门的有效干预

百年大计，教育为本。早在 1977 年，邓小平同志就创新性地提出，教育是实现现代化的关键途径；1985 年，《中共中央关于教育体制改革的决定》

① 哈维格斯特. 教育的社会流动价值［M］. 上海：复旦大学出版社，2004：55.

② 兰德尔·柯林斯. 文凭社会［M］. 北京：北京大学出版社，2018：5.

进一步明确提出“社会主义现代化建设必须依靠教育”；1995年，江泽民同志在全国科技大会上首次提出实施科教兴国战略，加深了对“科学技术是第一生产力”的理解。此后，无论是在全国人民代表大会、政府工作报告还是五年规划中，教育以及与教育相关的科技、技术、创新等一直是备受关注的焦点话题。2017年，党的十九大报告指出，“建设教育强国是中华民族伟大复兴的基础工程，必须把教育事业放在优先位置”；2022年，党的二十大报告进一步指出，“教育、科技、人才是全面建设社会主义现代化国家的基础性、战略性支撑”“教育是国之大计、党之大计”，赋予教育在发展中的战略性地位。可见，教育是国家发展之根本，国家发展的长远计划要以教育为基石。

教育之于国家发展的重要性决定了政府需要对教育事业发展进行有效干预。在传统经济学框架下，政府介入市场的前提是发生市场失灵，其中“公共物品”和“外部性”是市场失灵的两种典型表现。具体到教育领域，首先需要明确的是，并非所有类型的教育都属于传统意义上的公共物品。一方面，教育具有一定程度上的竞争性，比如同一个课堂如果容纳太多学生，教室就会变得拥挤，每个学生的边际效用也会下降；另一方面，教育具有一定程度上的排他性，比如很容易通过学费、分数等限制条件来阻止一个学生进入学校接受教育。故而，政府介入教育领域，更多的是鉴于其正外部性：首先，教育可以通过提升公民的个别劳动生产率，进而提升社会劳动生产率。其次，教育作为形成技术进步的主要方式，可以通过人力资本积累和知识积累，为一国的经济发展提供源源不断的动力。再次，教育可以通过提高公民的个人能力，提升其收入水平，以此增加消费和投资，进一步拉动社会总需求。最后，教育是缓解和抑制“暂时贫困”向“跨代贫困”转变的有效途径，通过拓宽社会底层向上流动的渠道，进而缩小社会贫富差距、公平收入分配。因此，教育的正外部性决定了其私人收益小于社会收益，如果将其完全交由市场，会出现供给不足的情形，此时就需要政府的介入，或是提供财政资金弥补私人收益低于社会收益的部分，或是直接提供公共教育服务。站在促进社会公平的角度，财政教育支出政策应尽可能使公民享有平等的受教育机会，在提高公民生活水平的同时，公平收入分配，减轻两极分化，缩小贫富差距，促进经济发展，维系社会稳定。

1.1.2 研究意义

财政教育支出能否提升社会代际流动性？这是一个兼具理论和现实意义

的重要问题。如果两者具有显著影响，那么在维系社会公平、推进公共服务均等化的背景下，将对财政教育支出政策的制定、教育事业的发展乃至整个国家的长治久安具有重要的实践价值。本书将“财政教育支出对社会代际流动性的影响研究”作为研究选题，拟从财政教育支出政策面临的三个问题——规模、结构、责任分担出发，系统分析我国财政教育支出政策对社会代际流动的影响效应与作用机理，以期得到一些具有现实意义和价值的政策启示：政府部门应该如何配置财政教育支出，才能更好地改善社会流动性，进而促进社会公平。

（1）现实意义

首先，研究财政教育支出对社会代际流动性的影响，有助于正确处理和应对新时代社会主要矛盾的转变，发挥财政之于国家治理的基础性作用。党的十九大指出，新时代下我国社会主要矛盾已经转变为人民日益增长的美好生活需要和不平衡不充分的发展之间的矛盾，而社会公平问题正是不平衡不充分发展的集中体现，一个突出问题在于收入差距依然较大。种种数据和研究表明，当前我国收入差距依然较大，已经成为制约社会经济发展的重要因素，正确处理和解决这一问题，是全面建成小康社会、进而建设社会主义现代化强国的现实要求，更是走中国特色社会主义道路，逐步实现全体人民共同富裕的必然选择。在这样的背景下，政府如果能通过公共政策的制定提升社会代际流动性，拓宽社会底层向上流动的渠道，不仅对改善收入分配格局、促进社会公平具有重要意义，并且是以政府“有形的手”应对不平衡不充分发展的重要途径，有助于发挥财政之于国家治理的基础性和支柱性作用。

其次，研究财政教育支出对社会代际流动性的影响，为政府基于社会公平视角制定合理的教育政策提供了重要支撑。当前，面对大规模减税降费和“服务型”政府建设加快的双重夹击，我国财政运行压力持续加大，如何合理利用和配置财政资源，最大限度提高财政资金的使用效率，是深化财税体制改革的题中应有之义。当前我国财政教育支出政策主要面临规模、结构、责任分担三个难题，政府作为公共服务提供和公共价值实现的载体，机会均等和社会公平是其追求的两大目标。因此，从促进社会代际流动性的角度来研究财政教育支出政策，有助于得到一些有价值的政策启示：政府应如何设计财政教育支出政策，才能更好地实现其政策目标。

最后，研究财政教育支出对社会代际流动性的影响，有助于发挥教育之于国家发展的基石作用。百年大计，教育为本，作为一项特殊且重要的公共服务，教育关乎国计民生，惠及千家万户，微观层面影响个人的人生轨迹和收入状态；中观层面促进区域经济发展，形成经济增长动力；宏观层面促进人力资本积累和技术进步，是国家综合国力与竞争力的重要体现。因此，从改善社会代际流动性的视角来探讨财政教育支出政策问题，有助于正确处理好政府与市场的关系，更好地发挥政府在教育事业发展中的重要作用，在注重效率的同时兼顾社会公平，更大限度地发挥教育之于人生规划和国家发展的战略性意义。

（2）理论意义

首先，研究财政教育支出对社会代际流动性的影响，进一步丰富和完善了代际流动理论。既有研究多数是对社会代际流动性进行测算或是研究其内在传导机制，关于公共政策对社会代际流动性影响的研究较少，尤其是国内研究，普遍缺乏理论基础。本书在分析财政教育支出和社会代际流动现状的基础上，利用科学的研究方法，通过构建多重世代交叠模型并进行相应的实证检验，基于规模、结构、责任分担三个视角，深入探讨了财政教育支出对社会代际流动性的影响效应以及背后的作用机制。以此从公共部门的视角出发，丰富了我国社会代际流动理论。

其次，研究财政教育支出对社会代际流动性的影响，进一步拓宽了对财政教育支出效应的研究视角。目前国内对于财政教育支出的效应分析主要集中在经济增长、人力资本积累等效率层面，鲜有研究从社会公平，尤其是社会流动性视角检验其产生的效应。本书研究财政教育支出对社会代际流动性的影响，进一步加深了对财政教育支出的认识，为全面评价财政教育支出产生的社会效应提供了理论支撑。

1.2 核心概念界定

1.2.1 社会代际流动性

（1）社会流动

社会流动的概念最早属于社会学范畴。社会学家们认为，一个社会的组成复杂多样，包含有各个阶层，在长时间内，具有相同或类似社会地位的社会成员会自发形成一个相对稳定和持久的群体，称为社会阶层（Social Stratum），而社会流动（Social Mobility）是指社会个体或群体从某一社会阶层向另一社会阶层转移、或者在同一社会阶层流动的现象，它描述的是其社会地位的前后变化。

依据不同的标准，社会流动可以划分为不同的形式：按照流动的对象，可分为个体社会流动和群体社会流动。按照流动的方向，可分为水平流动和垂直流动。其中，前者是指个体或群体在同一社会阶层内的流动，多数情况下是指地区间流动；后者是指个体或群体向上层社会阶层流动，或向下层社会阶层流动。按照流动的范围，可分为代内流动和代际流动。其中，前者是指一代人在一生中发生的社会阶层改变；后者是指两代人之间社会阶层的流动，一般通过测量子代社会阶层与父代社会阶层的相关性来表示。按照流动的原因，可分为自由性流动和结构性流动。其中，前者是指由于个人原因造成的社会地位的改变；后者是指自然环境或社会环境突变而导致的社会阶层流动。按照流动的方式，可分为竞争性流动和赞助性流动。其中，前者是指个体凭借自身的知识、能力、才干、品质等后天条件，通过竞争，实现社会阶层的改变；后者是指个体凭借自身的家室、门第、种姓等先天因素，实现社会阶层的改变。

（2）社会代际流动性

本书所研究的社会代际流动，具体是指社会流动中的代际流动，即两代人之间社会阶层的流动，一般认为，两代人所处的社会阶层差距越大，社会代际流动越强。社会代际流动历来受到社会学家和经济学家的关注，它是反映社会流动和社会变迁最重要的一个方面，对于维系社会公平具有重大意义。尤其是当前收入分配差距依然较大的背景下，如果社会代际流动较弱，也就意味着这一收入不平等的现象会随着代际进行传递，进一步加剧社会不公；如果社会代际流动较高，则处于社会底层群体的后代有更多的机会向上流动，从长期来看，有助于减弱收入分配差距带来的负面影响。

对社会代际流动的具体衡量，称为社会代际流动性，通常使用子代所处社会阶层和父代所处社会阶层的相关性来表示。根据 Sorokin（1927）以及后续社会学、经济学领域的相关研究，本书具体从收入、教育、社会地位三个层面衡量代际流动性。

①收入的代际流动性

经济学领域对社会流动性的关注主要集中在收入的代际流动性（也称为

代际收入流动性），是指子女收入与父母收入的相关性，用于衡量子女收入在多大程度上受到父母收入的影响。相关性越高，则意味着父代的经济地位越能影响子代的经济地位，两代人所处的社会阶层越为相近甚至相同，社会代际流动性越弱；相关性越小，则意味着父代的经济地位难以在很大程度上影响子代的经济地位，子代越能通过后天的努力向上流动，故而社会代际流动性越强。

收入的代际流动性可以使用"代际收入弹性系数（Intergenerational Earnings Elasticity，IGE）"进行度量，基本回归方程为：

$$\log I_s = \alpha + \beta \log I_f + \gamma \sum fix + \mu \tag{1-1}$$

其中，I_s 为子代终生收入；I_f 为父代终身收入；fix 为系列控制变量；β 为代际收入弹性系数，β 越大代表社会代际流动性越小。

②教育的代际流动性

对于教育的代际流动性（也称为代际教育流动性）研究最初始于教育学领域，它是指子代受教育程度与父代受教育程度之间的相关性，若相关性越强，则意味着父代的受教育程度越能影响子代的受教育程度。而教育作为基础的人力资本要素，通常被认为是影响个体收入、职业选择的重要因素，因此两代人受教育程度的相关性越强，处于相近或同一阶层的可能性越高，社会代际流动性越弱。此外，在部分经济学研究当中，受教育年限还被看作终生收入的代理变量，用于衡量收入的代际流动性。

教育的代际流动性可以使用相应的相关性系数进行度量，基本回归方程为：

$$Edu_s = \alpha + \beta Edu_f + \gamma \sum fix + \mu \tag{1-2}$$

其中，Edu_s 为子代的受教育年限；Edu_f 为父代的受教育年限；fix 为系列控制变量；β 为教育的代际相关性系数，β 越大代表社会代际流动性越小。

③社会地位的代际流动性

社会学领域对社会流动性的关注主要集中在职业的代际流动性，认为一个人从事的职业在一定程度上能更好地反映其社会地位。与此同时，政治身份也是体现个体社会地位的重要方面，影响着个体的职业选择、职位晋升、收入水平（Hu 和 Yao，2011；李力行、周广肃，2014）。因此，在具体测量方面，本书采用职业、行业、单位性质、政治身份来综合衡量一个人的社会地位，这是基于以下两方面的考虑：第一，社会学领域对社会流动性的关注主要集中在职业的代际流动性，认为一个人从事的职业和行业在一定程度上能更好地反映其社会地位。第二，我国是社会主义国家，公民所拥有的政治身份以及所在单位的所有制性质在一定程度上反映了其拥有的政治资源和社会资源。

社会地位的代际流动性可以使用相应的相关性系数进行度量，基本回归方程为：

$$Posi_s = \alpha + \beta Posi_f + \gamma \sum fix + \mu \qquad (1-3)$$

其中，$Posi_s$ 为子代社会地位；$Posi_f$ 为父代社会地位；fix 为系列控制变量；β 为社会地位的代际相关性系数，β 越大代表社会代际流动性越小。

1.2.2 财政教育支出

（1）财政教育支出

为准确理解财政教育支出的概念，首先，我们需要厘清与之相关的两个概念："公共教育"和"公共教育支出"。"公共教育"与以家庭教育为代表的"私人教育"构成一对相对概念，它是指由国家、团体、个人单独或混合向全社会提供的、为全社会成员分享并服务于社会的一类物品，可见，这里的"公共"关键是指服务客体上的公共性，而非供给主体上的公共性。"公共教育支出"，中国《教育大辞典》第六卷对其的解释是"由一国政府支出的教育经费"，可见，这里的"公共"主要是指供给主体上的公共性，即公共部门，从这个意义上讲，公共教育支出与财政教育支出的内涵保持一致。但在实际情况中，由于对"公共"的理解不一，有人将公共教育支出理解为政府支出的教育经费，有人则认为是对公共教育的全部支出，造成统计口径上的偏差。因此，为避免混淆，本书遵循《中国教育经费统计年鉴》的界定，使用"财政性教育支出"来表示政府部门支出的教育经费，后文统一简称为"财政教育支出"。

"财政教育支出"是指各级政府用于发展教育事业的财政经费①。广义来看，它应涵盖各级政府部门投入的教育经费，如卫生、农业、林业、交通等部门用于发展教育的经费也都属于财政教育支出的范畴，主要区别于社会组织、企业、家庭等投入的私人教育经费。狭义来看，财政教育支出是指中央

① 此定义是依据联合国教育、科学及文化组织和经济合作与发展组织对"公共教育支出"的定义而来。

和地方财政部门在财政预算中安排的用于公共教育的总支出。鉴于数据的一致性和可比性，本书会同时用到广义概念和狭义概念，其区别在于数据的统计口径。根据《中国教育经费统计年鉴》，广义的财政教育支出[①]主要是指“国家财政性教育经费”，包括“公共财政预算安排的教育经费”（2017 年之后改为“一般公共预算安排的教育经费”）、“政府性基金预算安排的教育经费”、“企业办学中的企业拨款”、“校办产业和社会服务收入用于教育的经费”等；狭义的财政支出主要是指“公共财政预算安排的教育经费”（2017 年起改为“一般公共预算安排的教育经费”）中的公共财政教育经费（2017 年起改为“一般公共预算教育经费”），主要包括教育事业费、基本建设经费以及教育费附加，统计口径上基本与财政部门“一般公共预算教育支出”保持一致。

（2）财政教育支出规模

财政教育支出规模，是指财政教育支出的总水平，它反映了一国政府在一定时期内为教育事业发展所集中和占用的经济资源数量，由此形成了与其他财政支出以及社会经济主体的关系，体现了政府部门在教育发展中的广度和深度。

财政教育支出规模通常可以使用两类指标来衡量：一是绝对指标，即以货币单位表示的、一个财政年度内实际用于教育的财政资金的总数额，如“2017 年全国一般公共预算教育经费为 29919.78 亿元”[②]，它能够更为直观和清晰地表现出财政教育支出的现状和变化趋势。二是相对指标，是上述绝对指标与其他相关指标之间的比例关系，常见的有四种：财政教育支出的增长率、财政教育支出占财政支出的比例、财政教育支出占 GDP 的比例、财政教育支出占总教育经费的比重。

（3）财政教育支出结构

财政教育支出结构是指财政教育支出在各级教育阶段的分配，从资源配置的角度来看，它关系到政府部门有限资源在各级教育的配比，从而对一国教育发展的影响可能比财政教育支出规模更大。与此同时，财政教育支出结

① 在《中国教育经费统计年鉴》中称为“国家财政性教育经费”，对于教育部门而言是经费收入，对于财政部门而言为支出。

② 《教育部 国家统计局 财政部关于 2017 年全国教育经费执行情况统计公告》，http://www.moe.gov.cn/srcsite/A05/s3040/201810/t20181012_351301.html.

构的现状和变化还能够表明政府支持教育发展的重心和变迁。

根据《中华人民共和国教育法》，我国教育阶段主要分为六大类：学前教育、小学教育、初中教育、高中教育、高等教育和职业教育，其中前五类属于普通教育或学校教育，职业教育不属于普通教育，但同样也是财政教育的重点支出部分。其余还有继续教育、特殊教育、成人教育等，由于规模和受众范围较小，因而与其上述五类相比不属于财政教育支出的重点部分，同时鉴于数据的可得性，暂未包括在本书的研究范围之内。

进一步地，本书拟涉及的教育阶段划分还有“义务教育”和“基础教育”两个相关概念。其中，“义务教育”是我国法律规定的、由“国家统一实施的所有适龄儿童、少年必须接受的教育，是国家必须予以保障的公益性事业”（《中华人民共和国义务教育法》第二条），国家规定实施九年义务教育，具体包括小学教育以及初中教育；“基础教育”是包含“义务教育”的一个范畴，可以认为它会随社会发展、人类进步而动态变化，其基础性主要体现在：第一，学生发展的基础性，即基础教育对于学生的终身发展具有奠基性意义；第二，教育发展的基础性，即基础教育是相对于高等教育而言的、为其奠定基础的教育；第三，社会发展的基础性，即基础教育构成整个社会和国家发展的根基。1977 年联合国教科文组织将其定义为“向每个人提供，并为一切人所共有的最低限度的知识、观点、社会准则和经验”的教育，通常认为，当前中国事实上的基础教育主要是指高中及以前阶段的教育，即包括学前教育、义务教育、高中教育。

财政教育支出结构也可以使用绝对指标和相对指标来衡量，绝对指标即各级教育阶段财政教育支出的总金额，相对指标常见的有三类：一是增长率；二是各级教育阶段财政教育支出占财政教育总支出的比例；三是各级教育生人均财政教育支出。

（4）财政教育支出责任分担机制

本书所指财政教育支出的责任分担机制，是关于各级政府财政教育支出分担的问题，它反映了各级政府教育财政事权和支出责任的划分，对于理顺政府间财政关系具有重要意义。

财政教育支出的责任分担机制也可以使用绝对指标和相对指标来衡量，绝对指标即各级政府财政教育支出的总金额，相对指标常见的有两类：一是增长率，二是各级政府财政教育支出占财政教育总支出的比例。

1.3 研究内容

1.3.1 研究问题

本书将“财政教育支出对社会代际流动性的影响研究”作为研究选题，拟从财政教育支出政策面临的三个问题——规模、结构、责任分担出发，较为系统地分析我国财政教育支出政策对社会代际流动的影响效应与作用机理，以期得到一些具有现实意义和价值的政策启示：政府部门应该如何配置财政教育支出，才能更好地改善社会流动性，进而促进社会公平。为此本书主要研究以下三个问题：

第一，财政教育支出规模如何影响社会代际流动性？

第二，财政教育支出结构如何影响社会代际流动性？

第三，财政教育支出的责任分担机制如何影响社会代际流动性？

1.3.2 研究框架

围绕上述拟研究的主要问题，第一，本书通过文献回顾与评述，确立本书的研究视角；第二，分别对我国财政教育支出政策和社会代际流动性的现状进行分析，并初步得出两者之间的关系，为后文研究提供部分事实证据；第三，从理论上探讨财政教育支出对社会代际流动性的影响，并进一步分教育阶段和政府层级细化研究；第四，分规模、结构、责任分担三个问题实证检验财政教育支出对社会代际流动性的影响效应；第五，分别基于宏观、家庭、个人三个层面，对财政教育支出作用于社会代际流动性的传导机制进行检验；第六，总结全书并提出政策建议。本书的研究框架如图 1－3 所示。

1.3.3 研究方法

第一，文献分析法。本书的研究建立在已有的相关研究基础之上，相关理论基础和文献研究进展是本书的基石。理论部分，主要学习了 Becker 和 Tomes（1979，1986）关于代际流动的人力资本理论，以及 Solon（2004）、Mayer 和 Lopoo（2008）进一步引入政府部门的代际流动的人力资本理论，在此基础上搭建了本书的理论研究框架。实证研究部分，主要从社会代际流动

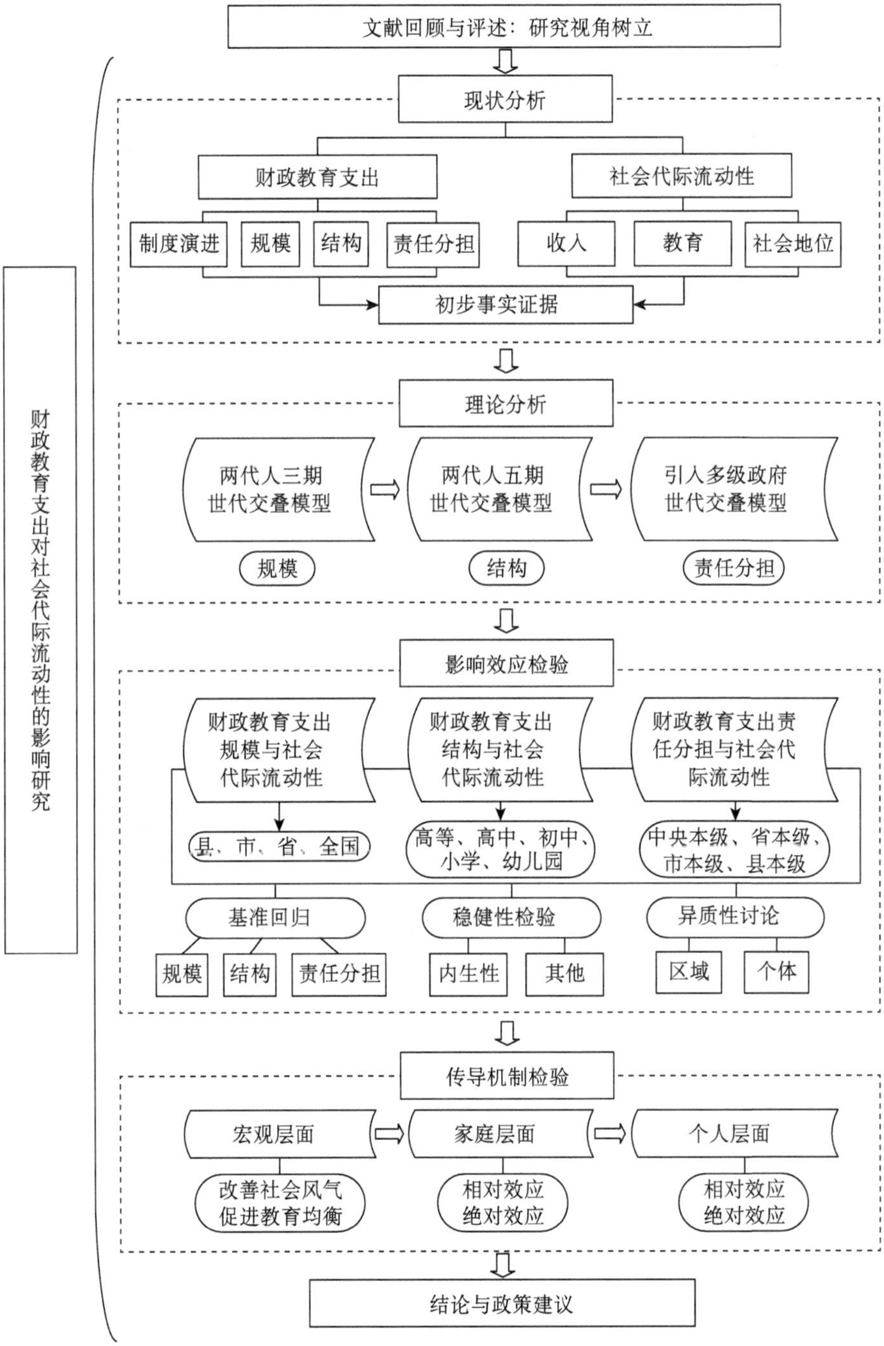

文献回顾与评述：研究视角树立
财政教育支出对社会代际流动性的影响研究
现状分析
财政教育支出
社会代际流动性
制度演进
规模
结构
责任分担
收入
教育
社会地位
初步事实证据
理论分析
两代人三期世代交叠模型
两代人五期世代交叠模型
引入多级政府世代交叠模型
规模
结构
责任分担
影响效应检验
财政教育支出规模与社会代际流动性
财政教育支出结构与社会代际流动性
财政教育支出责任分担与社会代际流动性
县、市、省、全国
高等、高中、初中、小学、幼儿园
中央本级、省本级、市本级、县本级
基准回归
稳健性检验
异质性讨论
规模
结构
责任分担
内生性
其他
区域
个体
传导机制检验
宏观层面
家庭层面
个人层面
改善社会风气促进教育均衡
相对效应绝对效应
相对效应绝对效应
结论与政策建议

图 1－3　本书的研究框架

性的测算、教育与社会代际流动性的关系、财政教育支出与社会代际流动性的关系梳理归纳了国内外相关研究成果，在此基础上树立了本书的研究视角。

第二，理论研究法。在理论研究部分，本书拟构建三个梳理模型研究财政教育支出规模、结构、责任分担机制对社会代际流动性的影响。在规模问题中，拟构建包含两代人三期的世代交叠模型；在结构问题中，为进一步区分基础教育和高等教育，拟在上述模型的基础上进一步扩展，构建包含两代人五期的世代交叠模型；在责任分担问题中，拟在世代交叠模型的基础上进一步加入两级政府。

第三，实证研究法。在理论分析的基础上，本书拟使用多层面财政教育支出、各级教育阶段财政教育支出以及各级政府财政教育支出与中国家庭收入调查 CHIP 微观数据进行匹配，实证检验财政教育支出规模、结构、责任分担对社会代际流动性的影响效应和作用机理，基准回归模型主要为纳入财政教育支出和父代特征交乘项的多元线性回归模型（OLS）。在此基础之上，进一步对相关结果进行稳健性检验和异质性讨论，以保证结果的稳健性与完备性，涉及的相关计量模型及方法主要包括：Heckman 两阶段法、工具变量回归（IV）、广义矩估计（GMM）、有限信息极大似然估计（LIML）方法、泊松回归模型等。机制检验中，本书将分别从宏观、家庭、个体三方面细致考察财政教育支出影响社会代际流动性的作用机理，主要使用的计量模型为有中介的调节效应模型和有调节的中介效应模型。

第四，资料、数据搜集法。本书研究离不开宏观数据和微观数据的支撑，微观指标主要有父代和子代的收入、受教育年限、政治身份、职业、行业等，数据主要来源于中国家庭收入调查（CHIP）数据库。宏观指标主要有财政教育支出、各教育阶段财政教育支出、各级政府财政教育支出以及区域相关的其他经济发展、财政收支等，数据主要来源于《中国教育经费统计年鉴》《中国教育统计年鉴》《全国财政决算》《全国地市县财政统计资料》《中国统计年鉴》、各省市统计年鉴以及财政部、教育部、国家统计局等的网站。

1.4 创新之处

本书在分析财政教育支出和社会代际流动性现状的基础上，利用科学的研究方法，基于规模、结构、责任分担三个视角，深入探讨了财政教育支出对社会代际流动性的影响效应以及背后的作用机制。总体来说，本书创新之处主要体现在以下四个方面：

第一，拓宽了既有研究视角。一方面，当前国内关于财政教育支出对社会代际流动性影响的研究尚处于起步发展阶段，可调研的文献较少，且主要集中在规模问题。因此，本书从规模、结构、责任分担三个角度切入，在一定程度上充实和丰富了现有关于代际流动的研究。另一方面，本书立足于社会公平视角，对财政教育支出的效益进行了评价和分析，研究结论为增加财政教育支出规模、优先支持基础教育发展、发挥省级政府和县级政府核心作用等政策实践提供了部分理论和经验支撑。

第二，理论分析方面。本书创新性地构建了两代人三期的世代交叠模型、两代人五期的世代交叠模型以及引入两级政府的世代交叠模型，通过模型推演，从理论层面分别揭示了财政教育支出规模、结构、政府间责任分担机制对社会代际流动性的影响，并从宏观、家庭、个人三个层面对其背后的作用机制进行了深层次挖掘，为后文的实证检验提供了重要的理论框架。而当前国内的相关研究多是从实证方面进行考察，普遍缺乏理论基础的支撑，尤其是在结构和责任分担问题层面。因此，本书的理论分析进一步丰富和完善了国内现有研究，在一定程度上弥补了关于政府教育支出结构和责任分担机制对代际流动性影响的理论空缺。

第三，影响效应分析方面。相较于既有研究，本书较为全面和完整地考察了财政教育支出对代际流动性的影响效应，具体体现在：一是在所有回归中，纳入多层面的控制变量，包括微观个体层面、宏观区域层面、城乡效应、数据库效应。而既有研究多数仅控制了个体层面的变量。二是在多个层面进行多维度分析。其中规模问题包括县、市、省、全国四个层面，结构问题包括高等、高中、初中、小学、幼儿园五个教育阶段，责任分担问题包括中央本级、省本级、市本级、县本级四个政府层级，而既有研究多是集中在省级，部分具体到市级，而较少涉及县级和中央级。三是对财政教育支出数据进行了细致剖析。财政教育支出属于政府部门的公共支出，但在数据使用过程中容易产生概念混淆的问题，比如某省的财政教育支出究竟是指该省全域的支出还是该省省级政府的支出，不同的统计资料口径不一致①，而对于这一问

---

① 如在《中国教育经费统计年鉴》中，某省的财政教育经费是指发生在该省全域内的全部财政教育支出，包括中央政府和地方政府；而在《中国财政统计年鉴》中，该指标仅指该省地方政府的教育支出，并不包含中央政府。

题，既有研究多数未进行区分，并且存在混淆使用的情况。本书通过规模问题和责任分担问题对地区财政教育支出、各级政府财政教育支出作出了细致剖析和区分。四是本书进一步考虑了回归中可能存在的内生性问题，包括样本选择偏误和遗漏变量问题，并使用 Heckman 两阶段法和工具变量法进行处理，而既有研究普遍未考虑这一问题。五是异质性讨论部分，本书分别基于宏观发展特征和微观个体特征进行了双维度分析，相较于既有研究更加细致和全面。

第四，传导机制检验部分。本书分别从宏观、家庭、个体三个层面创新性地提出六个传导机制，并使用有调节的中介效应以及有中介的调节效应进行检验，而既有研究或是未对传导机制进行细致讨论，或是使用分样本回归等方法进行佐证。因此，从这个角度来看，本书在一定程度上丰富和拓展了财政教育支出对社会代际流动性影响的机制分析。同时，在实证方法上，对于基准回归本身就为调节效应的研究，本书的机制检验或许可以提供部分参考。

第 2 章　文献综述

2.1　国外研究历程和现状

2.1.1　关于社会代际流动性研究的缘起和发展

虽然本书拟研究的社会代际流动性是隶属于社会流动性问题的一个重要方面，但对于代际流动的研究实则要早于社会流动。纵观人类历史发展的长河，如现世命运、世袭贵族、财阀家传等对个人成就和家庭背景关系的思考一直是宗教以及文学作品中经久不衰的话题，但这些仅停留在对现实问题的关注上。19 世纪后期，生物遗传学和心理学领域最早出现了关于代际流动的科学研究，Galton（1869）首次使用计量方法，对英国历史上来自各个领域的杰出人物及其家庭背景进行了统计分析，并发现杰出家庭往往更容易产生杰出者，进而提出了“能力的可遗传性”（Inheritable of Ability）。虽然 Galton 将这种代际流动的现象归结为生物遗传因素并不完善，但开创了对代际流动科学研究的先河，其创新性提出“先天禀赋和后天环境”（Nature and Nurture）（Galton，1889）之分的思路也成为此后的研究奠基。

在 Galton 之后，不同学科对代际流动的关注点开始有所差异：遗传学更加关注如性格、智力等可遗传的先天禀赋因素，而社会学则将关注的重点放在个体所处的社会环境上，由此引出了社会流动（Social Mobility）的概念体系。关于社会流动的研究最早始于 Sorokin（1927），他将社会流动概括为“个体在社会空间的移动”，并提出这一移动可以体现在个体在社会中的经济地位、职业地位和政治地位上。从内容上看，Sorokin 对社会流动理论的论述包含了代际流动和部分代内流动，虽未进行明确区分，但由此引出了社会代际流动这一重要分支，并为后续研究提供了坚实的理论基础。

20 世纪 70 年代后期，随着社会科学交叉现象的出现和流行，经济学家也逐渐关注到社会代际流动性这一问题，并尝试采用经济理论和方法对其进行研究。1979 年，Becker 和 Tomes（1979）首次建立了关于收入分配和代际流动的理论模型，开创了经济学领域对社会代际流动性研究的先河。此后，随着经济理论和计量方法的不断优化，经济学家们对代际流动性的研究逐步深入，这不仅拓宽了社会流动性的研究视角，并且进一步加深了其研究深度。

2.1.2 关于社会代际流动性的测算

从全球范围来看，虽然世界各国都曾经出现或正在经历代内差距逐渐加大的现象，但是这一差距可能随代际进行传递是一个更加值得关注的问题，因为代际流动性关乎社会公平，关乎一个社会长期的发展。因此从既有研究来看，无论是经济学领域还是社会学领域，对社会流动性问题的研究都主要集中在代际流动上，但关注的重点有所不同。其中，前者更加关注收入状况或家庭财富的代际传递，称为代际收入流动性。

（1）基本测算方法

代际收入流动性是用于衡量子代收入在多大程度上受父代收入的影响，根据 Becker 和 Tomes（1979），这一影响通常可使用代际收入弹性系数（Intergenerational Earnings Elasticity，简称 IGE）和代际收入相关性系数（Intergenerational Earnings Correlation，简称 IGC）进行度量，为此他们建立了如下模型：

$$\log Y_{si} = \alpha + \beta \log Y_{fi} + \mu \tag{2-1}$$

其中，下标 s 代表子代，f 代表父代，Y_{si} 和 Y_{fi} 分别代表父代和子代终身收入的均值。根据式（2－1），系数 β 可以表示为：

$$\beta = \frac{d\log Y_{si}}{d\log Y_{fi}} = \frac{dY_{si}/Y_{si}}{dY_{fi}/Y_{fi}} \tag{2-2}$$

β 即为代际收入弹性系数（IGE），即父代收入变动 1%，子代收入变动 β%。代际收入相关性系数（IGC）则是进一步考虑了两者收入分布的离散程度，在 IGE 的基础上进一步加入了 $\log Y_{si}$ 和 $\log Y_{fi}$ 的标准差 σ_s 和 σ_f，可以表示为：

$$\mathrm{IGC} = \beta \cdot \frac{\sigma_s}{\sigma_f} \tag{2-3}$$

理论上，由于代际收入相关性系数考虑了收入分布的离散程度，因而更能精确反映代际收入流动性。但在实际操作中，往往代际收入弹性更易估计，并且不受子代收入测量误差的影响，因此被大多数研究所采纳。

（2）进一步改进

根据 Becker 和 Tomes（1979）的模型设定，要想获得 β 的无偏估计，需要使用两代人的终身收入，但这一数据难以从现实中的统计数据或调查数据中直接获得。如果使用单一年度收入代替终身收入，可能会对系数的估计产生偏误，如 Becker（1986）使用单年度数据估计美国的代际收入弹性仅为0.2，并据此认为美国的社会代际流动性较高；Beherman 和 Taubman（1985）也使用了单一年度的收入，估计得出的弹性系数为0.23。为此，随着计量方法的不断优化，学者们尝试了多种方法对其进行改进。

第一，使用多年度收入数据的平均值代替终身收入。Solon（1992）通过对比使用1967年单年收入数据和使用1967—1971年的收入数据测算得到的代际收入弹性，结果显示后者（0.413）要高于前者（0.386），表明使用单年收入代替终身收入会产生向下偏误，进而高估代际收入流动性。Zimmerman（1992）基于 National Longitudinal Surveys 数据库，使用4年父代收入的均值与子代收入进行回归，结果显示代际收入弹性为0.54。Mazurnder（2001）使用16年父代收入的平均值，测算得到代际收入流动性为0.6。可以发现，收入均值的时间跨度不同，会导致测算结果的差异。据此，Mazurnder（2005）在 Solon（1992）研究的基础上，通过理论分析和实证检验得出：随着收入均值时间跨度的增加，代际收入流动性的测算变得越来越精确，当数据的时间跨度达到20—30年，估计的精确值才能达到较高水平。

第二，加入两代人年龄及年龄的平方项。在测算代际收入弹性时，如果使用单一年度收入数据替代终身收入，还会产生生命周期偏误，即未考虑父代不同年龄的收入对子代不同年龄的收入的影响不同（Atkinson 等，1978）。根据生命周期理论，收入与年龄的增长呈现倒“U”形关系，而通常研究所使用的收入数据来自父代职业生涯的晚期和子代职业生涯的早期，因此会产生估计偏误。即使是使用某一时间段内收入的均值也难以避免这个问题。为此，Atkinson 等（1978）建议可使用追踪数据进行研究。Solon（1992）则是在回归模型中控制了父代和子代的年龄及其平方项，以此控制不同年龄对收入的影响。还有部分学者专门对两代人年龄与代际收入弹性系数的关系进行了研究，以验证使用哪一年龄段的收入数据才能更加精确地测量代际收入弹性，Baker 和 Solon（2003）、Mazurnder（2005）、Haider 和 Solon（2006）、

Böhlmark 和 Lindquist（2006）等研究表明，当父代年龄处于 30—40 岁，代际收入弹性系数的测量误差最大；当子代年龄处于 30 岁左右，其收入与终身收入的相关性最强。但在实际研究中，鉴于数据的可获得性，Solon（1992）的方法为大多数研究普遍采用。

第三，使用工具变量。由于难以准确核算两代人的终身收入，部分学者考虑寻找工具变量，主要有两种方法：一是直接使用工具变量作为终身收入的代理变量，主要有受教育程度（Solon，1992）、职业（Zimmerman，1992）、种族（Mazurnder，2001）以及上述特征的综合指标（Mulligan，1997）等；二是通过工具变量对终身收入进行拟合，再使用拟合得到的终身收入进行弹性系数的测算。这一方法最早由 Angrist 和 Krueger（1992）以及 Arellano 和 Meghir（1992）提出，通常被称为“双取样工具变量法”（Two - sample instrumental variable），此后，诸如 Bjoklund 和 Jantti（1997）、Ferreira 和 Veloso（2006）、Piraino（2007）等的研究都采用了这种方法。

此外，还有学者考虑了不同收入群体代际收入流动的差异性，进而使用非线性回归模型进行估计。如 Eide 和 Showalter（1999）、Couch 和 Lillard（2004）等使用了分位数回归，Murtazashvili 等（2015）使用了双样本非参数估计法，研究结论表明代际收入流动性会因收入水平的不同而有所差异。

2.1.3 关于教育与社会代际流动性

随着研究的不断深入，21 世纪以后，学者们开始将研究的视角转向社会代际流动性的影响机制。较早的研究主要探讨究竟是先天禀赋（如遗传）还是后天环境（如教育）在代际传递中发挥了主要作用（Raaum，2006；Bjoklund 和 Jantti，1997）。但学者们逐渐发现对该问题的探讨并没有很强的现实意义，因为无论遗传因素发挥的作用大或不大，任何人、任何政策都无力改变。因此后来，关于代际流动性影响机制的研究主要着眼于后天环境这一因素上。具体来看，后天环境对代际流动性的影响主要分为两类：一是以教育为代表的人力资本（Becker 和 Tomes，1979；Eide 和 Showalter，1999；Restuccia 和 Urrutia，2004；Oreopoulos 等，2006）。一方面，父代可以通过影响子代的人力资本投资，进而影响子代（Becker 和 Tomes，1986；Lucas 和 Kerr，2013）；另一方面，父代可以通过自身的受教育程度影响子代，一般而言，受教育程度越高的父代越重视对子代的教育（Björklund 和 Salvances，2011；Piopiunik，2014）。二是以职业、社会关系网络为代表的社会资本。一方面，父代可以通过职业的代际传递影响子代（Beller 和 Hout，2006；Pérez - González，2006；Bingley 等，2011）；另一方面，父代可以通过自身拥有的社会关系网络，为子代寻求和创造更好的就业机会（Kramarz 和 Skans，2014；Corak 和 Piraino，2010）。本书拟研究的问题是财政教育支出如何影响社会代际流动性，因此接下来，本书主要将关注的重心放在以教育为代表的人力资本与代际收入流动性关系的研究上，对现有文献进行系统梳理。

（1）理论基础

Becker 和 Tomes 被认为是研究人力资本和代际流动性的开创者和奠基人。1979 年，他们首次建立了关于代际传递和收入分配的理论模型，并将代际传递因素分为遗传禀赋、人力资本投资和非人力资本投资，分析了其对子代收入的影响（Becker 和 Tomes，1979）。1986 年，Becker 和 Tomes 进一步将借贷约束引入模型，指出当存在借贷约束，贫困家庭由于面临较强的借贷约束而无法为子女提供充足的人力资本投资，因此贫困家庭的子代依然贫困，而富裕家庭则不会面临借贷约束的影响，结果代际传递加强，社会流动减弱（Becker 和 Tomes，1986）。

代际流动的人力资本理论以微观家庭为单位，一个家庭包含父母和子女两代人，父母在 t 期工作、消费并养育他们的孩子，子女在 $t+1$ 期发生同样的行为。父母的收入 I_t 用于满足自身消费 C_t 以及为子女进行人力资本投资 $y_t \cdot i_t$，其中 y_t 为父母投资在子女身上的人力资本数量，i_t 为每单位 h_t 的资本价值，其效用函数包括自身消费 C_t 以及子女未来的经济成就 I_{t+1}。因此，在 t 期，父母所需要进行的决策是：在预算约束的条件下，如何选择 C_t 和 y_t，从而最大化家庭以提供父母的效用函数，可表示为如下的效用最大化问题：

$$\text{Max } U(C_t, I_{t+1})$$
$$\text{s. t } I_t = C_t + y_t \cdot i_t \tag{2-4}$$

对于子女而言，他们在 $t+1$ 期工作所获得的收入 I_{t+1} 取决于三个资本因素：第一，父母对其的人力资本投资数量 y_t；第二，自身拥有的禀赋 e_t；第三，市场运气 u_t。假设上述三类资本具有相同的价值 w_{t+1}，那么子女的收入可以表示为：

$$I_{t+1} = w_{t+1} \cdot y_t + w_{t+1} \cdot e_{t+1} + w_{t+1} \cdot u_{t+1} \tag{2-5}$$

通过投资回报方程，可以将父母和子女的收入联系在一起：

$$i_t y_t = \frac{w_{t+1} \cdot y_t}{1 + r_t} \tag{2-6}$$

其中，r_t 为回报率或贴现率。结合式（2－4）、（2－5）、（2－6），可以得到父母收入 I_t 和子代收入 I_{t+1} 的关系：

$$C_t + \frac{I_{t+1}}{1+r_t} = I_t + \frac{w_{t+1} \cdot e_{t+1}}{1+r_t} + \frac{w_{t+1} \cdot u_{t+1}}{1+r_t} \tag{2-7}$$

令上式为 S_t，Becker 称为“家庭收入”，由父母当期的消费和子女未来收入的贴现组成。假设 C_t 和 I_{t+1} 有着一致的家庭收入弹性，因此子女收入的贴现可以表示为：

$$\frac{I_{t+1}}{1+r_t} = \alpha(\gamma, 1+r) S_t$$

$$C_t = (1-\alpha) S_t \tag{2-8}$$

系数 γ 用以测度子女收入相对于父母消费的偏好，即 α 与父母投资于子女的人力资本以及投资回报率有关。将式（2－7）代入式（2－8）得：

$$I_{t+1} = \alpha S_t (1+r_t) = \alpha(1+r_t) I_t + \alpha w_{t+1} \cdot e_{t+1} + \alpha w_{t+1} \cdot u_{t+1} \tag{2-9}$$

令 $\beta_t = \alpha(1+r_t)$，称为投资子女的倾向。式（2－9）表明子代收入受父母收入、子女自身禀赋以及市场运气成分影响，其中父母收入通过投资孩子的倾向影响子女的收入。

更进一步对子女的自身禀赋 e_{t+1} 进行分解，假设有三个来源：一是父母禀赋的遗传 e_t，二是社会的平均禀赋 $\overline{e_t}$，三是外生因素 v_{t+1}。因此 e_{t+1} 可以写为：

$$e_{t+1} = he_t + (1-h+f)\overline{e_t} + v_{t+1} \tag{2-10}$$

其中，h 为父母禀赋遗传给子女的份额，f 为社会平均禀赋的增长率。代入式（2－9）可得：

$$I_{t+1} = \beta_t I_t + \alpha h w_{t+1} e_t + \alpha(1-h+f) w_{t+1} \overline{e_t} + \alpha w_{t+1} v_{t+1} + \alpha w_{t+1} u_{t+1} \tag{2-11}$$

式（2－11）意味着，子女收入受父母收入、投资子女的倾向、父母禀赋、父母一代社会平均禀赋、继承份额、禀赋外生冲击以及市场运气的影响，其中父母禀赋通过遗传、影响自身收入进而影响子女的人力资本投资来影响子代收入。

Becker 和 Tomes（1986）从三个方面进一步改进了模型：第一，考虑到子代只有在真正将人力资本投资转化为成果时，才能对收入产生影响，因此在子代收入方程中，加入人力资本获得因素；第二，子代个体禀赋是影响其人力资本投资能否转化为成果的重要因素，因此它不再对子代收入产生直接影响，而是通过人力资本获得产生间接影响；第三，加入政府部门，与父母一起对子代进行人力资本投资。综上所述，子代人力资本获得受父母人力资本投资数量、政府投资以及个人禀赋的影响，子代收入由人力资本获得、社会平均禀赋以及运气决定，即：

$$Y_t = \gamma(T_t, f_t)H_t + l_t$$
$$H_t = \psi(x_{t-1}, s_{t-1}, E_t) \tag{2-12}$$

其中，Y_t 为子代收入，$H_t(\cdot)$ 为子代人力资本获得，γ 为人力资本回报率，受 t 时期技术知识 T_t 的正向影响，以及人力资本与非人力资本比例 f_t 的负向影响，在讨论家庭异质性时，可将 γ 视为 1，l_t 为市场运气，x_{t-1} 为父母对子女的人力资本投资，s_{t-1} 为政府对子女的人力资本投资，E_t 为子女自身禀赋，受父母禀赋和运气的影响：

$$E_t = \alpha_t + bE_{t-1} + v_t \tag{2-13}$$

①完善的资本市场

Becker 和 Tomes（1986）认为，在资本市场完善的条件下，父母对子女的人力资本投资受财富回报率 r_t、子女禀赋 E_t、政府人力资本投资 s_{t-1} 三个因素的影响。首先，父母不仅可以通过人力资本投资影响子代收入，而且可以通过直接转移财富来提高子女未来的效用。市场中财富的回报率基本保持稳定，而子女的人力资本回报率是递减的，在资本市场完善的条件下，父母可以通过借贷为子女提供人力资本投资，直到达到人力资本投资的最优水平，而这一水平发生在人力资本回报率等于财富回报率之时。也就是说，父母的人力资本投资与财富回报率呈负向关系，与子女禀赋呈正向关系。其次，父母人力资本投资与政府人力资本投资是同质的，它们存在此消彼长的关系。因此有：

$$x_{t-1} = g(E_t, s_{t-1}, r_t) \tag{2-14}$$

其中，$g_E > 0$，$g_s < 0$，$g_r < 0$。将式（2-14）代入式（2-12），有：

$$Y_t = \psi[g(E_t, s_{t-1}, r_t), s_{t-1}, E_t] + l_t = \phi(E_t, r_t, s_{t-1}) + l_t \tag{2-15}$$

式（2-15）意味着初始禀赋 E_t 与 Y_t、r_t、s_{t-1}、l_t 相关，而根据式（2-13），E_t 又与 α_t、b、E_{t-1} 和 v_t 相关，因此 Y_t 可进一步写为：

$$Y_t = F(Y_{t-1}, l_{t-1}, r_t, r_{t-1}, s_{t-1}, s_{t-2}, l_{t-1}, \alpha_t, b) + l_t \tag{2-16}$$

这意味着，在资本市场完善的条件下，父母可以通过借贷对子女进行人力资本投资，从而达到最优水平，子代的收入受父母收入、自身初始禀赋、父母初始禀赋、遗传程度、社会初始禀赋、当期财富回报率、父母时代财富回报率、当期政府对子女的人力资本投资、父母时代政府的人力资本投资影响，和父母对子女的人力资本投资倾向无关。

②不完善的资本市场

在资本市场不完善的条件下，父母只能使用自有资本对子女进行人力资本投资，此时父母对子女的人力资本投资 x_{t-1} 将受五个因素的影响：父母收入 Y_{t-1}、子女禀赋 E_t、政府人力资本投资 s_{t-1}、父母对子女的人力资本投资倾向 ω 以及未来收益的不确定性 ε_{t-1}，因此 x_{t-1} 可写为：

$$x_{t-1} = g^*(Y_{t-1}, E_t, s_{t-1}, \omega, \varepsilon_{t-1}) \tag{2-17}$$

其中，$g_Y^* > 0$，即面临资本约束的情况下，随着父母收入增加，对子女的人力资本投资也会随之增加。此时，子女的收入方程可写为：

$$Y_t = \psi^*[g^*(Y_{t-1}, E_t, k_{t-1}), s_{t-1}, E_t] + l_t = \phi^*(E_t, Y_{t-1}, k_{t-1}) + l_t \tag{2-18}$$

其中，k_{t-1} 包含了 s_{t-1}、ω 以及 ε_{t-1}，式（2-18）意味着 E_t 与 Y_{t-1}、k_{t-1}、l_t、Y_t 相关，因此 E_{t-1} 将与 Y_{t-2}、k_{t-2}、l_{t-1}、Y_{t-1} 相关，因此子代收入可表示为：

$$Y_t = F(Y_{t-1}, Y_{t-2}, l_{t-1}, k_{t-1}, k_{t-2}, v_t, \alpha_t, b) + l_t \tag{2-19}$$

这意味着，在资本市场不完善的条件下，子代收入不仅受到父母收入、禀赋、政府人力资本投资等的影响，还会受到祖父母收入、父母对子女人力资本投资倾向、未来收益不确定性的影响。也就是说，当家庭面临金融约束，子代收入与父代收入的相关性更强；而在没有金融约束的情况下，父母对子代的人力资本总是保持在人力资本回报率等于财富回报率的水平。

（2）实证检验

在 Becker、Tomes 等的研究基础上，众多学者开始使用各国的经验数据验证教育对社会代际流动性的影响。同理论研究的结论一致：教育是影响子女未来收入的重要因素，能够扩大社会底层子女向上流动的渠道，进而提升代际流动性；但是受制于家庭背景的影响，教育也可能成为放大父母对子女影响的途径，这是因为贫困家庭通常无法为子女提供充足的人力资本投资，因而贫困家庭的子代依然贫困，而富裕家庭则不会面临这样的问题，相反可能会利用自己所拥有的社会资源为子女谋求更好的教育机会，结果代际传递加强，社会流动减弱。从既有研究来看，关于教育与社会代际流动性的关系，尚未达成一致的结论。

部分学者认为，教育能够改善代际流动性。Deary 等（2005）研究了儿童时期的社会背景、学习能力以及教育对社会代际流动性以及中年时期社会地位获得的影响。在 Logistic 模型中，儿童时期学习能力的强弱与代际向上或向下流动紧密相关，而教育显著影响了代际的向上流动性；在结构方程模型的进一步分析中，中年社会地位的获得则主要受儿童时期学习能力和父亲社会阶层的影响。Grawe 和 Nathan（2010）指出，小学和中学教育对子女人力资本形成具有重要的影响，教育质量每提高两个标准差，通过人力资本传递而改善的代际流动性达 40%。Jerrim 和 Macmillan（2015）使用跨国的 Programme for International Assessment of Adult Competencies（PIAAC）数据证明了 GGC 理论——即收入不平等程度较高的国家代际流动性较低，并指出，教育是收入不平等与代际流动性呈现该种关系的重要传递机制。

部分学者认为，教育具有明显的自我实现和阶层再生产的特征，因而是加强代际传递、固化社会阶层的利器。Van（2002）研究了教育在荷兰代际阶层流动中的作用。他们发现，所有阶层都会对教育进行投资以避免后代向下流动，但是采取的教育策略相对保守，比如工薪阶层的后代更喜欢技术领域的学习；具有农业背景的孩子更倾向于农业培训；商人的后代更需要经济和商业技能以接管父代的业务。这些保守的教育策略导致了较低的社会流动性，阻碍了底层后代向上流动。Brezis 和 Hellier（2018）研究了高等教育结构与社会流动的关系，作者将高等教育分为标准教育和精英教育两个层级，指出该种特征是导致社会永久性分层、社会固化以及"精英"自我再生产的关键性因素，与此同时，标准教育和精英教育的差距越大，社会流动性就越小，这是因为教育质量的差异放大了家庭背景的影响，而减弱了个人能力的影响。

部分学者比较了不同教育阶段对社会代际流动性的影响，研究结论普遍表明，相比高等教育，基础教育对代际流动性的改善作用更大。Bjorklund 等（2002）认为，基础教育对人力资本代际传递的作用要大于高等教育，因此，正因为美国对基础教育的公共投入相对较少，其教育的代际流动性要低于大多数欧洲国家。Restuccia 和 Urrutia（2004）使用人力资本的代际传递模型，将人力资本的来源划分为先天能力、基础教育、高等教育三类，实证研究结果表明，代际收入传递的约 50% 与父母对子女的教育投资相关，并且基础教育投资的解释力度要大于高等教育。

另外，还有学者使用教育扩张政策研究了教育对社会代际流动性的影响，但总体来看，研究结论各异。部分研究认为教育扩张难以改善流动性，如 Iannelli 和 Cristina（2011）研究了苏格兰教育政策对社会流动性的作用。实证结果显示，尽管全社会总体的教育水平有所提高，但教育的阶层差异依然存在。虽然苏格兰支持教育扩张的政策，为工薪阶层的子女提供了更多向上攀登的机会，但是这依然难以使其流动到职业顶端，从而打破社会不平等。Strurgis 和 Franz（2015）研究了英国 1972 年基础教育扩招政策（主要是指英格兰和威尔士将最低受教育年限从 15 年改为 16 年）对代际流动的影响，结果表明，扩招政策只是提高了人们的受教育年限，但对于代际流动性没有显著影响。部分研究认为教育扩张能够改善代际流动性。如 Rauscher（2012）使用 19 世纪末 20 世纪初美国的调查数据研究了基础教育扩张对社会流动性的影响，结果显示，对于那些能在教育扩张中完全获益的群体，其社会流动性上升。Pfeffer 和 Herte（2015）使用 Unidiff 模型研究了美国教育扩招政策对社会流动的影响，结果表明，扩招政策提升了较高学历人群在总人口中的占比，并且这一群体的社会经济地位受家庭背景的影响要小于低教育水平人群。Inkwan 和 Hyunjoon（2019）使用出生于 1950—1984 年的韩国男性样本，研究了韩国教育扩张与代际流动性的关系，结果显示，教育扩张在改善社会代际流动性方面起到了至关重要的作用，特别是基础教育的均等化政策。

2.1.4 关于财政教育支出与社会代际流动性

国外关于公共教育支出①与社会代际流动性关系的探讨，最早出现在 1999 年 Iyigun 的研究当中，Iyigun（1999）假定教育免费且入学机会具有竞争性，公共教育支出只有在增加到足以抵消父母受教育程度对子代影响的相对优势的情况下，才能促进代际收入流动性。Chevalier 等（2003）研究了美国以及欧洲 17 个国家公共教育支出与教育代际流动性的关系，结果表明，在公共教育支出高的国家，教育的代际流动性也高。2004 年，Solon（2004）将公共教育支出纳入 Becker 和 Tomes 代际传递的人力资本模型，认为子代同时接受来自家庭和政府的人力资本投资，通过模型分析，Solon 指出代际收入弹性系数与公共教育支出相关。Solon（2004）被认为是研究公共教育支出与社会代际流动性关系的开创者，此后又陆续有学者在此基础上继续开展了相关研究，但总体来看为数不多。

（1）理论基础

Solon（2004）假定家庭 i 中包括 $t-1$ 代的父母和 t 的子女，父母收入 $y_{i,t-1}$ 一部分用于缴税，税率为 τ，其余部分用于当期消费 $C_{i,t-1}$ 和子女人力资

---

① 需要指出的是，国外研究通常把财政教育支出称为公共教育支出，为保证综述的准确性，本小节将使用公共教育支出这一称法。

本投资 $I_{i,t-1}$，因此预算约束可写为：

$$(1-\tau)y_{i,t-1}=C_{i,t-1}+I_{i,t-1} \tag{2-20}$$

假设父母不能从子女的预期收入中借款，也不能将金融资产直接传递给子女。政府征得的比例税全部用于对子女的人力资本投资。子女的人力资本积累水平可以表示为：

$$h_{it}=\theta\log(I_{i,t-1}+G_{i,t-1})+e_{it} \tag{2-21}$$

其中，$G_{i,t-1}$为政府对子女的人力资本投资，e_{it}为子女获得的人力资本禀赋，并遵循 Becker 和 Tomes（1979）的研究，假定其与父母的人力资本禀赋正相关，因此有：

$$e_{it}=\delta+\lambda e_{i,t-1}+v_{it} \tag{2-22}$$

其中，v_{it}为一个白噪声的随机扰动项。因此，子代收入可表示为：

$$\log y_{it}=\mu+ph_{it} \tag{2-23}$$

p 为人力资本水平对收入的转化系数，也可视为人力资本的回报率。

在家庭决策方面，家庭的效用函数包括当期消费 $C_{i,t-1}$以及子女未来的收入 y_{it}，假设其为 Cobb - Douglas 函数形式，家庭的效用函数可写为：

$$U_i=(1-\alpha)\log C_{i,t-1}+\alpha\log y_{it} \tag{2-24}$$

代入式（2-20）、（2-21）、（2-23），即：

$$U_i=(1-\alpha)\log[(1-\tau)y_{i,t-1}-I_{i,t-1}]+\alpha\mu+\alpha p\theta\log(I_{i,t-1}+G_{i,t-1})+\alpha pe_{it} \tag{2-25}$$

求解一阶条件：

$$\frac{\partial U_i}{\partial I_{i,t-1}}=-\frac{(1-\alpha)}{(1-\tau)y_{i,t-1}-I_{i,t-1}}+\frac{\alpha p\theta}{I_{i,t-1}+G_{i,t-1}}=0 \tag{2-26}$$

$$I_{i,t-1}=\left[\frac{\alpha p\theta}{1-\alpha(1-p\theta)}\right](1-\tau)y_{i,t-1}-\left[\frac{1-\alpha}{1-\alpha(1-p\theta)}\right]G_{i,t-1} \tag{2-27}$$

这意味着：第一，当政府公共支出不变时，高收入父母对子女的人力资本投入更多。第二，当税率不变时，政府对子女的人力资本投资，部分挤出了家庭的人力资本投资。

进一步将式（2-21）代入式（2-23）：

$$\log y_{it}=\mu+p[\theta\log(I_{i,t-1}+G_{i,t-1})+e_{it}] \tag{2-28}$$

将式（2-27）代入式（2-28）化简得：

$$\log y_{it}=\mu+p\theta\log\left[\frac{\alpha p\theta}{1-\alpha(1-p\theta)}\right]+p\theta\log\left[y_{i,t-1}\left(1+\frac{G_{i,t-1}}{(1-\tau)y_{i,t-1}}\right)\right]+pe_{it} \tag{2-29}$$

若$\frac{G_{i,t-1}}{(1-\tau)y_{i,t-1}}$很小：

$$\log y_{it} \cong \mu + p\theta \log\left[\frac{\alpha p\theta}{1-\alpha(1-p\theta)}\right] + p\theta \log y_{i,t-1} + \frac{p\theta \cdot G_{i,t-1}}{(1-\tau)y_{i,t-1}} + pe_{it} \tag{2-30}$$

式（2-30）意味着政府对子女的人力资本投资能够影响代际流动性，假定这一投资政策可以表示为：

$$G_{i,t-1}/[(1-\tau)y_{i,t-1}] \cong \varphi - \gamma \log y_{i,t-1} \tag{2-31}$$

当$\gamma>0$，意味着政府人力资本投资与父母税后收入的比例随着父母收入的增加而减少。进一步将式（2-31）代入式（2-30）得：

$$\log y_{it} = \mu^* + [(1-\gamma)p\theta]\log y_{i,t-1} + pe_{it} \tag{2-32}$$

其中，pe_{it}依然与$\log y_{i,t-1}$有关，因为根据式（2-22），e_{it}受$e_{i,t-1}$影响，$\log y_{i,t-1}$也受$e_{i,t-1}$影响。因此在计算代际收入流动性时也需要考虑e_{it}的影响。根据 Greene（2000）的方法，最终得出稳态下代际收入弹性系数β为：

$$\beta = \frac{(1-\gamma)p\theta + \lambda}{1+(1-\gamma)p\theta\lambda} \tag{2-33}$$

式（2-33）意味着，随着初始禀赋遗传系数λ、人力资本投资效率θ、人力资本回报率p的增加，代际收入弹性系数越大，即代际流动性越弱；当政府对子女人力资本投资更积极时（γ越小），代际收入弹性系数越小，代际收入流动性越大。

在 Solon 研究的基础上，Mayer 和 Lopoo（2008）进一步引入家庭借贷约束来解释代际收入弹性为何会随财政教育支出的提高而下降。模型设定家庭和政府是构成子代人力资本投资的两大主体，首先考虑政府人力资本投资为 0 的情况，此时子代人力资本投资完全来自家庭，而低收入家庭会面临较强的借贷约束，难以对子代进行充足的人力资本投资，子代人力资本水平依然较低；高收入家庭则不存在上述借贷约束，故有能力对子代进行充足的人力资本投资，子代人力资本水平较高。由此，来自不同收入水平家庭的子代，其人力资本产生较大差异，同时代际弹性也较大。其次考虑政府进行人力资本投资的情况，以教育支出为例，当政府教育支出增加，子代受教育成本将下降，对于低收入家庭而言，原本面临的借贷约束会因此得以缓解，子代将获得更多的人力资本投资；而对于高收入家庭来说，由于不存在借贷约束，政府教育支出增加更可能对其家庭教育支出产生挤出。这样来看，由于政府教育支出的存在，缩小了不同收入水平家庭子代的人力资本投资差异，代际弹性递降，代际流动性加强。因此，财政教育支出可以通过缓解低收入家庭借贷约束，改善代际收入流动性。

（2）实证检验

具体而言，国外学者对公共教育支出与代际流动性关系的实证研究主要集中在两个方面：一是公共教育总支出对代际流动性的影响；二是分教育阶段探讨公共教育支出对代际流动性的影响。学者们得到的结论普遍一致：公共教育支出能够改善代际流动性，特别是针对早期教育的支出，其影响效应更大，针对高等教育的公共支出影响效应较小或者统计上不显著。与此同时，针对贫困家庭的公共教育支出能够有力改善代际流动性（Mayer 和 Lopoo，2008；Hidalgo 等，2018）。

①公共教育支出对代际流动性的影响

Davies 等（2005）构建了包含家庭和学校教育的人力资本传递模型，分析了私立教育和公立教育对代际收入流动性的影响。研究结果显示，公共学校教育下的流动性要高于私立学校教育，后者会在短期和长期内降低代际收入流动性。Hassler 等（2007）研究了劳动力工资不平等和代际流动性的关系，指出公共教育支出可以提升子代成为技能型人才的概率，因此无技能或低技能孩子可以通过公共教育支出获得更多受教育机会，从而代际流动性提升。Mayer 和 Lopoo（2008）通过匹配政府宏观数据和家庭微观数据，研究了政府收入与代际流动性的关系。结果显示，在政府支出较高的州，贫困家庭和富裕家庭之间的代际流动性差距小于政府支出较低的州，并且针对低收入群体的政府支出确实能够增加其未来收入。这些结果意味着，政府支出确实能够改善代际流动性。Ichino 等（2011）通过构建一个简单的政治经济模型，探讨了家庭决策和公共政策如何影响代际流动性。理论和实证研究表明，政府公共教育支出能够改善代际流动性，不仅可以直接影响社会背景较弱的个体的经济机会，而且可以通过影响家庭对子代的人力资本投资影响其收入水平。此外，若一个国家由高收入群体占据主要政治地位，那么会偏向于较低的公共教育支出，进而拥有较低的代际流动性；若由低收入群体占据主要政治地位，那么会偏向于较高的公共教育支出，从而拥有较高的代际流动性。Blanden（2013）研究了代际流动性的跨国差异，并指出，教育的回报率与代际流动性呈负相关关系，而国家的公共教育支出与代际流动性呈正相关关系。Rauh 和 Christopher（2017）构建了一个世代交叠模型，通过概率性投票内生化了公共教育政策，并以此为基础进行了跨国差异分析。研究结果发现，公共教育支出可以解释收入不平等和社会流动性差异的四分之一。Guido 等（2018）基于统一的住户调查数据，测算了 18 个拉丁美洲国家 50 年的代际教育流动性，结果显示，平均来看拉丁美洲的代际流动性在上升，但存在显著的跨国差异，其中，公共教育支出可以对这一现象进行很好的解释。Uchida 和 Yuki（2018）构建了一个包含富人阶层和穷人阶层的世代交叠模型，并设定社会流动性受人才不匹配的影响。研究结果表明，随着两个阶层私立教育差距的扩大，社会流动性下降，而随着公共教育支出的增加，流动性增加。与此同时，当富人阶层的政治权力更为强大时，政府倾向于低水平的公共教育支出。

②分教育阶段公共教育支出对代际流动性的影响

Mimoun 和 Raies（2010）研究认为，公共教育支出从基础教育转向高等教育，可能会导致代际流动性的降低。Herrington（2015）以挪威和美国为例，从公共教育和税收政策角度研究了发达国家收入不平等和代际流动性差异的原因。实证结果表明，两者能够解释三分之一的收入不平等差异以及 14% 的代际收入差异，并且政府对儿童早期教育的干预使这些政策影响翻倍。Hidalgo 等（2018）探讨了政府在教育方面的公共开支的长期影响，以验证其是否能减少以及多大程度上减少子代成年后贫困的可能性。研究结果表明，公共教育支出对减少成年期贫困发生率具有强大的长期影响，与此同时，这种影响主要集中在父母受教育程度较低的人群中。

2.2 国内研究历程和现状

相对而言，国内关于社会代际流动性的研究起步较晚，20 世纪 90 年代陆续有学者关注到这一问题（李建勇，1992；郭凡，1995；江建军，2004），直到 2005 年以后，关于社会代际流动的规范性研究才开始涌现。从研究内容来看，代际收入流动性同样是国内学者关注的重点和研究主线；从研究方法来看，既有文献主要依据 Becker、Tomes、Solon 等提出的理论模型和计量模型，结合中国的现实数据，对我国的代际收入流动性进行了考察；从研究趋势来看，2005—2011 年，对中国代际收入流动性的测算是国内文献研究的重点，2011 年之后学者们开始转向讨论代际收入流动性的影响因素和传导机制，其中教育成为该领域普遍关注的话题。

2.2.1　关于社会代际流动性的测算

（1）中国代际收入流动性的测算及时间发展趋势

关于中国代际收入流动性的测算最早始于王海港（2005）的研究，他首次使用城镇家庭微观调查资料，测算了 1988 年和 1995 年我国的代际收入流动性，结果表明，两年的代际收入弹性分别为 0.384 和 0.424，意味着我国代际收入流动性在降低。郭丛斌、闵维方（2007）使用《中国城镇居民教育与就业情况调查》数据测算了我国 2004 年代际收入弹性系数为 0.32。韩军辉（2009）为考虑数据的分层嵌套特点，使用分层线性结构模型测算了父亲与子女之间的代际收入弹性为 0.266。李小胜（2011）使用《中国社会综合调查开放数据库》（CGSS）测算得到居民代际收入弹性系数为 0.309。陈琳、袁志刚（2012）分析了 1988—2005 年中国居民代际收入流动性的变动趋势，结果表明代际收入弹性呈现大幅下降而后趋于稳定的态势。

进一步地，为避免使用短期收入数据造成的测量误差，学者们尝试在计量方法上进行改进。首先是使用双样本最小二乘法（TS2SLS），如方鸣、应瑞瑶（2010）据此测得中国城乡居民代际收入弹性为 0.57，这一结果显著高于早期研究的测算结果，表明使用短期收入作为终身收入的替代变量会产生向下偏误。何晓琦、邓晓岚（2006）也使用了这一方法。其次是使用工具变量法，如韩军辉（2010）使用滞后变量作为工具变量，对代际收入流动的单方程和系统方程进行了估计，结果显示后者估计的结果较为稳健，代际收入弹性为 0.446；王美今、李仲达（2012）通过构建一个 IV 估计量分析框架，得到了居民代际收入流动性的保真估值区间［0.615，1.280］，并测算中国居民代际收入流动系数为 0.830。陈琳（2015）使用多个 IV 估计系数的方法，在对测量误差进行纠正之后，基于 CHIP 数据测算了 1990—1995 年和 1998—2002 年两个时间段的代际收入弹性分别为 0.8 和 0.4。

（2）中国代际收入流动性的异质性讨论

①城乡差异

城乡差异，即城镇居民和农村居民的代际收入流动性具有显著差异。总体来看，我国城镇地区的代际收入流动性低于农村地区（即城镇地区的代际收入弹性更高）已成为既有研究普遍所得的共识。如方鸣、应瑞瑶（2010）通过使用中国综合社会调查数据（CGSS）测算出我国城镇居民和农村居民的代际收入弹性分别为 0.584 和 0.546，表明城镇家庭父代收入对子代收入的影响更大，从而代际流动性较弱。严斌剑、王琪瑶（2014）通过测算并对比了1988年、1995年、2002年、2007年的代际收入弹性，结果显示，城镇家庭的代际收入弹性呈现先增长后下降的倒“U”形关系，而农村家庭的代际收入弹性呈现先下降后上升的“U”形关系，但即便如此，依然高于农村家庭的代际收入弹性。此外，李小胜（2011），龙翠红、王潇（2014），徐晓红（2015）等的研究也都表明城镇居民的代际收入流动性高于城镇居民。然而，也有学者发出了不同的声音：如胡洪曙、亓寿伟（2014）的研究表明，城镇居民的代际流动性要高于农村居民，并且随着收入水平的提高，代际流动性呈现上升趋势，而农村居民却越来越陷于“持续贫困”的陷阱；周兴、王芳（2014）基于CGSS的研究同样表明城镇居民的代际流动性更高。

②区域差异

区域差异，即不同区域的代际收入流动性具有显著差别。李小胜（2011）分别对东、中、西地区的代际收入弹性进行了测算，结果显示东部地区最高为0.32，中部地区次之为0.27，西部地区最低为0.26。方鸣、应瑞瑶（2010），严斌剑、王琪瑶（2014）等的研究也表明，东部地区的代际收入弹性要高于中部和西部地区。学者们将代际流动性的这一差异解释为两个原因：第一，经济欠发达地区，子代可能通过教育或者更好的职业选择，降低了父代收入的影响。第二，不同地区的市场化发展水平不同，从而家庭面临的信贷约束条件不同。

③收入差异

收入差异，即代际收入流动性会因家庭收入的不同而有所差异。王海港（2005）测算了我国1988年和1995年的代际收入弹性，并指出后者大于前者的关键原因在于高收入父母对子女收入的影响大大增强。郭丛斌、闵维方（2007）根据父亲和子女收入的高低，将样本分为最高收入、中等偏上收入、中等偏下收入以及最低收入四个组群，研究结果显示，2004年4个组群的代际收入弹性分别为0.231、0.020、0.024、0.378，意味着中间两个组群的代际传递较为活跃，而处于两端的组群代际传递相对封闭，方鸣、应瑞瑶（2010）的研究同样证明了处于最高收入和最低收入群体的代际流动性较弱。周兴、王芳（2014）等的研究也表明高收入家庭具有较强的代际收入传递性。

此外，还有其他一些个体特征差异会对代际收入流动性产生影响，如人口迁移。孙三百、黄薇等（2012）认为，人口迁移是影响代际收入流动性的重要因素，通过使用工具变量法进行估计，发现迁移群体的代际收入弹性不足未迁移群体的一半。再如，父代职业差异，严斌剑、王琪瑶（2014）基于CHIP 数据研究发现，父代从事第二产业的代际收入流动性最小，从事第三产业的代际收入流动性最大。

2.2.2 关于教育与社会代际流动性

随着对社会代际流动性研究的不断深入，国内学者开始探讨社会代际流动性的影响机制。同样是以代际收入流动性为研究主线，既有文献对其影响机制的研究主要集中在以下三个方面：一是以教育为代表的人力资本，即父代通过对子代的人力资本投资或其人力资本水平，进而影响子代收入（郭丛斌、闵维方，2007；方鸣、应瑞瑶，2010；汪燕敏、金静，2013；周兴、王芳，2014；邸玉娜，2014；徐俊武、张月，2015；杨新铭、邓曲恒，2016）。二是社会资本，即父代通过拥有的社会资本，为子女寻求更好的教育或就业机会，从而影响子代收入，这类社会资本主要包括政治地位（杨瑞龙等，2010；李宏彬等，2012；王生发、刘金东，2016；叶晓阳，2012；谭远发，2015）、职业（方鸣、应瑞瑶，2010；周兴、王芳，2014；邸玉娜，2014；周兴、张鹏，2014）以及社会关系网络（赵剑治、陆铭，2009；陈琳、沈馨，2016）。三是财富资本，即父代通过直接向子代转移家庭住房、金融资产、土地（特指农村家庭），进而影响子代收入（陈琳、袁志刚，2012）。此外，还有学者比较了上述这三种影响机制对代际收入流动性的解释力度，陈琳、袁志刚（2012）的研究表明，虽然以教育为代表的人力资本在代际收入传递中发挥了重要作用，但以政治身份、职业等为代表的社会资本的传递途径也呈现出了上升趋势，以房屋、金融资产等为代表的财富资本对代际收入传递的解释力超出了前两者。进一步研究表明，人力资本、社会资本与财富资本传递机制共同解释了 60% 以上的收入代际传递，其中以财富资本传递为主（陈琳、袁志刚，2012）。

本书拟研究的问题是财政教育支出如何影响社会代际流动性，因此接下来，本书主要将关注的重心放在以教育为代表的人力资本与代际收入流动性关系的研究上，对现有文献进行系统梳理。

（1）教育对社会代际流动性的影响

事实上，教育对于社会流动而言是一把“双刃剑”，因为社会底层的后代可以通过教育获得更多向上流动的渠道，摆脱原有社会地位的影响；但同时处于社会上层的后代也可以通过教育甚至质量更好的教育，维持他们的社会地位，此时，教育就成为复制原有生产关系的重要利器。因此，从既有研究来看，关于教育与社会代际流动性的关系，尚未达成一致的结论。

部分学者认为，教育能够改善代际流动性，维系社会公平。如郭丛斌、丁小浩（2005）基于2000年全国城镇住户调查数据，研究了教育对行业代际流动的影响，结果显示，受过高等教育的劳动者群体，其行业代际流动指数要高于未受过高等教育的群体，因此，通过教育，个体进入高收益行业的可能性加大。郭丛斌、闵维方（2007）使用《中国城镇居民教育与就业情况调查》研究了教育与代际收入流动性的关系。实证结果显示，子女收入受子女教育的影响（0.189）要显著大于父代收入的影响（0.159），并且子女受教育年限有助于增加其进入高收入组群的可能性，这一作用对低收入家庭子女的影响更大。郭丛斌、闵维方（2009）使用结构方程模型（SEM），将子女社会地位获得的影响因素分为以家庭背景为代表的先赋性因素以及以教育为代表的后致性因素，实证结果表明，两者都对子女社会地位的获得有显著影响，但后者作用大于前者，因而能够促进代际流动性，证明了教育所承载的社会流动功能。汪燕敏、金静（2013）基于中国营养与健康调查数据，计算了教育对代际收入相关性的贡献率为0.081，远高于健康（0.018）和职业（0.007）的影响，表明教育对代际流动性的显著影响。刘志国、范亚静（2014）研究表明，教育，特别是高等教育能够显著促进居民代际收入流动性，原因在于高等教育能够消除户籍歧视带来的劳动力市场分割现象，有利于个体获得社会资本，因此，高等教育资源的公平合理分配至关重要。汪燕敏、金静（2015）使用分位数回归模型研究了教育对代际收入流动的影响，在引入受教育年限后发现，父代收入对子代收入的影响系数显著降低，表明教育在解释代际相关性中发挥着重要作用。

还有部分学者认为，教育具有明显的自我实现和阶层再生产的特征，因而是加强代际传递、固化社会阶层的利器。如邸玉娜（2014）基于中国健康与养老追踪调查数据，研究了教育对中国代际收入流动性的影响，实证结果表明，教育虽然是打破阶层固化的重要途径，但父代的职业对子代的教育回报率有着显著影响，意味着教育机会不平等进一步阻碍了代际流动性。马瑜、王琪延（2015）基于2010年中国综合社会调查（CGSS）数据的研究表明，教育虽然能够增加社会底层群体向上流动的机会，但是教育机会的获得受家庭背景的影响较大，因而可能会成为优势家庭保持优势地位、阻碍社会流动性的工具。

（2）不同教育阶段对社会代际流动性的影响

可见，既有研究对教育和代际流动性的关系尚无定论，在这种情况下，一些学者转而思考：这一不确定性是否与教育阶段的差异性有关？因此，开始探讨不同教育阶段对社会代际流动性的影响。如 Zhong（2013）从理论层面研究了教育扩张对代际流动的影响，模型结论表明，教育扩张会导致教育机会的差异以及人力资本积累的低效率，因而不利于改善社会流动性，尤其是高等教育扩张政策。Yang 和 Qiu（2016）通过构建四阶段世代交叠模型，分析了先天能力、义务教育（1—9 年级）、非义务教育（10—12 年级以及高等教育）对代际流动性的影响。研究结果表明，来自最富裕家庭的孩子只比最贫困家庭的孩子聪明了 1.36 倍，但这一比例在义务教育结束时扩大到 2.35，在非义务教育结束时扩大到 2.89，表明义务教育对代际流动性的影响要大于非义务教育。卢盛峰等（2015）基于 CHNS 数据实证考察了教育机会如何通过影响人力资本积累，进而影响代际职业流动性。研究结果表明，布局于初中、高中、大专职业学校的社区内，子代在职业上向上流动的优势更大；而“村村设学”的小学教育布局反而不利于代际职业流动。陈琳（2015）基于 CHNS 和 CFPS 数据研究了不同阶段教育对代际收入流动性的影响。实证结论显示，幼托和初中教育阶段改善了代际收入流动性，大学阻碍了代际收入流动，小学和高中尚未得到一致的结论。乐志强（2018）构建了二项 Logistic 回归模型，分教育层次、教育质量和专业类别研究了高等教育对代际流动的作用，结果发现，接受本科教育及以上、就读理工农医类专业对代际向上流动的作用更大，但高等院校是否为央属对代际流动性的影响没有显著差异。与此同时，高等教育对农村家庭后代的影响要大于城镇家庭。

还有部分学者针对我国 20 世纪 90 年代末的高等教育扩招政策，探讨了其对社会流动性的影响，研究结论普遍表明，没有充足的证据表明高等教育扩招改善了社会流动性。郝雨霏（2014）基于社会综合调查（CGSS）数据探讨了我国高等教育扩招政策对代际流动性的影响。研究发现，高等教育扩招并未显著改变代际流动性，也没有显著改变社会下层向上流动的可能性。杨中超（2016）将社会阶层分为上层、中层、下层，发现虽然高等教育扩招使社会下层的代际绝对流动有所增加，但并未有充足的证据表明改善了社会阶层间的代际相对流动。可能的原因在于高等教育扩招并未显著改善教育机会不均等的问题。周明海、徐杨云涛（2017）使用了双重差分模型，将未受高等教育的个体作为控制组，将受过高等教育的个体作为实验组，同时通过年龄推断，推测出实验组中哪些个体受到高等教育扩招政策的影响。实证结果显示，高等教育扩招降低了代际收入流动性，增加了代际收入的不平等。

2.2.3 关于财政教育支出与社会代际流动性

国内关于财政教育支出或公共教育支出与社会代际流动性关系的研究较少，陈琳（2011）最早在其博士论文中使用中国省级混合面板数据估计了我国公共教育支出对代际收入流动性的影响，实证结果显示，公共教育支出水平与代际收入弹性呈负相关关系；分教育阶段来看，初等和中等教育生均支出占人均 GDP 的比重同样与代际收入弹性呈负相关关系，但高等教育的这一占比与代际收入弹性呈正相关关系。虽然鉴于计量方法的不完善，上述结果最终都未通过显著性检验，但这一研究开创了国内学者对公共教育支出与社会代际流动性关系研究的先河。

总体来看，现有国内研究普遍认为政府的财政教育支出有利于改善社会代际流动性，但研究视角有所不同，主要可以分为两个：一是以代际收入流动性为研究视角；二是以教育的代际传递为研究视角。在异质性讨论方面，学者们认为因公共教育支出水平（徐俊武、易祥瑞，2014；杨娟、周青，2013）、教育阶段（宋旭光、何宗樾，2018；陈琳，2015）、子女性别（刘楠楠、段义德，2017）、父母收入、父母学历（宋旭光、何宗樾，2018）、城乡差异（刘楠楠、段义德，2017；刘文、沈丽杰，2017）等因素的不同，财政教育支出对社会代际流动性的影响有所差异。在传递机制方面，学者们认为政府的财政教育支出可以通过缓解家庭面临的借贷约束（李力行、周广肃，2015；杨娟、赖德胜等，2015）、弥补父代对子代人力资本投资的不足（周波、苏佳，2012），进而改善代际流动。

（1）代际收入流动性视角

Li 等（2014）对中国的代际收入弹性进行了估计，在考虑了向下偏误后，测算得中国长期收入的代际相关性为 0.830。进一步将政府公共教育支出纳入模型后，并未发现其能够有效改善代际流动性，但对于义务教育的支出却能够显著提升受益者收入的 43%。这意味着，针对贫困家庭的政府支出能够减弱经济地位的长期代际传递。周波、苏佳（2012）基于中国县级教育事业费支出和中国健康与营养调查（CHNS），使用半参数可变系数部分线性模型估计了财政教育支出对代际收入流动性的影响，结果显示，随着人均教育事业费支出的增加，代际收入弹性下降，表明财政教育支出促进了代际收入流动，作者将其内在原因解释为：关于教育的财政支出增加了对子代的人力资本投资，缩小了家庭之间的人力资本投资差异，进而降低了父代收入对子代收入的影响。徐俊武、易祥瑞（2014）基于中国健康与营养调查（CHNS）在 1989—2009 年的 8 次调查数据，研究了不同水平的公共教育支出如何对代际收入流动性产生影响。首先，使用多重线性门槛模型，以公共教育经费为门槛变量，测算出了两个门槛值分别为 513.0530 和 1161.7336。进一步实证结果表明，在公共教育支出水平较低的地区，代际收入弹性为 0.538，支出水平较高的地区为 0.504，表明公共教育支出越高，越能增加代际收入流动性。宋旭光、何宗樾（2018）基于中国家庭追踪调查数据（CFPS）研究了义务教育财政支出对代际收入流动性的影响。实证结果表明，义务教育财政支出能够显著降低父代收入对子代收入的影响，并且这一影响对于低学历家庭更为显著；分教育阶段来看，小学阶段的财政教育支出对代际收入流动性的影响更大，相对贫困的家庭能从中受益更多。由此证明了义务教育尤其是小学教育的财政支出具有很好的“减贫效应”。

（2）教育代际流动性视角

杨娟、周青（2013）探讨了公共教育支出是否减弱了家庭背景对子代受教育程度的影响。文章首先提出以父母收入、父母受教育程度为代表的家庭背景是影响子女受教育程度的重要因素，以子女是否上高中为被解释变量验证了这一观点，并指出长久以来，父母受教育程度对子女教育的影响一直未降低。其次，通过构建一个两阶段教育选择模型，从教育经费的视角对其进行了解释。研究结果发现，公共教育支出降低了父母收入对子女受教育程度的影响，但没有改变父母受教育程度的影响，这意味着公共教育支出能在一定程度上缓解家庭背景对子女受教育程度的影响，但随着支出水平增加到较高水平，这一作用可能非常微弱。李力行、周广肃（2015）基于中国健康与养老追踪调查和全国综合社会调查数据，讨论了公共教育支出是否能通过缓解家庭面临的信贷约束，从而提高社会流动性。首先，根据 Becker 等提出的两期人力资本模型，从理论上依次分析了无政府干预 & 无借贷约束、无政府干预 & 有借贷约束、有政府干预 & 无借贷约束、有政府干预 & 有借贷约束四种情形。其次，在理论分析的基础上，以教育的代际传递作为社会流动性的衡量指标，对财政教育支出进行了调节效应分析，结果显示财政教育支出确实可以通过弥补家庭人力资本投资的不足，进而提升社会流动性，并且这一作用对于低收入家庭的影响更大。刘楠楠、段义德（2017）研究了财政基础教育支出对教育代际流动性的影响，并使用 Mare 升学转换模型考察了财政基础教育支出对子代各阶段升学率的影响。研究结果表明，财政教育支出确实有助于提升教育的代际流动性，但这一影响会因子代性别和城乡差异而有所不同，相较而言，对男性样本和农村样本的影响更大。基于升学转换模型的结果表明，财政基础教育支出对于子代能否顺利进入高中具有至关重要的影响，并且较高的支出水平能够缩小城乡之间高中升学率的差距。段义德（2018）构建了一个纳入财政教育支出的家庭支出决策模型，据此提出了基础教育财政支出可以通过“扩张效应”和“补偿效应”影响教育的代际流动。进一步地，基于宏观财政支出以及中国家庭调查数据的实证研究验证了上述理论假设，指出基础教育财政支出的“扩张效应”提高了社会底层后代基础教育的入学率和完成率；“补偿效应”缓解了家庭信贷约束，弥补了底层家庭对子女人力资本投资的不足。

2.3 文献评述与本书研究视角

2.3.1 既有研究的主要贡献

首先，在社会代际流动性的测算方面。Becker 和 Tomes（1979）首次建立了收入分配和代际流动理论模型，开创了经济学领域对社会代际流动性研究的先河，他们提出了使用代际收入弹性系数衡量代际流动性的方法，成为后来研究广泛采用的方法。相比之下，国内关于代际流动性的研究起步较晚，直到 2005 年才有学者首次关注到这一问题。总结 40 年来的国内外研究进展，成果主要集中于两个方面：第一，不断对代际流动性的测算方法进行优化，如使用多年度收入数据的平均值代替终身收入、加入两代人年龄及年龄的平方项、使用工具变量等。第二，研究了社会代际流动性的影响机制。虽然较早的研究主要探讨究竟是先天禀赋还是后天环境在代际传递中发挥了主要作用，但后来，研究的重心主要着眼于后天环境这一因素上，包括以教育为代表的人力资本和以职业、社会关系网络为代表的社会资本等。

其次，在关于教育与社会代际流动性关系的研究方面，Becker 和 Tomes 被认为是研究人力资本和代际流动性的开创者和奠基人。1979 年，他们首次建立了关于代际传递和收入分配的理论模型，并将代际传递因素分为遗传禀赋、人力资本投资和非人力资本投资，分析了其对子代收入的影响。相比之下，国内关于这一问题的研究起步较晚。总结来看，国内外关于教育与社会代际流动性关系的研究主要形成了两种观点：一方面，教育是影响子女未来收入的重要因素，因而能够扩大社会底层子女向上流动的渠道，提升代际流动性；另一方面，教育受制于家庭背景的影响，也可能成为放大父母对子女影响的途径，成为加强代际传递的利器。

最后，在关于财政教育支出与社会代际流动性关系的研究方面，Solon（2004）被认为是研究公共教育支出与社会代际流动性关系的开创者，通过将政府部门引入代际传递的人力资本模型，指出公共教育支出同样也是子代人力资本积累、进而影响代际收入流动性的重要因素。此后又陆续有国内外学者在此基础上继续开展了相关研究，但总体来看为数不多，并且以实证检验为主。研究结论普遍显示，财政教育支出能够改善代际流动性，特别是针对早期教育的支出；在传导机制方面，财政教育支出能够通过缓解家庭信贷约束、促进子代人力资本提升，进而改善代际流动性。

2.3.2　有待拓展之处与本书研究视角树立

尽管国内外现有研究已经取得了丰富的成果，但是关于教育与社会代际流动性的关系，研究尚未达成一致认识，这为本书带来了第一个启示：教育对于社会流动性可能是一把“双刃剑”，但是这是否意味着我们不能通过公共教育政策来改善社会流动性？虽然在 Solon（2004）之后，学者们陆续将财政教育支出与代际流动性联系了起来，但总体来看研究依然较少，并且多以实证检验为主；国内相关研究更是少见，并且在研究内容上基本以财政教育支出规模为主，而我们所认为的财政教育支出政策一般会涉及规模、结构、政府间责任分担三个问题。这为本书带来了第二个启示：本书是否能在规模问题研究的基础上，进一步分析财政教育支出结构和责任分担机制如何影响社会代际流动性？国内对于这方面的研究比较匮乏。与此同时，当前国内相关研究的实证方法有待完善，对传导机制的讨论也略显不足，普遍缺乏理论模型的支撑，这也为本书研究提供可拓展之处。

本书在既有研究的基础之上，拟从财政教育支出政策面临的三个问题——规模、结构、责任分担出发，系统分析我国财政教育支出政策对社会代际流动的影响效应与作用机理。理论上，分别建立两代人三期的世代交叠模型、两代人五期的世代交叠模型以及引入两级政府的世代交叠模型；实证上，基于宏观财政支出数据以及微观家庭调查数据，进行实证影响效应和作用机制检验。最终，以期得到一些具有现实意义和参考价值的政策启示：政府部门应该如何配置财政教育支出，才能更好地改善社会流动性，进而促进社会公平。本书一方面补充和丰富了现有关于代际流动性的研究资料；另一方面，进一步拓宽了对财政教育支出效应的研究视角，为财政教育支出政策的优化、评价、改革，乃至正确处理政府间财政关系提供了依据和支撑。

第 3 章　我国财政教育支出和社会代际流动性的现状分析

3.1　我国财政教育的支出现状

百年大计，教育为本。早在 1977 年，邓小平同志就创新性地提出，教育是实现现代化的关键途径；1985 年，《中共中央关于教育体制改革的决定》进一步明确“社会主义现代化建设必须依靠教育”；1995 年，江泽民同志在全国科技大会上首次提出实施科教兴国战略；2017 年，党的十九大进一步指出，“建设教育强国是中华民族伟大复兴的基础工程，必须把教育事业放在优先位置”。可见，教育是国家发展之根本，国家发展的长远计划要以教育为基石，这一重要意义不仅赋予教育事业发展以战略性地位，并且决定了政府需要对教育事业的发展进行有效干预，财政教育支出应运而生。本节将首先对新中国成立以来财政教育体制进行一个简要的梳理，以期总结出财政教育体制改革遵循的脉络以及在财政教育支出上的具体体现，在此基础之上，分规模、结构、责任分担三个问题对我国财政教育支出的现状进行系统分析。

3.1.1　我国财政教育体制的制度演进

新中国成立以来，随着对社会主义与市场经济、政府与市场、政府与企业、政府与人民之间关系认识的不断深入，我国经济体制发生了根本性变化，一方面，传统的计划经济体制退出了历史舞台，另一方面，社会主义市场经济体制确立并不断完善。由于经济改革在不同发展时期呈现出不同的特点与表现形式，财政体制也随之经历了从“包干制”到“分税制”，再到“公共财政框架”，再到“现代财政制度”的一系列变革。在这一过程中，财政教育始终服从和服务于各个时期经济改革和财政发展的具体要求，并结合教育事业发展的特点不断进行着调整和丰富，经历了一个曲折的制度变迁过程，这些有益探索和尝试，都为财政教育体制的不断成熟和完善提供了宝贵的实践经验，经梳理，主要经历了六个阶段：

一是萌芽期（1949—1952 年）。这一时期，国内面临制度、经济双重危机，财政主要围绕“统一”进行改革。财政教育体制呈现出“中央集权，分级负责”的特点。“中央集权”即相关财政收支的调配权基本掌握在中央和大行政区两级政府手中，省（市）和县级政府仅有执行权。“分级负责”则是按照各级各类学校行政隶属关系，纵向划分开支，并且仅是教育经费管理上的分级负责，而不是财政决策上的分权。这一阶段，财政教育的发展主线为中央集权。

二是探索期（1953—1978 年）。这一时期，国内经历了社会主义改造、“大跃进”和人民公社化运动等事件，财政上主要进行了系列收权、放权改革。财政教育体制呈现出“条块结合，块块为主”的特点。“条块结合”即财政、教育部门与各级地方政府共同管理教育经费，“块块为主”即教育经费主要由各级政府管理。这一阶段，财政教育的发展主线为调动地方发展教育事业的积极性。

三是调整期（1978—1992 年）。这一时期，国内处于改革开放初期，财政上实行“财政包干”。财政教育体制呈现出“分灶吃饭，分级包干”的特点，地方政府成为发展教育事业的主体，有权制订本地教育事业规划，以支定收，自主支配。具体在基础教育阶段实行“地方负责，分级管理”体制，财政教育的工作重心在于保障财政教育经费，推进九年义务教育制度，具体包括设立新税种、颁布义务教育法、明确政府责任、设立学杂费制度等；高等教育实行“预算包干”体制，工作重心在于开启了财政教育体制的“分权”改革，具体体现为高校经费管理的分权——“预算包干”，政府管理体制的分权——“分级管理”，高校经费来源的分权——“两条腿走路”。

四是分税制改革下财政教育体制的初创期（1993—1997 年）。这一时期，我国处于社会主义市场经济体制建设时期，财政上实施了分税制改革。财政教育方面初步形成了政府办学为主、社会各界参与的办学体制，具体在基础教育阶段实行“以县为主”的管理体制，在高等教育阶段实行“中央和省两级管理、以省为主”的体制。与此同时，建立了以财政拨款为主、其他多渠道为辅的教育经费筹资体系，一方面，设定“两个比重”“两个增长”，保证了财政教育经费的稳定增长；另一方面，建立起较为规范的学生收费体系。此外，进一步加强财政教育法制化建设，设立了《中华人民共和国教师法》《中华人民共和国教育法》《中华人民共和国高等教育法》等相关法律法规。

五是公共财政下财政教育体制的建设期（1998—2009 年）。这一时期，随着“构建公共财政基本框架”目标的提出，我国教育事业迎来了大发展，财政教育随教育阶段不同体现出不同的特点。义务教育阶段重在全面纳入财政保障，具体包括：在农村地区，财政教育体制实现了从“以乡为主”到“以县为主”再到“央地共担”的转变；在西部地区，实行“两基”攻坚计划，加强中央投入责任；全面实现义务教育免费等。高等教育阶段重在支持扩大规模和质量提升，具体包括：支持跨越式发展，完善学生资助体系；支持内涵式发展，实施 211 工程、985 工程、本科教育质量提升工程。高中教育阶段重在鼓励发展和初步普及，加大财政投入，建立学生资助体系。学前教育阶段重在市场化探索中逐步强化财政支出责任。

六是现代财政制度下财政教育体制的完善期（2010 年至今）。这一时期，我国进入全面深化改革阶段，迎来中国特色社会主义新时代，在建立现代财政制度目标的指引下，通过加大财政教育投入，我国实现了财政教育经费占 GDP 比重“4%”的目标，通过划分央地教育财政事权与支出责任等改革举措，不断完善中国特色社会主义财政教育体制。各教育阶段财政教育支出政策的重点在于：支持学前教育普惠发展，推动义务教育阶段均衡发展，加快高中教育普及发展，促进高等教育内涵发展。

总结新中国成立以来财政教育体制的制度演进，可以发现，财政教育体制改革主要遵循三个脉络，体现为：第一，通过增设相关税费（如教育费附加），与财政支出、GDP 等经济增长指标挂钩，逐步建立并完善财政教育支出稳定增长机制；第二，经过不断探索，逐步完善并明确政府在各级教育阶段的主体责任，清晰划分各级教育阶段政府与市场边界；第三，调整财政教育支出的责任分担机制，历经数次中央地方收权、放权改革，逐步推进教育领域中央与地方财政事权与支出责任划分改革，清晰界定各级政府各自的教育供给责任。在财政教育支出方面，上述三条脉络可具体体现为：第一，调整财政教育支出的规模；第二，调整财政教育支出的结构；第三，调整教育支出的责任分担机制。

3.1.2　财政教育支出的规模

财政教育支出的规模，是指财政教育支出的总水平，它反映了政府在一定时期内为教育事业发展所集中和占用的经济资源数量，由此形成了与其他财政支出以及社会经济主体的关系，体现了政府部门在教育发展中的广度和深度。本节拟使用绝对指标和相对指标两类指标来衡量全国及地区（省）层面财政教育支出的规模，具体包括财政教育支出、财政教育支出增长率、财政教育支出占 GDP 的比重、财政教育支出占总教育经费的比重、财政教育支出占财政支出的比重 5 个指标。参照《中国教育经费统计年鉴》及《全国教育经费执行情况统计公告》，综合考虑数据的可得性、可比性以及统计口径的一致性，前 4 个指标将采用财政教育支出的广义含义，即“国家财政性教育经费”，包括“一般公共预算安排的教育经费”“政府性基金预算安排的教育经费”“企业办学中的企业拨款①”“校办产业和社会服务收入用于教育的经费”及其他属于国家财政性教育经费；后 1 个指标将采用财政教育支出的狭义含义，即“一般公共预算安排的教育经费”中的“一般公共预算教育经费”，主要包括教育事业费、基本建设经费以及教育费附加，统计口径上基本与财政部门“一般公共预算教育支出”保持一致。

(1) 财政教育支出及增长率

①全国层面

财政教育支出及增长率，反映了国家为支持教育事业发展而投入的经济资源总量及其增速大小。图 3-1 和图 3-2 统计了新中国成立以来我国财政教育支出②的总体情况及增长率。

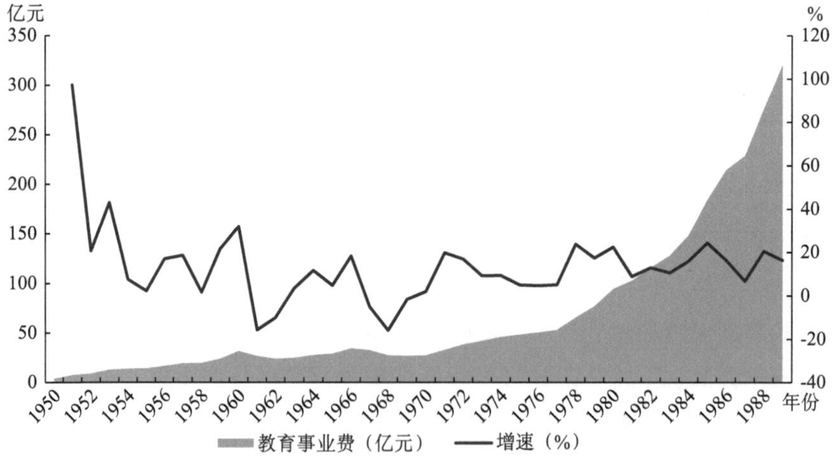

图 3-1 1950—1989 年教育事业费及增速③

① 主要指国有及国有控股企业办学所投入的教育经费。

② 由于“国家财政性教育经费”自 1991 年起开始统计，因此 1991 年之前使用“教育事业费”代替。

③ 数据来源：《中国教育成就统计资料 1949—1983》《中国教育成就统计资料 1980—1985》《中国教育成就统计资料 1986—1990》。

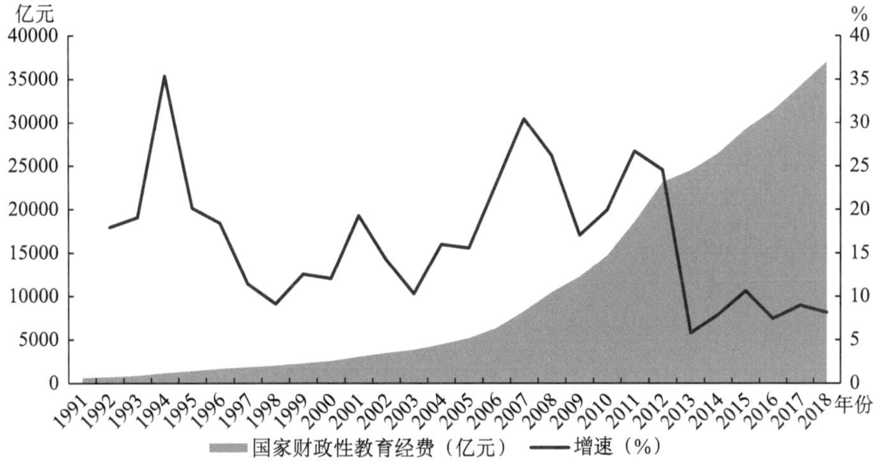

图 3－2　1991—2018 年国家财政性教育经费及增速①

可以看到，新中国成立后，随着经济建设的不断加快，我国对教育事业发展的重视程度也在不断提升，除部分特殊时期外，财政教育支出总体呈现上升态势，教育事业费从新中国成立初期的 3.76 亿元（1950 年），增加到改革开放初期的 65.6 亿元（1978 年），这一时期，由于我国刚刚结束战争步入经济恢复和社会主义建设期，期间又数次遭遇种种困难，因此从增速上看，财政教育支出呈现较为剧烈的“振荡式”波动，最高可达 1950 年的 97.3%，最低降至 1968 年的－15.9%，这也反映出这一时期财政教育支出的随意性和被动性。1978 年的改革开放开辟了中国发展的新纪元，同时也为教育事业的发展带来了契机，特别是 1985 年《中共中央关于教育体制改革的决定》首次规定政府教育拨款的增长要高于财政经常性收入的增长，使财政教育支出自此进入了一个相对稳定的增长阶段。数据也显示，自 1978 年后，我国财政教育支出呈现快速上升态势，教育事业费从 1978 年的 65.6 亿元增长到 1989 年的 320.45 亿元，国家财政性教育经费从 1991 年的 617.83 亿元增长到 1994 年的 1174.74 亿元，年均增速分别达 15.5% 和 23.9%。

1994 年，在社会主义市场经济体制改革的引领下，我国财税体制迎来了一次划时代改革——分税制改革，然而由于改革时间尚短，财政难以及时从以往大包大揽的角色中转换过来，出现了财力日渐困难的局面，从而使部分财政教育支出被挤占、挪用。从数据上看表现为，虽然国家财政性教育经费总体规

① 数据来源：1995—2018 年《中国教育经费统计年鉴》，2018 年《全国教育经费执行情况统计公告》。

模仍在上升，但增速却持续下降，从 1994 年的 35.4% 下降至 1998 年的 9.1%。

1998 年，伴随“构建公共财政基本框架”的财政改革目标，财政支出大幅向民生等社会性领域倾斜，我国教育事业也迎来了发展改革的春天，特别是《面向 21 世纪教育振兴计划》重申“4% 目标”以及《中共中央关于深化教育改革全面推进素质教育的决定》（中发〔1999〕9 号）提出全面推进素质教育的战略目标，把财政教育支出的快速增长推向高潮。从数据上看，1999—2012 年，除 2003 年“非典”、2008 年金融危机等特殊时期，我国国家财政性教育经费总体呈现高速发展态势，总规模从 1999 年的 2287.18 亿元增加到 2012 年的 23147.57 亿元，年均增速达 19.5%，也正是 2012 年，我国顺利实现了“4%”目标。2012 年之后，在党中央对经济形势的科学研判下，我国进入全面深化改革时期，步入经济新常态。在后“4%”时代，我国国家财政性教育经费呈现平缓增长的态势，增速基本维持在 8% 上下，体现出财政教育支出的“新常态”。截至 2018 年底，我国国家财政性教育经费总规模已达 36995.77 亿元，较上年增长 8.2%。

②地区层面

分地区来看，图 3－3 统计了 2017 年我国 31 个省（自治区、直辖市）的国家财政性教育经费情况。从支出规模来看，位居前五的省份依次为广东、江苏、山东、北京、河南，合计共占全国财政教育经费的 31.8%；广东省支出规模达 2967.8 亿元，相当于位居后七位省份（甘肃、吉林、天津、海南、西藏、青海、宁夏）的支出之和，约为最低支出省份（宁夏）的 14.5 倍。从

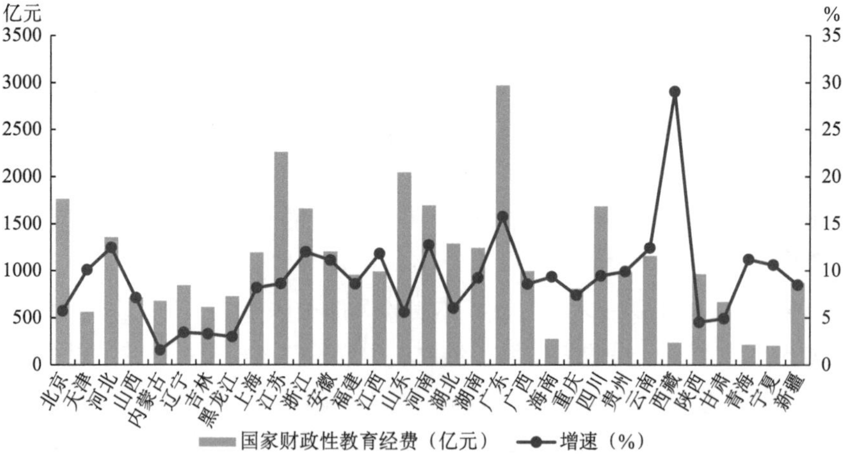

图 3－3　2017 年分地区国家财政性教育经费情况①

① 数据来源：2018 年《中国教育经费统计年鉴》。

支出增速来看，位居前五的省份依次为西藏、广东、河南、河北、云南，其中广东和河南在保持高财政教育经费规模的同时又保持了高增速，反映了两省对教育事业发展的高度重视。

更进一步地，从图 3-3 可以看出我国各省份财政教育经费的差异较大，为更加准确地衡量地区间的支出差距，本书引入泰尔指数（Theil index）和基尼系数（Gini index）来衡量财政教育经费的不均衡度。泰尔指数的计算公式为：

$$\text{Theil index} = \sum_{i=1}^{n}\left(\frac{E_i}{E}\right)\cdot \ln\left[\left(\frac{E_i}{E}\right)/\left(\frac{P_i}{P}\right)\right] \tag{3-1}$$

其中，i 表示地区，共有 n 个地区，E_i 和 P_i 分别为地区 i 的财政教育经费和人口，E 和 P 为全国的财政教育经费规模和总人口，E_i/E、P_i/P 代表地区 i 的财政教育经费比重和人口比重。基尼系数的计算公式为：

$$\text{Gini index} = 1 + \sum_{i=1}^{n}\left(\frac{E_i}{E}\right)\cdot\left(\frac{P_i}{P}\right) - 2\sum_{i=1}^{n}\sum\left(\frac{P_i}{P}\right)'\cdot\left(\frac{E_i}{E}\right) \tag{3-2}$$

根据式（3-1）和式（3-2），本书计算并统计了 1998—2017 年我国财政教育经费的泰尔指数和基尼系数，如图 3-4 所示。可以看到，2005 年之前我国地区间财政教育经费的不均衡度处于一个相对较高的水平，泰尔指数和基尼系数在 2000 年达到峰值 0.151 和 0.122；2005 年之后，由于推出义务教育均衡发展、学前教育普惠发展、高中教育普及发展等政策，财政教育经费地区不均衡水平总体呈下降趋势，截至 2017 年两指标已分别下降至 0.054、0.021，这也体现出我国公共教育均等化政策初见成效。

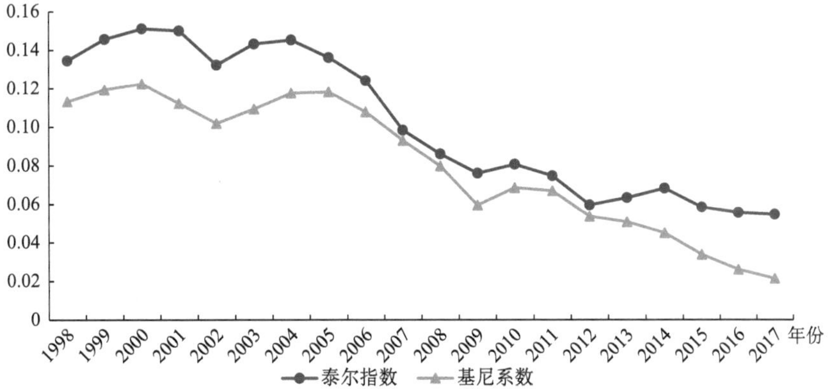

图 3-4　1998—2017 年国家财政性教育经费泰尔指数和基尼系数①

① 数据来源：各地区教育经费数据来源于 1999—2018 年《中国教育经费统计年鉴》，各地区人口数据来源于 1999—2018 年《中国统计年鉴》，经本书测算得到。

(2) 财政教育支出占 GDP 的比重

①全国层面

财政教育支出占 GDP 的比重，是衡量一国政府教育投入相对规模的国际通行指标，体现国家对教育事业发展的重视程度。1993 年，我国首次在《中国教育改革和发展纲要》中提出要将国家财政性教育经费占国内生产总值的比重提升至 4%，后来又数十次被写入党和国家的重要文件，可以说，“4%”目标是我国财政教育发展的一个缩影，历经 20 年，最终于 2012 年顺利实现。图 3－5 统计了 1991—2018 年国家财政性教育经费占 GDP 的比重，从数据上看，可大致分为三个发展阶段：第一阶段是 1991—1998 年，国家财政性教育经费占 GDP 的比重呈现稳中略有下降的态势，从 1991 年的 2.8% 下降至 1998 年的 2.4%，这主要是市场经济体制改革初期，财政职能定位不清，导致政府在经济建设领域“越位”，而在社会公共服务方面存在“缺位”。第二阶段是 1998—2012 年，乘借“构建公共财政基本框架”改革的东风，我国加大了对教育发展的支持力度，国家财政性教育经费占 GDP 的比重呈现稳步上升的态势，从 1998 年的 2.4% 上升至 2012 年的 4.3%，这一时期也是我国为实现“4%”目标的全速发力阶段。第三阶段是 2012 年至今，步入“后 4%”时代，国家财政性教育经费占 GDP 的比重呈现平稳发展的态势，基本维持在 4.2% 上下。

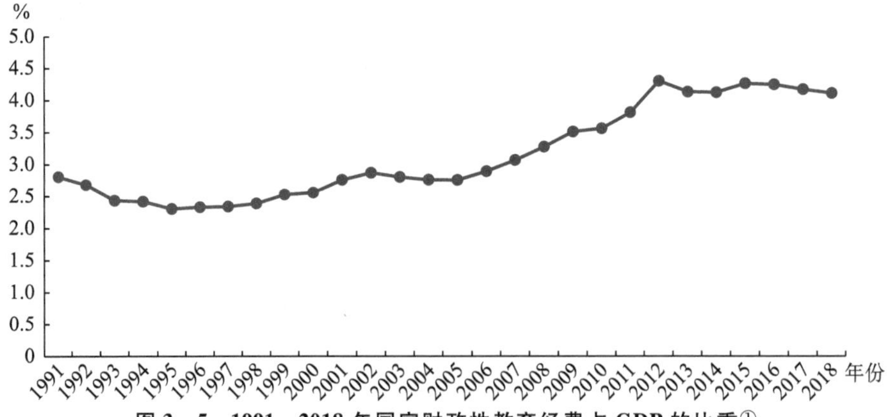

图 3－5　1991—2018 年国家财政性教育经费占 GDP 的比重①

②地区层面

分地区来看，图 3－6 统计了 2017 年我国 31 个省（自治区、直辖市）国家财政性教育经费占地区生产总值的比重及较上年的变化情况。可以看到，

① 数据来源：1995—2018 年《中国教育经费统计年鉴》，2019 年《中国统计年鉴》。

2017 年各地区财政教育经费占 GDP 的比重基本保持稳定，除西藏外，变化幅度基本维持在 -0.5% 到 0.5% 之间，15 个地区占比较去年下降，16 个地区占比较去年上升。从全国范围来看，各省的支出占比差距也较小，有 17 个省份占比高于全国平均水平，14 个省份占比低于平均水平。一个有趣的现象是，占比位居前五的省份为西藏、甘肃、青海、新疆、贵州，多为经济欠发达且总支出规模较低的地区，而占比较低的地区，如山东、广东、江苏、浙江，多为经济发达且总支出规模较高的地区。

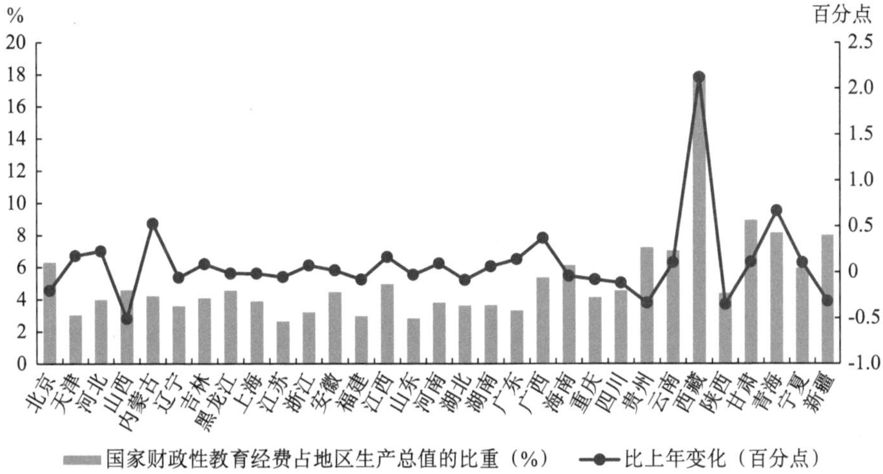

图 3-6 2017 年分地区国家财政性教育经费占地区生产总值的比重及变化情况①

（3）财政教育支出占财政支出的比重

①全国层面

财政教育支出占财政支出的比重，同样是一种相对指标，反映了在有限财政资源配置中教育资源的配比，也体现出教育作为一种公共服务，在财政资源配置中受到的重视程度。图 3-7 和图 3-8 统计了 1949 年以来我国财政教育支出占财政支出的比重，由于数据统计口径的变化，1950—1989 年采用“教育事业费/财政支出”衡量，1991—2018 年采用“一般公共预算教育经费②/一般公共预算支出”衡量。可以看到，伴随我国财政教育体制改革的不同阶段，财政教育支出占财政支出的比重也呈现出不同的特点：在新中国成

① 数据来源：2018 年《中国教育经费统计年鉴》，2018 年《中国统计年鉴》。

② 事实上，一般公共预算教育经费在 1991 年之后也经历了多次统计口径的变化：2012 年前包括教育事业费、基本建设经费、教育费附加、科研经费及其他；2012—2014 年仅包含前三项；2015 年起在教育事业费中新增了地方教育附加和土地出让收益计提的教育资金。

立初的萌芽期，财政教育体制体现为高度集中的中央集权，教育经费“统收统支”，调配权基本掌握在上两级政府，在数据上就体现为财政教育支出占财政支出的比重基本保持稳定，维持在5.5%上下。从20世纪50年代后期一直到改革开放前，财政教育体制改革处于探索期，主要实行“条块结合，块块为主”的管理制度，并随财政体制历经了数次放权、收权改革，由于地方对教育发展具有更大的自主性，加之管理体制分散多变，在数据上就体现为财政教育支出占财政支出的比重呈现上下波动，时而上升时而下降，到1978年占比仅为5.8%，基本与1953年水平相当。改革开放后一直到1994年分税制改革前，我国财政教育体制处于探索期，实行“分灶吃饭”的管理制度，由于这一时期国家的工作重心逐步转到经济建设方面，加之对教育事业的重视程度也在日益提升，地方发展教育的积极性极大提升，数据上就体现为财政教育支出占财政支出的比重逐步上升，到1989年，占比已从1978年的5.8%上升到11.3%，10年增加了5.5个百分点。分税制改革以后，我国财政教育进入稳定发展的阶段，逐步建立起与社会主义市场经济相适应的财政教育管理体制，并通过与财政支出、国内生产总值、财政经常性收入等挂钩，建立了保障财政教育支出的长效机制，因此财政教育支出占财政支出的比重也基本保持稳定，虽然在部分时期因受经济形势或财政形势的影响而有所变动，但也基本维持在14%—16%，截至2018年底，我国财政教育支出占财政支出的比重为14.5%。

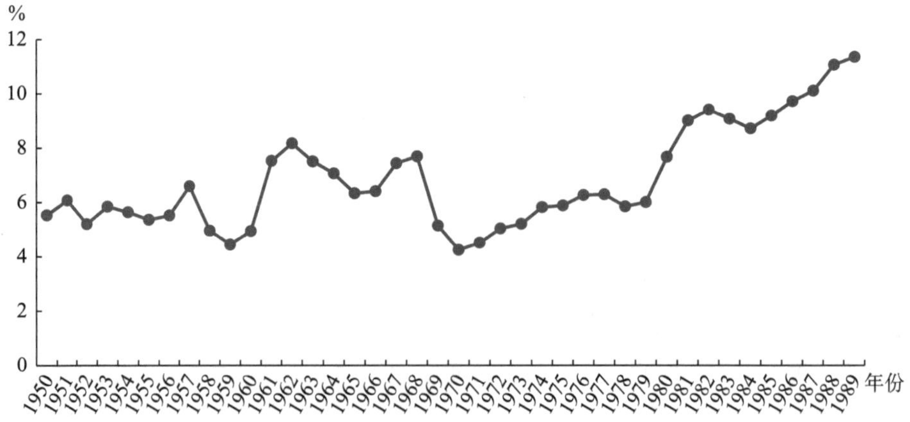

图3-7 1950—1989年教育事业费占财政支出的比重[①]

① 数据来源：1949—1983年、1980—1985年、1986—1990年《中国教育成就统计资料》，1999年、2019年《中国统计年鉴》。

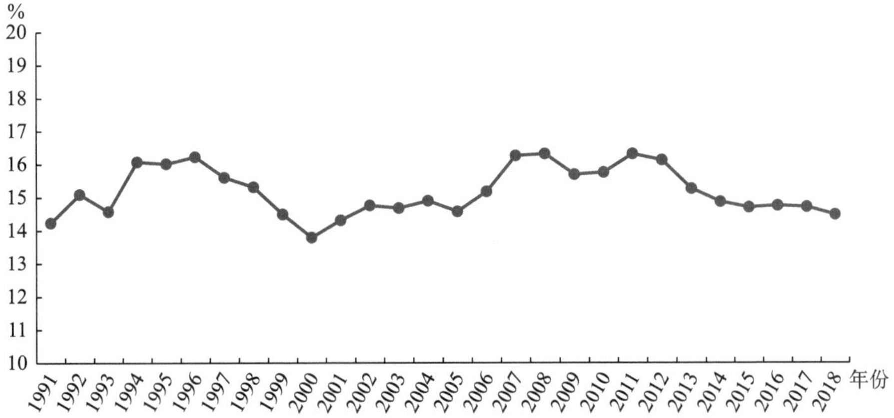

图 3－8　1991—2018 年一般公共预算教育经费占一般公共预算支出的比重①

②地区层面

分地区来看，图 3－9 统计了我国 31 个省（自治区、直辖市）2017 年一般公共预算教育经费占一般公共预算支出的比重及较 2016 年的变化情况。可以看到，相较于全国平均水平 14.7%，共有 23 个地区占比超过这一数值，位居前五的省市分别为北京、山东、江苏、贵州、浙江，最高占比达 21.4%（北京）；仅有 8 个地区占比低于全国平均水平，最低占比为 12.1%（内蒙古）。

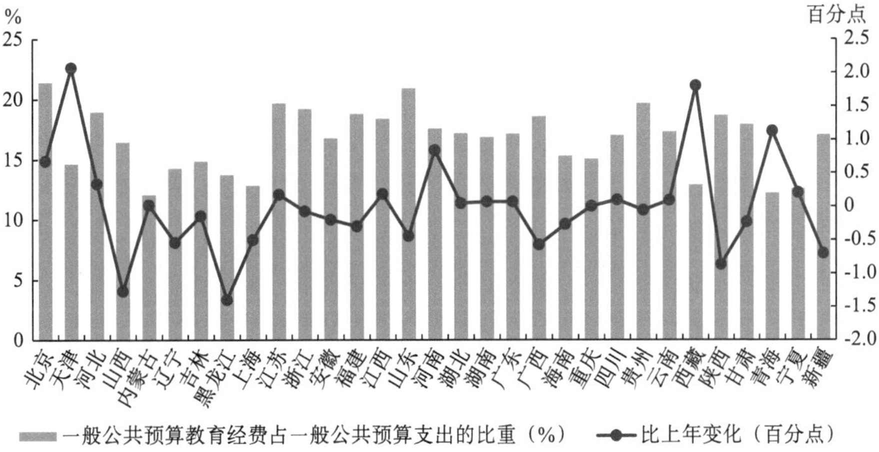

图 3－9　2017 年分地区一般公共预算教育经费占一般公共预算支出的比重及变化情况②

---

① 数据来源：2018 年《中国教育经费统计年鉴》，2019 年《中国统计年鉴》，2018 年《全国教育经费执行情况统计公告》。

② 数据来源：2018 年《中国教育经费统计年鉴》，2018 年《中国统计年鉴》。

31 个地区合计一般公共预算教育经费占一般公共预算支出的比重为 17.3%，高于全国水平。从占比变化情况来看，共有 15 个地区占比高于 2016 年，天津（2.07）、西藏（1.80）、青海（1.12）增长幅度超过个 1 百分点；16 个地区占比低于 2016 年，黑龙江（-1.39）、山西（-1.26）下降幅度超过 1 个百分点；除此之外，其他省市财政教育经费占财政支出的比重变化幅度都控制在 1 个百分点之内，基本保持稳定。

（4）财政教育支出占总教育经费的比重

①全国层面

财政教育支出占总教育经费的比重，反映了一国政府和市场在教育事业发展中各自承担的供给责任。按照《中国教育经费统计年鉴》给出的统计口径，本书采用“全国教育经费”投入数据来衡量政府与市场分别在公共教育领域承担的供给责任，其中“国家财政性教育经费”代表政府部门，其余包括“民办学校中举办者投入”“捐赠收入”“事业收入”（包括“学费”）、“其他教育经费”在内的四类非财政性教育经费投入，代表市场力量。图 3-10 统计了 1991—2018 年全国教育经费中来自国家财政与非国家财政的投入及占比。从绝对量来看，两者都呈现出逐年增长的态势，这表明无论是政府部门还是市场主体，参与教育经费筹集的强度都在不断加强；而在 2005 年之后，前者的增长趋势要显著快于后者，表明近年来在教育领域，政府部门的力量越来越强，相对而言市场的力量逐渐减弱。从相对占比来看，自 1991 年以来，国家财政性教育经费占总教育经费的比重呈现出先下降、后上升的“U”形趋势，从 1991 年的 84.5% 下降到 2005 年的 61.3%，而后又逐步上升至 2018 年的 80.2%。这主要是在 20 世纪 90 年代初期，为适应社会主义市场经济体制改革，教育体制也进行了市场化探索，改变了以往由政府大包大揽的状况，逐步构建起以政府办学为主、社会各界参与的模式。但在改革过程中，在学前教育、高中教育等教育阶段出现了政府过多将办学责任推给社会的情况，因此在数据上就体现为财政教育经费占比逐渐下降。2005 年之后，随着全面推进素质教育战略目标的实施，各级教育阶段不断强化政府责任，加大财政投入，尤其是在义务教育阶段，为实现全面“普九”，财政投入大量经费重点发展农村地区和西部地区义务教育，并逐步实现覆盖城乡的义务教育免费制度；与此同时，还建立并完善了覆盖各级各类教育的学生资助制度等。因此，财政教育经费占总经费的比重又逐步上升，平均而言，当前政府部门约承担了 80% 的教育服务供给责任，市场主体承担了 20% 的供给责任。

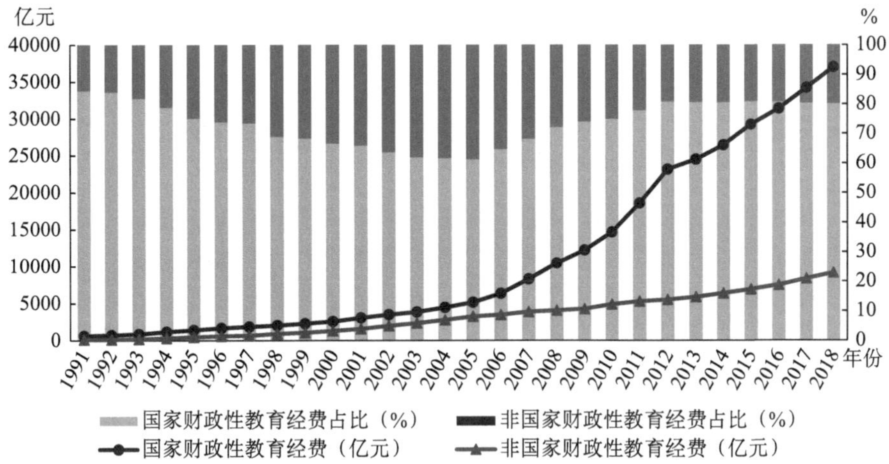

图 3－10　1991—2018 年国家财政性与非财政性教育经费情况及占比①

②地区层面

分地区来看，图 3－11 统计了 2017 年我国 31 个省（自治区、直辖市）国家财政性与非财政性教育经费占总教育经费的比重及较 2016 年变化情况。可以看到，有 17 个地区财政性教育经费占比高于全国平均水平 80.4%，且多为经济欠发达地区，位居前五的分别为西藏、新疆、青海、甘肃、内蒙古，占比最高为 98.8%（西藏）；其余 14 个地区财政性教育经费占比低于全国平均水平，多为经济较发达地区，位居后五的分别为浙江、广东、北京、上海、湖南，占比最低为 74.2%（浙江）。这也反映出地区经济发达程度与教育领域政府力量的强弱呈反向变动趋势，财政教育经费是均衡地区教育发展的重要力量。从财政性教育经费占比的变动情况来看，除青海、内蒙古、新疆、广东增幅及贵州、北京降幅超过 1 个百分点，其他地区基本保持稳定。

综上所述，我国财政教育支出的规模总体呈现上升态势。首先，国家财政性教育经费反映了国家为支持教育事业发展而投入的经济资源总量。从全国来看，总体呈现稳步增长趋势，2018 年底达 36995.77 亿元，增长速度在后“4%”时代保持平缓增长态势，基本维持在 8% 上下；分地区来看，财政教育经费基本同地区发展程度呈现正相关关系，差距依然较大，最高为广东，最低为宁夏，前者约为后者的 14.5 倍，但泰尔指数和基尼系数显示这一不均

① 数据来源：2018 年《中国教育经费统计年鉴》，2018 年《全国教育经费执行情况统计公告》。

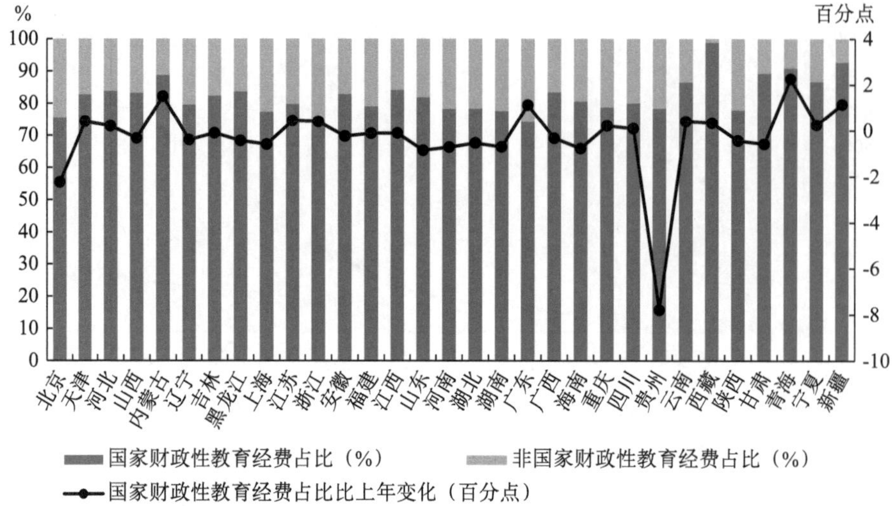

图 3－11　2017 年分地区国家财政性与非财政性教育经费占比及变化情况①

衡水平总体呈下降趋势，体现出我国公共教育均等化政策初见成效。其次，国家财政性教育经费占地区生产总值反映了国家对教育事业发展的重视程度。全国来看，总体呈现上升趋势，到 2012 年顺利实现“4%”目标，此后都维持在 4% 以上水平；分地区来看，各地区占比差距较小，但占比较高的多为经济欠发达且总支出规模较低的地区。再次，财政教育支出占财政支出的比重反映了在有限财政资源配置中教育资源的配比。从全国来看，总体呈现先上升后趋于平稳的趋势，近年来基本维持在 14%—16%；分地区来看，最高占比为北京（21.4%），最低占比为内蒙古（12.1%），各地区变化幅度都基本控制在 1 个百分点之内。最后，财政教育支出占总教育经费的比重反映了一国政府和市场在教育事业发展中各自承担的供给责任。从全国来看，占比总体呈现先下降后上升的“U”形态势，近年来基本维持在 80% 上下；分地区来看，地区经济发达程度与教育领域政府力量的强弱呈反向变动趋势，占比最高为西藏（98.8%），占比最低为浙江（74.2%）。

3.1.3　财政教育支出的结构

财政教育支出的结构，是指财政教育支出在各级教育阶段的分配，从资源配置的角度来看，它关系到政府部门有限资源在各级教育的配比。与此同

① 数据来源：2018 年《中国教育经费统计年鉴》。

时，财政教育支出的结构及变动趋势还能体现出政府支持教育事业发展的重心及变迁。

根据《中华人民共和国教育法》，我国教育阶段主要分为六大类：学前教育、小学教育、初中教育、高中教育、高等教育和职业教育。综合考虑各级教育的规模大小、受众范围、是否为财政教育支出重点领域以及数据统计口径的一致性和可得性等各项因素，本节对支出结构的研究范围包括普通高等学校、中等职业学校、普通高中、普通初中、普通小学、幼儿园。本节拟使用绝对指标和相对指标两类指标来衡量财政教育支出的结构，具体包括各级教育阶段财政教育支出及增长率、占总财政教育支出的比重、占总教育经费的比重、生均财政教育支出 5 个指标。参照《中国教育经费统计年鉴》，前 4 个指标将采用财政教育支出的广义含义，即“国家财政性教育经费”，后 1 个指标将采用财政教育支出的狭义含义，即“一般公共预算教育经费”。

需要说明的是，为统一数据口径，本书进行了如下两项处理：第一，2007 年之前，现有教育经费统计资料对教育阶段的划分与本书拟研究的六类教育有所不同，因而需进行部分整合：首先，在初中教育和高中教育阶段，2007 年之前统计资料给出的口径是“高级中学”“初级中学”“完全中学”，而“完全中学”同时包含初中教育和高中教育，且并未明确区分，因此本书采取折中办法，将其教育经费一分为二，一半划为初中阶段教育经费，另一半划分高中阶段教育经费；其次，在中等职业教育阶段，2007 年之前统计资料并未给出这一教育类别及相关教育经费情况，因此本书进行了加总处理，根据 2018 年《中国教育经费统计年鉴》关于中等职业教育的统计口径，将中等专业学校、技工学校、职业中学合并为中等职业教育阶段。第二，2005 年之前，现有教育经费统计资料并未给出各级教育的国家财政性教育经费和总教育经费，仅给出了总计数，因此本书根据国家财政性教育经费和总教育经费的涵盖范围和总计数值，分别核算出各年度的统计方法，以此计算各级教育阶段的相关教育经费。具体计算方法如下：1998—2001 年，国家财政性教育经费 = 各级各类预算内教育经费拨款 + 基建拨款 + 教育附加拨款 + 校办产业、勤工俭学、社会服务收入用于教育 + 企业办学校教育经费收入，2002—2004 年，国家财政性教育经费 = 各级各类预算内教育经费拨款 + 基建拨款 + 教育附加拨款 + 校办产业、勤工俭学、社会服务收入用于教育 + 企业办学校企业拨款 + 企业办学校校办产业、勤工俭学、社会服务收入用于教育；总教

育经费 = 各级各类教育机构收入情况总计 + 企业办学校教育经费收入 + 社会团体、公民个人办学教育经费收入。

（1）各级教育阶段财政教育支出及增长率

各级教育阶段财政教育支出及增长率，反映了国家为支持各级教育事业发展而投入的经济资源总量及其增速大小。图 3 - 12 和图 3 - 13 统计了 1998—2017 年我国各级教育国家财政性教育经费及增长率。

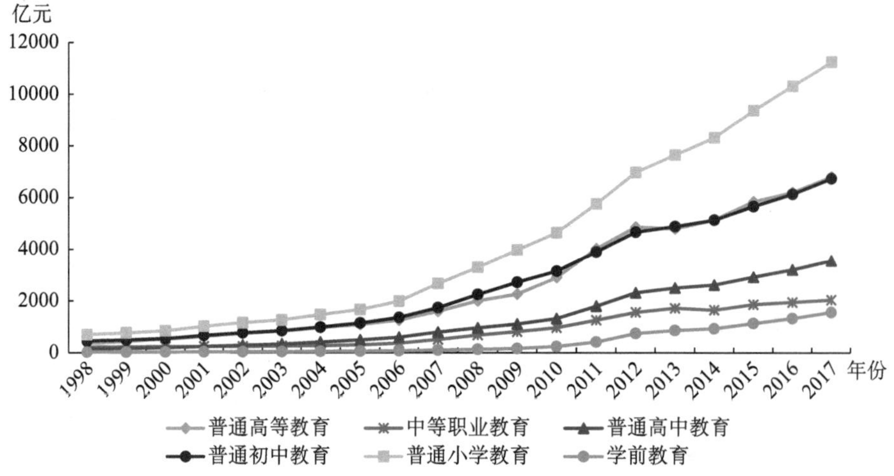

图 3 - 12　1998—2017 年各级教育国家财政性教育经费①

从支出规模来看，各级教育财政教育经费都呈现出稳定增长的态势，首先是小学教育阶段支出规模最大，增长势头也更为猛烈，从 1998 年的 700 亿元增加到 2017 年的 11245. 6 亿元，年均增速 15. 7%，尤其是在 2005 年前后、国家实施“普六”“普九”任务以来，财政进一步加大了对农村地区、西部地区小学教育发展的扶持力度，财政教育经费的增长迎来了高峰，最高达 34. 4%，这充分体现出财政教育支出的首要重心所在。

其次是初中教育和高等教育。一方面，初中教育和小学教育同属义务教育，因此也是财政教育支出保障的重心之一；另一方面，高等教育的教育成本本就偏高，加之 1999 年以来实行了高等教育扩招政策，因此财政支出的力度也不断加强。从图中也可以看到，两者的增长趋势基本保持一致，分别从 1998 年的 448. 9 亿元、356. 8 亿元增加到 2017 年的 6735. 8 亿元、6798. 9 亿元，年均增速为 15. 3%、16. 8%。

① 数据来源：2008—2018 年《中国教育经费统计年鉴》。

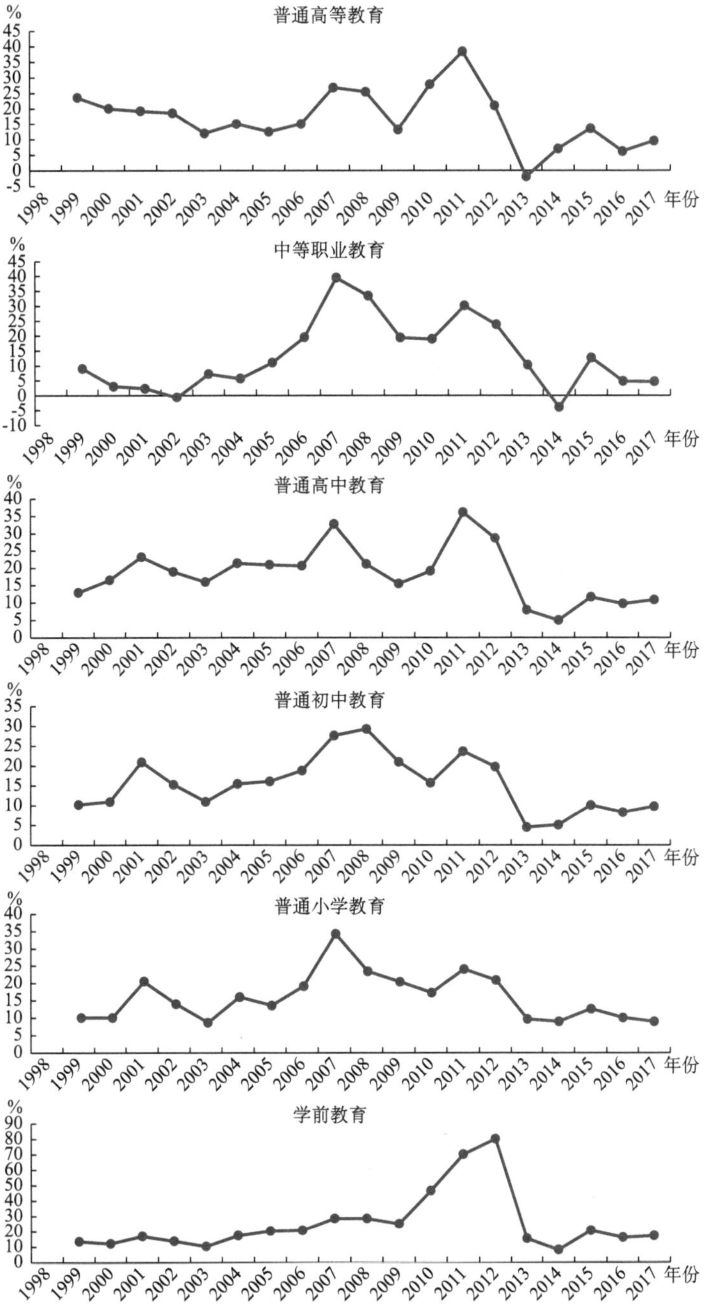

图 3－13　1998—2017 年各级教育国家财政性教育经费增速①

① 数据来源：1999—2018 年《中国教育经费统计年鉴》。

再次是普通高中教育和中等职业教育，两者同属高中阶段教育，处理好普通高中教育和中等职业教育关系、优化结构、协调发展历来是高中阶段教育改革的基本任务。从数据上看，2002 年之前，中等职业教育的财政经费投入要高于普通高中教育，1998 年两者分别为 214.0 亿元、150.4 亿元；2002 年之后，后者则超过前者，并且增长趋势也明显更快，分别从 2002 年的 244.1 亿元、291.6 亿元增加到 2017 年的 2038.9 亿元、3560.3 亿元，19 年平均增速为 12.6%、18.1%。我们可以从经济学角度更好地去理解这一变化趋势：根据市场失灵理论，教育服务的公共物品属性和正外部性越强，政府应承担的供给责任则越大，而教育层级越高，公共物品属性和正外部性越弱。普通高中教育与职业教育虽同属高中阶段教育，但前者更偏向于作为义务教育向高等教育过渡的知识储备型教育阶段，后者则更偏向于面向就业、面向社会的技能学习型教育阶段，在一定程度上具有高等教育的部分特点。因此，相比之下，普通高中教育产生的社会效益会更大，其公共物品属性和正外部性也更强，因此需要政府承担的供给责任也更多。

最后是学前教育，相比其他教育阶段，我国学前教育财政投入总量历来处于较低水平。这一方面是由于学前教育成本低、市场化程度高，另一方面也是由于在改革过程中出现了政府过多将办学责任推向社会的情况，但后来及时予以纠正，不断加强了政府的投入责任，因此总体上仍然呈现稳步增长的态势。特别是自 2011 年《关于当前发展学前教育的若干意见》出台以来，我国先后实施了三期学前教育行动计划，不断落实政府责任，加大财政投入，学前教育财政教育经费空前高涨，从 1998 年的 24.2 亿元增加到 2017 年的 1563.6 亿元，年均增速为 24.5%，最高一年增速达 70.1%，为各级教育阶段之最。

（2）各级教育阶段财政教育支出占总财政教育支出的比重

各级教育阶段财政教育支出占总财政教育支出的比重，反映了财政教育资源的内部配置结构，体现出政府公共教育服务在各级教育的分配情况，也体现财政予以保障的重点领域。图 3－14 统计了我国 1998—2017 年各级教育国家财政性教育经费占国家总财政性教育经费的比重，可以看到，各级教育经费占比基本保持稳定。首先是包括小学教育和初中教育在内的义务教育，占据了财政教育经费的“半壁江山”，是财政予以重要保障的首要领域；从变化趋势上看，义务教育财政教育经费占比呈现稳中略有下降的态势，从 1998 年的 56.5% 下降到 2017 年的 52.6%，这一方面是由于“普六”“普九”任务顺利完成后，义务教育进入巩固发展的阶段，另一方面也可能反映与其他教育阶段发展的相互挤出效应。其次是高等教育，受 21 世纪初扩招政策的影响，高等教育财政教育经费占比先是呈现上升的态势，从 1998 年的 17.5% 增加到 2004 年的 21.7%，而后走向内涵式发展道路，重在提升高等教育质量，经费占比又呈现出稳中略有下降的态势，降低至 2017 年的 19.9%。再次是包括普通高中教育和中等职业教育在内的高中阶段教育，财政经费占比基本保持稳定，1998 年为 17.9%，2017 年为 16.4%；就内部结构而言，普通高中教育财政经费占比从 1998 年的 7.4% 增加到 2017 年的 10.4%，中等职业教育财政经费从 1998 年的 10.5% 下降到 2017 年的 6.0%，体现出两者在发展中结构调整和优化的基本趋势。最后是学前教育，财政教育经费占比呈现出明显的上升趋势，从 1998 年的 1.2% 提升至 2017 年的 4.6%，但相比其他教育阶段，学前教育财政投入仍有较大的提升空间。截至 2017 年，我国国家财政性教育经费在各级教育阶段的支出结构为：学前教育 4.6%，义务教育 52.6%（其中，小学教育 32.9%，初中教育 19.7%），高中阶段教育 16.4%（其中，普通高中教育 10.4%，中等职业教育 6.0%），高等教育 19.9%。

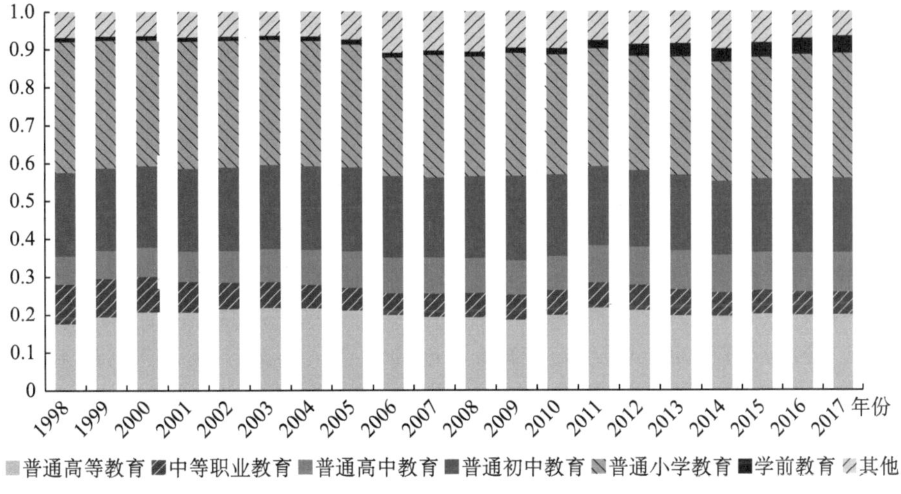

图 3-14　1998—2017 年各级教育国家财政性教育经费占比情况①

---

① 数据来源：1999—2018 年《中国教育经费统计年鉴》。

（3）各级教育阶段财政教育支出占总教育经费的比重

各级财政教育支出占总教育经费的比重，反映了各级教育政府和市场的边界划分情况。图 3－15 统计了 1998—2017 年我国各级教育国家财政性与非财政性教育经费占总教育经费的比重，可以看到，不同教育阶段呈现出不同的变化趋势和特点。首先是高等教育阶段，虽然 1999 年之后实行了扩招政策，但财政性教育经费占比却呈现下降趋势，从 1998 年的 64.9% 下降到 2005 年的 42.8%，而 2006 年之后转向质量提升阶段，财政性教育经费占比反而逐步提升，2017 年增加至 62.1%。这一趋势表明：由于高等教育的成本分摊机制，在 1999 年扩招中，市场和个人力量发挥了重要作用，财政性教育经费重在支持和引导；而在 2005 年之后高等教育质量提升阶段，财政教育经费则发挥了重要作用，如支持“211”“985”工程、“双一流”建设等。其次是包含普通高中教育和中等职业教育的高中阶段教育，两者财政教育经费占比的变化趋势基本保持一致，都是呈现出先稳中略有下降、而后上升的态势，分别从 1998 年的 59.6%、58.8% 降低至 2004 年的 50.1%、54.1%，又增加至 2017 年的 82.5%、87.9%，这一方面体现出高中教育普及计划各项政策的实施效果，另一方面也反映出政府不断加强在高中教育阶段的供给责任。再次是包含小学教育和初中教育的义务教育阶段，两者财政教育经费占比的变化趋势基本保持一致，呈现出先稳定、再上升、后稳定的态势，分别从 1998 年的 76.2%、60.6% 增加至 2017 年的 94.6%、92.0%。这一跃升得益于将义务教育全面纳入财政保障、全面“普九”、逐步实现城乡统一的免费义务教育等政策的实施。最后是学前教育，可以看到财政教育经费占比在 2010 年出现了一次“断崖式”下降，从 2009 年的 67.9% 下降到 2010 年的 33.6%，2017 年又回升至 48.0%。这是由于 2010 年随着《关于当前发展学前教育的若干意见》的出台，我国迎来了学前教育的一次大发展，虽然政府不断提升财政教育经费投入，但重在发挥支持、引导、示范作用，以此极大撬动了市场和个人力量，因此在占比上“不增反降”；而后，随着财政支出力度的持续加大，占比又有所回升。截至 2017 年，我国各级教育阶段政府与市场划分情况为：高等教育 6.2∶3.8，高中教育 8.4∶1.6（其中，普通高中教育 8.2∶1.8，中等职业教育 8.8∶1.2），义务教育 9.4∶0.6（其中，小学教育 9.5∶0.5，初中教育 9.2∶0.8），学前教育 4.8∶5.2。

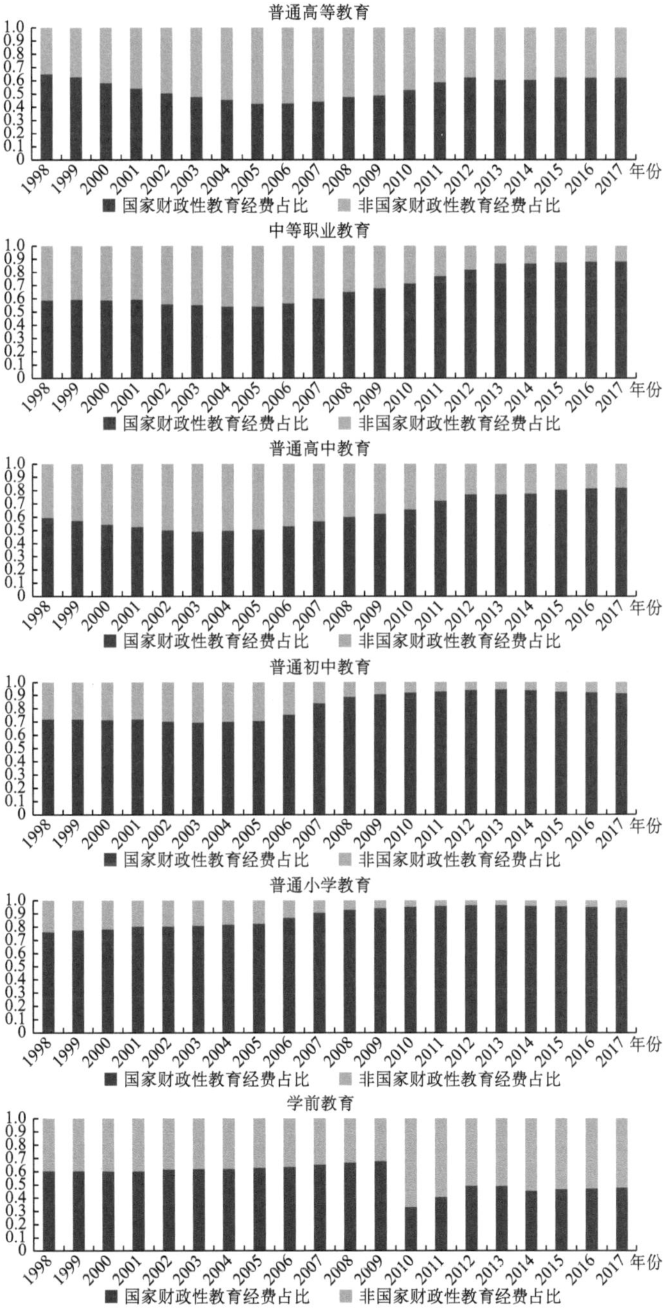

图 3-15　1998—2017 年各级教育国家财政性与非财政性教育经费占比情况①

---

① 数据来源：1999—2018 年《中国教育经费统计年鉴》。

（4）各级教育生均财政教育支出

各级教育生均财政教育支出，反映了一国生均财政教育资源的富裕程度，在一定意义上，更能代表教育事业的发达程度。表 3－1 和图 3－16 统计了 1995—2018 年我国各级教育生均一般公共预算教育经费。可以看到，历年生均财政教育经费基本按教育层级从高到低依次递减，高等教育最高，2018 年为 22245.81 元；包括普通高中教育和中等职业教育在内的高中阶段教育次之，2018 年分别为 16446.71 元、16305.94 元；包括初中教育和小学教育的义务教育再次之，2018 年分别为 16494.97 元、11328.05 元；学前教育最低，2018 年为 7671.84 元。这一次序与各级教育阶段的生均教育成本息息相关。从变化趋势上看，高中阶段教育、义务教育、学前教育生均财政经费总体呈现稳步上升的态势，而高等教育则是先下降、后上升。这是由于受 1999 年扩招政策的影响，高校在校生规模急剧增加，而相较之下财政性教育经费的增长幅度较小，因此在 1999—2005 年，生均财政教育经费呈现下降趋势；而 2005 年之后，高等教育由扩招转向质量提升，招生规模得以控制的同时财政教育经费持续增加，因而生均经费在 2005 年之后又得以回升。

表 3－1　1995—2018 年各级教育生均一般公共预算教育经费　单位：元

年份	普通高等教育	中等职业教育	普通高中教育	普通初中教育	普通小学教育	学前教育
1995	6912.05	953.92	1057.03	507.95	271.47	290.51
1996	5378.59	482.41	652.37	1168.03	308.97	346.63
1997	8365.29	1144.04	1248.88	610.69	342.4	419.83
1998	8529.13	1146.38	1314.13	625.46	378.32	473.99
1999	8914.94	1245.37	1336.6	655.39	422.69	566.12
2000	8625.65	1400.09	1409.45	698.28	499.78	652.01
2001	7793.44	1601.41	1557.86	839.42	658.48	852.09
2002	7021.06	1730.14	1707.07	998.42	834.26	960.79
2003	6522.48	1745.83	1734.76	1097.25	952.56	1127.5
2004	6220.6	1913.05	1914.43	1296.36	1159.33	1319.78
2005	5940.77	2095.91	2114.22	1562.01	1361.16	1487.62
2006	6395.38	2280.02	2424.04	1962.93	1671.51	1604.7
2007	6963.39	3248.75	2771.28	2731.64	2231.11	1771.61
2008	8241.58	3941.49	3338.44	3645.49	2788.55	2141.61
2009	9035.33	4548.69	3920.28	4538.91	3425.21	2239.57

续表

年份	普通高等教育	中等职业教育	普通高中教育	普通初中教育	普通小学教育	学前教育
2010	10144.33	5153.36	4781.78	5415.32	4098.33	1869.87
2011	14442.2	6408.77	6230.9	6742.62	5063.62	2488.33
2012	17074.81	8076.75	8105.86	8490.35	6280.26	3911.11
2013	16188.08	9319.82	8747.31	9544.89	7026.4	4042.15
2014	16719.34	9428.29	9296.99	10607.26	7800.53	3914.79
2015	18767.44	11265.91	11092.55	12339.83	8928.36	4813.73
2016	19356.74	12570.71	12600.53	13643.54	9686.79	5627.33
2017	21471.03	15112.35	15138.49	15739.92	10911.17	6951.49
2018	22245.81	16305.94	16446.71	16494.37	11328.05	7671.84

注：①数据来源于 1996—2018 年《中国教育经费统计年鉴》，2018 年《全国教育经费执行情况统计公告》。

②由于财政统计方法经历了数次变化，2010—2016 年，“生均一般公共预算教育经费”称为“生均公共财政预算教育经费”，1995—2009 年称为“生均预算内教育经费”。

③1995—2006 年，统计资料并未给出“中等职业教育”这一统计口径，因此使用“职业中学”口径代替。

综上所述，我国财政教育支出的结构呈现出“支持各教育阶段共同发展、并向义务教育倾斜”的特点。首先，各级教育阶段财政教育支出，反映了国家为支持各级教育事业发展而投入的经济资源总量，从全国来看，各级教育阶段都呈现出增长态势，增速基本都在后“4%”时代进入平缓、稳定增长阶段，基本保持在 5%—10% 水平。其次，各级教育阶段财政教育支出占总财政教育支出的比重，反映了财政教育资源的内部配置结构，体现出政府公共教育服务在各级教育的分配情况，从全国来看，各教育阶段基本保持稳定，占比从大到小依次为义务教育 52.6%、高等教育 19.9%、高中教育 16.4%、学前教育 4.6%，义务教育经费占据了财政教育经费的“半壁江山”。再次，各级财政教育支出占总教育经费的比重，反映了各级教育政府和市场的边界划分情况，从全国来看，不同教育阶段呈现出不同特点：高中及以上教育呈现先降后升态势，义务教育呈现增长趋势，学前教育在 2010 年实现了“断崖式”下降。当前各级教育阶段政府与市场划分情况为：高等教育 6.2∶3.8，高中教育 8.4∶1.6，义务教育 9.4∶0.6，学前教育 4.8∶5.2。最后，各级教育生均财政教育支出，反映了一国生均财政教育资源的富裕程度，从全国来看，基本按教育层级从高到低依次递减。

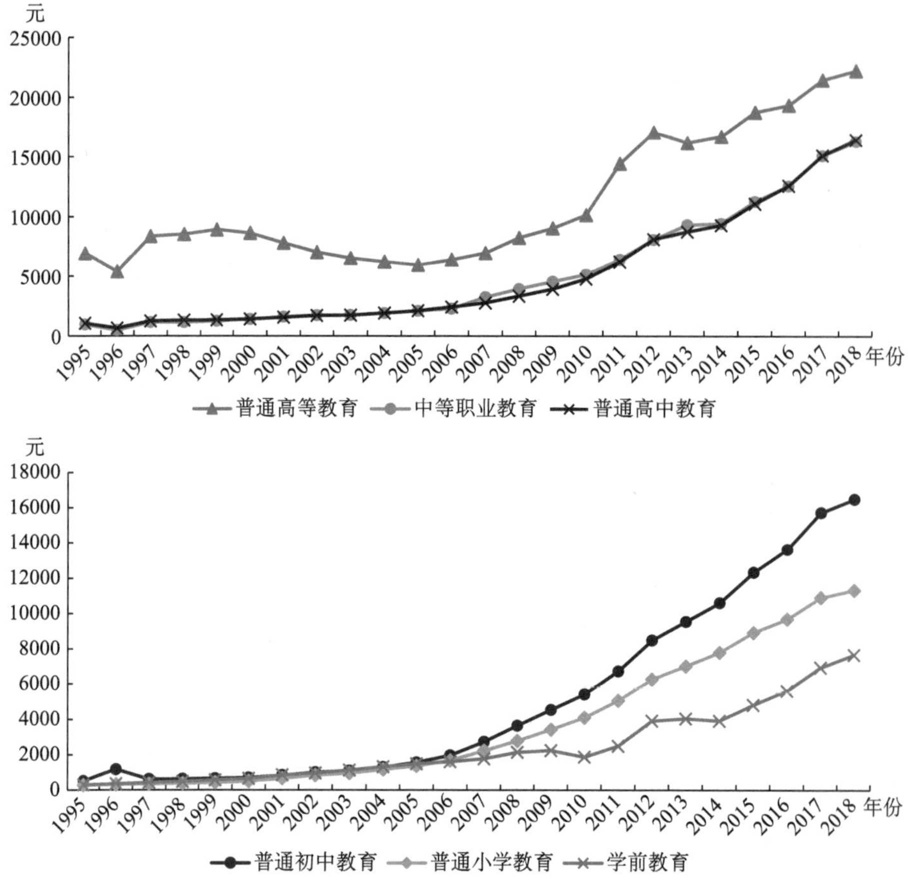

图 3-16　1995—2018 年各级教育生均一般公共预算教育经费情况①

3.1.4　财政教育支出的责任分担机制

财政教育支出的责任分担机制，是指教育领域内各级政府的财政投入责任分担以及由此形成的政府间财政关系，它反映了教育财政事权与支出责任划分情况，始终是贯穿历次财政教育体制改革的核心和主线，对于保障教育事业发展、理顺政府间财政关系具有重要意义。本节拟使用绝对指标和相对指标来衡量全国层面、地区层面、各级教育阶段中央与地方财政教育支出责任分担机制，具体包括央地财政教育支出、增长率、占总财政教育支出的比

---

① 数据来源：1996—2018 年《中国教育经费统计年鉴》，2018 年《全国教育经费执行情况统计公告》。

重 3 个指标。其中，全国层面和地区层面采用财政教育支出的广义含义，即“国家财政性教育经费”；各级教育阶段层面，由于现有教育统计资料尚未按收入来源进行统计，因此本书采取财政教育支出的狭义含义，即“一般公共预算教育经费”，数据来源于财政部相关统计资料。

(1) 全国层面

央、地财政教育支出及增速，反映了中央和地方为支持教育事业发展而投入的经济资源总量。图 3 - 17 和图 3 - 18 分别统计了我国 1998—2017 年中央和地方国家财政性教育经费及增长情况。从支出规模上看，无论是中央还是地方，两者总体都呈上升态势，分别从 1998 年的 260.8 亿元、1771.7 亿元增加到 2017 年的 2718.1 亿元、31489.7 亿元，年均增速为 13.1%、16.4%，这表明在教育领域中央政府与地方政府的参与力度都在与日俱增。从支出增速上看，中央财政教育支出在 2006 年和 2014 年迎来两次高峰：第一次高峰与 2006 年前后高等教育改革相关，中央财政作为高等教育财政经费的主要支出力量，在促进高等教育质量提升方面起到了重要作用；第二次高峰则与加强各级教育中央财政支出责任相关，如中央财政通过奖补支持地方发展学前教育，分项目、按比例建立义务教育经费长效保障机制，实施普通高中改造计划，建立健全学生资助制度等。地方财政教育支出在 2007 年和 2011 年迎来两次高峰：第一次高峰与全面“普九”，加强农村、西部地区义务教育发展，逐步实施免费义务教育相关；第二次高峰则是在《国家中长期教育改革和发展规划纲要（2010—2020 年）》和《关于进一步加大财政教育投入的意见》（国发〔2011〕22 号）的指导下，地方作为发展教育事业的主体力量，进一步加大了对教育的支出力度。

更进一步地，图 3 - 17 和图 3 - 18 也反映出地方财政教育支出要远远大于中央支出，表明地方政府始终承担着公共教育的主要支出责任。这一点可以更加明显地体现在两者的相对占比上，图 3 - 19 统计了 1998—2017 年我国中央和地方国家财政性教育经费占比情况。可以看出，中央财政教育支出占比总体呈下降趋势，从 1998 年的 12.8% 下降至 2017 年的 7.9%，地方支出占比总体呈上升态势，从 1998 年的 87.2% 增加至 2017 年的 92.1%。这意味着在教育领域，地方政府承担了绝大部分支出责任，并且这一责任依然在不断增加。截至 2017 年，中央与地方财政教育经费责任分担比约为 0.8∶9.2。

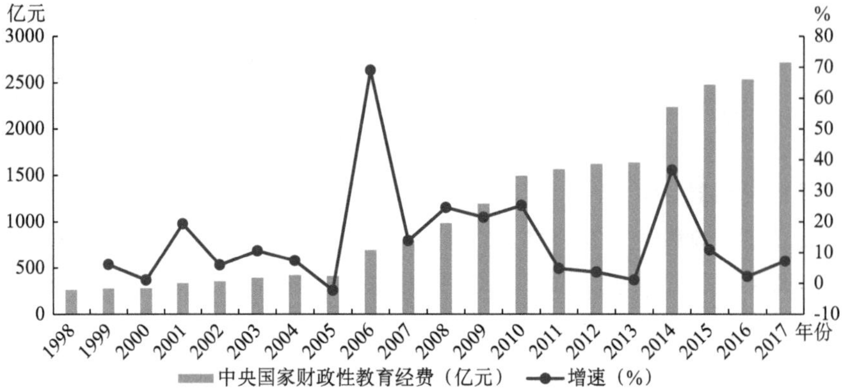

图 3-17　1998—2017 年中央国家财政性教育经费及增速①

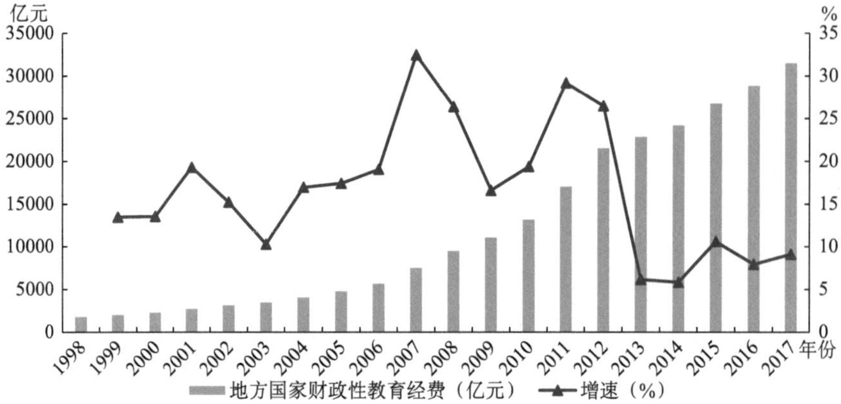

图 3-18　1998—2017 年地方国家财政性教育经费及增速②

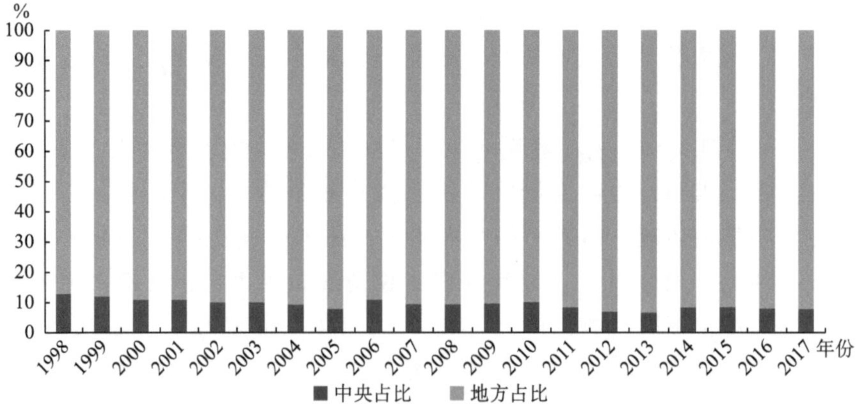

图 3-19　1998—2017 年中央和地方国家财政性教育经费占比③

①②③　1999—2018 年《中国教育经费统计年鉴》。

（2）地区层面

分地区来看，图 3 - 20 和图 3 - 21 统计了 2017 年我国 31 个省（自治区、直辖市）中央和地方国家财政性教育经费及增速情况①。

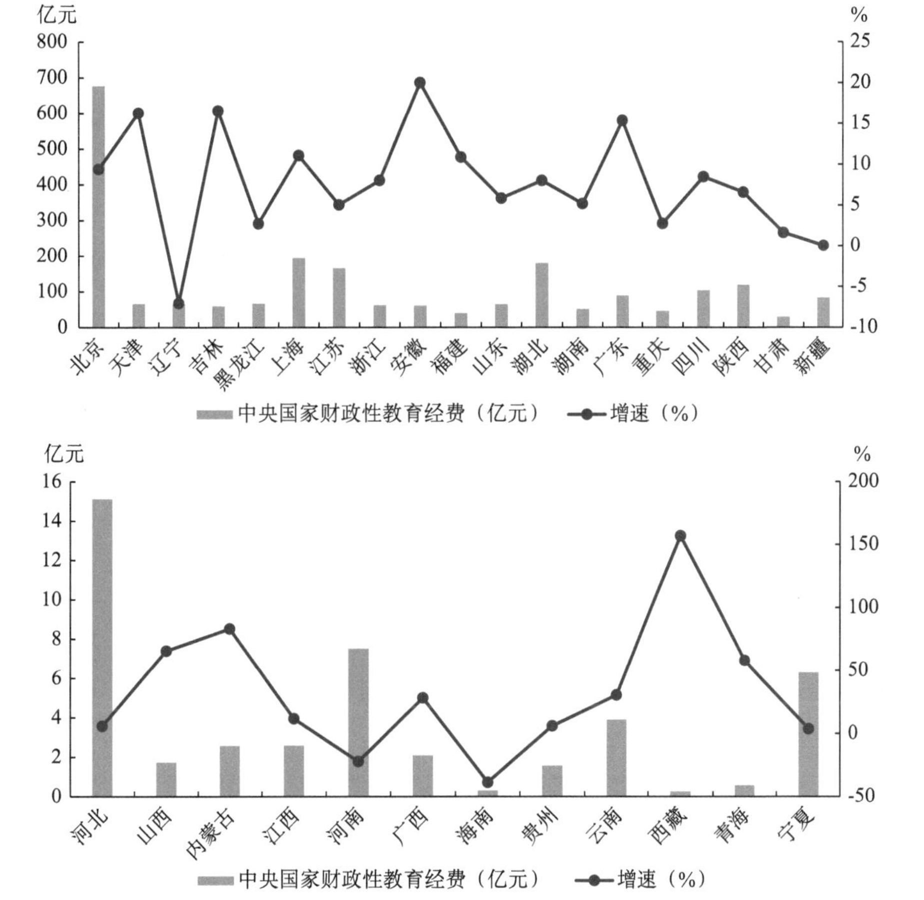

图 3 - 20　分地区 2017 年中央国家财政性教育经费及增速②

从中央财政教育经费来看，位居前五的地区分别为北京（676.6 亿元）、上海（194.2 亿元）、湖北（179.7 亿元）、江苏（165.6 亿元）、陕西（118.7 亿元），位居后五的地区分别为西藏（0.26 亿元）、海南（0.31 亿元）、青海（0.57 亿元）、贵州（1.57 亿元）、山西（1.73 亿元），增长最快的是西藏

① 由于各地区中央国家财政性教育经费数据差异较大，为更清晰地呈现数据情况，本书以 20 亿元为界限，将 31 个地区分为两部分进行统计。

② 数据来源：2017 年、2018 年《中国教育经费统计年鉴》。

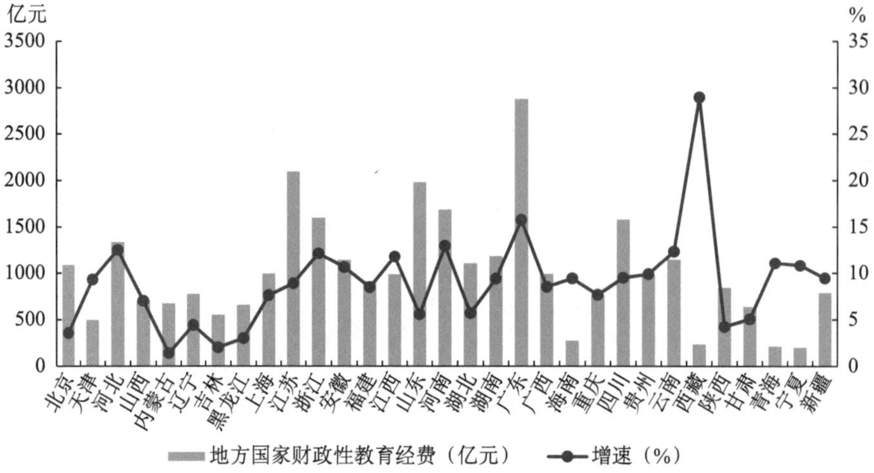

图 3-21　分地区 2017 年地方国家财政性教育经费及增速①

(156.8%)、内蒙古（83.2%）。可以看到，地区间中央财政教育支出呈现极度不平衡，最高地区约为最低地区的 2600 倍，这主要与当前高等教育财政教育体制相关：中央财政教育支出以高等教育为主，并且高校财政教育经费主要按行政隶属关系由中央和地方承担，因此从支出数据上看，中央直管、教育部直属高校分布越密集的地区（如北京、上海、湖北），中央财政教育支出越高。

从地方财政教育经费来看，位居前五的地区分别为广东（2879.3 亿元）、江苏（2094.4 亿元）、山东（1979.7 亿元）、河南（1685.4 亿元）、浙江(1596.0 亿元)，位居后五的分别为宁夏（198.9 亿元）、青海（213.1 亿元）、西藏（236.0 亿元）、海南（273.2 亿元）、天津（495.2 亿元），增长最快的是西藏（29.0%）、广东（15.7%）。可以看出，广东省不仅财政教育支出位居第一，并且增速位居第二，体现出地方财政对教育事业发展的重视程度；地方财政教育支出最高地区约为最低地区的 14.0 倍，基本与全国水平(14.6）持平，意味着地区间财政教育经费不均衡程度主要由地方财政教育支出决定。

更进一步地，图 3-22 统计了 2017 年我国 31 个地区国家财政性教育经费中央和地方划分情况。可以看到，除北京（61.6%）、上海（83.7%）、湖北(86.0%)、陕西（87.7%）、天津（88.3%）外，其余地区地方政府都承担

① 2017 年、2018 年《中国教育经费统计年鉴》。

了 90% 以上的支出责任。

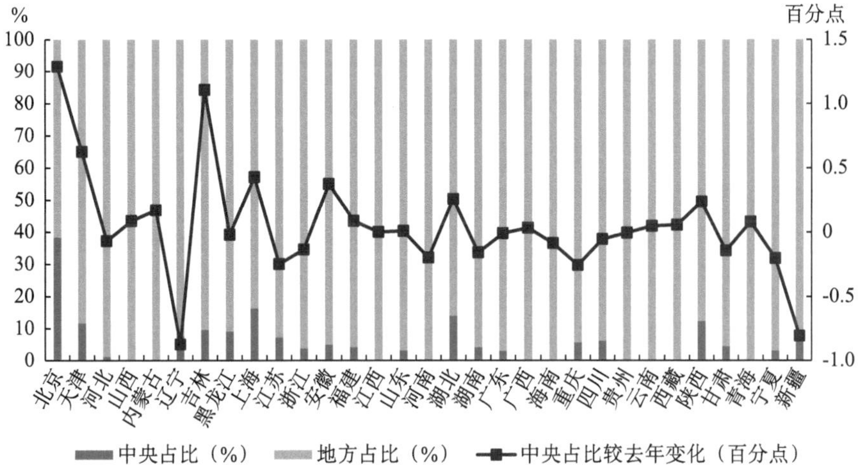

图 3－22　分地区 2017 年中央和地方国家财政性教育经费占比情况①

（3）分教育阶段

首先，分教育阶段进行横向比较，表 3－2 和表 3－3 统计了我国 2010—2018 年各级教育中央与地方一般公共预算教育经费及占全国一般公共预算教育经费的比重。一方面，从支出规模来看，各级教育地方一般公共预算教育经费都呈稳步上升的态势，依次分别从 2010 年的 190.41 亿元、3516.01 亿元、2458.35 亿元、983.95 亿元、1072.52 亿元、1154.69 亿元增长至 2018 年的 1311.46 亿元、8547.63 亿元、5464.62 亿元、3014.47 亿元、2821.77 亿元、3225.47 亿元，年均增速为 27.7%、11.7%、10.5%、15.0%、12.9%、13.7%。中央一般公共预算教育经费则在不同教育阶段、不同年度体现出不同特点：2018 年之前，在小学教育和高等教育阶段呈现稳步上升态势，分别从 2010 年的 3.85 亿元、612.14 亿元增加至 2017 年的 7.71 亿元、1334.97 亿元，年均增速为 10.4%、11.8%；学前教育和初中教育阶段则呈现波动变化趋势，总体基本保持不变，分别从 2010 年的 1.5 亿元、4.15 亿元变化到 2017 年的 1.9 亿元、4.11 亿元；高中教育阶段呈现波动上升态势，从 2010 年的 5.10 亿元增加到 2017 年的 12.00 亿元，年均增速 13.0%；职业教育呈现波动下降态势，从 2010 年的 9.95 亿元降低至 2017 年的 5.30 亿元，年均增速 －9.4%。2018 年，在《关于深化教育体制机制改革的意见》《基本公共服务

① 2017 年、2018 年《中国教育经费统计年鉴》。

领域中央与地方共同财政事权和支出责任划分改革方案》（国办发〔2018〕6号）等的指导下，以加强基础教育阶段中央权、责为重要任务的教育财政事权与支出责任划分改革正式拉开帷幕，因此，从支出规模上看，2018年中央财政教育经费有一个“断层式”的跃升：学前教育阶段增加至8.43亿元，增速达343.7%，小学教育阶段增加至17.27，增速达124.0%，初中教育阶段增加至32.66亿元，增速达694.6%，高中教育阶段增加至19.31亿元，增速达60.9%。另一方面，从支出占比来看，除高等教育阶段中央财政教育支出超过30%，其他各级教育地方财政教育支出占比都在99%以上，并且2018年之前中央支出占比都趋于减少，而地方则趋于增加，这表明在2018年之前，除高等教育外的其他各类教育的支出责任基本都落在了地方政府身上，并且这一责任有进一步加重的趋势。2018年，中央加大了对包括学前教育、小学教育、初中教育、高中教育在内的基础教育领域的支出力度，中央财政教育支出占比也有所上升，分别从2017年的0.16%、0.09%、0.08%、0.42%增加至2018年的0.64%、0.20%、0.59%、0.64%，表明教育财政事权与支出责任改革初现成效。

表3-2　2010—2018年各级教育中央和地方一般公共预算教育经费（单位：亿元）

中央一般公共预算教育经费						
年份	学前教育	小学教育	初中教育	高中教育	职业教育	高等教育
2010	1.50	3.85	4.15	5.10	9.95	612.14
2011	0.92	5.55	10.10	6.67	6.66	901.76
2012	2.09	6.21	5.41	14.54	4.12	943.73
2013	2.20	6.06	4.99	12.75	3.81	962.77
2014	1.26	5.99	5.09	11.99	5.92	1095.56
2015	1.21	6.72	4.51	12.98	4.51	1190.83
2016	2.52	7.39	5.13	12.99	4.63	1252.19
2017	1.90	7.71	4.11	12.00	5.30	1334.97
2018	8.43	17.27	32.66	19.31	7.73	1424.41
地方一般公共预算教育经费						
年份	学前教育	小学教育	初中教育	高中教育	职业教育	高等教育
2010	190.41	3516.01	2458.35	983.95	1072.52	1154.69
2011	309.14	4235.61	2905.15	1275.50	1328.75	1836.56
2012	630.62	5252.73	3531.67	1683.33	1699.96	2518.17

续表

地方一般公共预算教育经费						
年份	学前教育	小学教育	初中教育	高中教育	职业教育	高等教育
2013	657.68	5587.61	3673.60	1789.48	1837.77	2286.36
2014	690.03	6069.02	3948.75	1934.94	1831.35	2454.88
2015	928.05	7016.40	4492.21	2309.97	2291.80	2724.37
2016	1008.60	7578.72	4821.00	2552.02	2484.76	2866.13
2017	1180.45	8198.16	5180.13	2829.06	2650.59	2999.92
2018	1311.46	8547.63	5464.62	3014.47	2821.77	3225.47

数据来源：2010—2018 年《全国财政决算》。

表 3-3　2010—2018 年各级教育中央和地方一般公共预算教育经费占全国一般公共预算教育经费的比重　（单位：%）

中央一般公共预算教育经费占比						
年份	学前教育	小学教育	初中教育	高中教育	职业教育	高等教育
2010	0.78	0.11	0.17	0.52	0.92	34.65
2011	0.30	0.13	0.35	0.52	0.50	32.93
2012	0.33	0.12	0.15	0.86	0.24	27.26
2013	0.33	0.11	0.14	0.71	0.21	29.63
2014	0.18	0.10	0.13	0.62	0.32	30.86
2015	0.13	0.10	0.10	0.56	0.20	30.42
2016	0.25	0.10	0.11	0.51	0.19	30.41
2017	0.16	0.09	0.08	0.42	0.20	30.80
2018	0.64	0.20	0.59	0.64	0.27	30.63
地方一般公共预算教育经费占比						
年份	学前教育	小学教育	初中教育	高中教育	职业教育	高等教育
2010	99.22	99.89	99.83	99.48	99.08	65.35
2011	99.70	99.87	99.65	99.48	99.50	67.07
2012	99.67	99.88	99.85	99.14	99.76	72.74
2013	99.67	99.89	99.86	99.29	99.79	70.37
2014	99.82	99.90	99.87	99.38	99.68	69.14
2015	99.87	99.90	99.90	99.44	99.80	69.58
2016	99.75	99.90	99.89	99.49	99.81	69.59
2017	99.84	99.91	99.92	99.58	99.80	69.20
2018	99.36	99.80	99.41	99.36	99.73	69.37

数据来源：2010—2018 年《全国财政决算》。

其次，从政府视角进行纵向比较，图 3 – 23 统计了 2018 年我国中央和地方一般公共预算教育经费的支出结构。可以看出，中央政府绝大部分的财政教育支出（82.3%）用以高等教育，其他几类教育占比都非常少，依次是初中教育（1.9%）、高中教育（1.1%）、小学教育（1.0%）、学前教育（0.49%）、职业教育（0.45%）；地方政府财政教育支出则是以义务教育为主（46.1%，其中，小学教育 28.1%、初中教育 18.0%），然后依次是高等教育（10.6%）、高中教育（9.9%）、职业教育（9.3%）、学前教育（4.3%）。

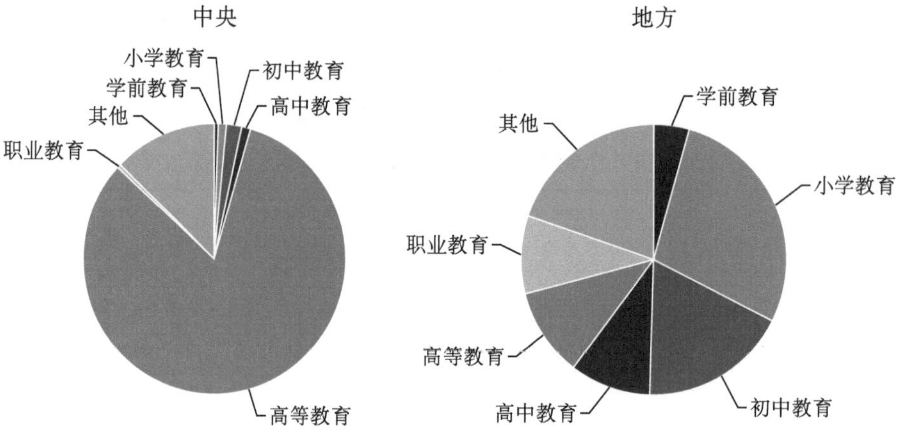

图 3 – 23　2018 年中央和地方一般公共预算教育经费支出结构①

综上所述，我国财政教育支出的责任分担呈现出“中央地方共担责任、并以地方政府为主”的特点。首先，从全国层面来看，中央和地方国家财政性教育经费总体都呈上升态势，2017 年分别为 2718.1 亿元、31489.7 亿元；地方占全国财政性教育经费的绝对比重，并有逐步上升态势；当前，中央与地方财政教育经费责任分担比约为 0.8∶9.2。其次，从地区层面来看，中央财政教育支出在各地区间呈现极度不平衡，主要与当前高等教育财政教育体制相关；地方政府作为发展教育的绝对力量，其财政教育经费同总体大致保持相似的特点；除北京、上海、湖北、陕西、天津外，其余地区地方政府都承担了 90% 以上的支出责任。最后，分教育阶段来看，横向比较，基础教育阶段地方政府承担了 99% 以上的支出责任，高等教育阶段地方政府承担了近 70% 的支出责任；纵向来看，中央政府绝大部分的财政教育支出（82.3%）用于高等教育，地方政府财政教育支出则是以义务教育为主（46.1%）。

① 数据来源：2018 年《全国财政决算》。

3.2　我国社会代际流动性的测算及变化趋势

改革开放以来，我国经济取得了长足发展，综合国力持续增强，经济结构转型升级，人民生活水平稳步提升。然而，发展中依然存在不平衡不充分的问题，突出体现在收入差距依然较大。数据显示，2003—2017 年，我国居民收入基尼系数始终徘徊在 0.46—0.5 的高位，高于国际公认的贫富差距警戒线。

事实上，收入分配问题不仅体现于此，更重要的是，这一收入差距很可能随着代际进行传递，表现为社会的代际流动性。社会流动的概念最早属于社会学范畴。社会学家们认为，一个社会的组成复杂多样，包含各个阶层，在长时间内，具有相同或类似社会地位的社会成员会自发形成一个相对稳定和持久的群体，称之为“社会阶层”（Social Stratum），而社会流动（Social Mobility）是指社会个体或群体从某一社会阶层向另一社会阶层转移或者在同一社会阶层流动的现象，它描述的是其社会地位的前后变化。社会流动中最具代表性并且历来备受学者们关注的是社会代际流动，指的是社会流动中的代际流动，即两代人之间社会阶层的流动。一般认为，两代人所处的社会阶层差距越大，社会代际流动越强。社会代际流动是反映社会流动和社会变迁最重要的一个方面，对于维系社会公平具有重大意义，尤其是在当前收入分配差距依然较大的背景下，如果社会代际流动较弱，也就意味着这一收入不平等的现象会随着代际进行传递，进一步加剧社会不公；如果社会代际流动较高，则处于社会底层群体的后代有更多的机会向上流动，从长期来看，有助于减弱收入分配差距带来的负面影响。

近年来，社会上频频出现一些“富二代”“穷二代”“官二代”“拼爹”的现象，“鲤鱼跃龙门”“寒门出贵子”难再出现，由此激发的矛盾不断，进而日渐成为社会公众关注的焦点。新华社、《人民日报》、《光明日报》等主流媒体也多次就社会流动性问题发文，如“高社会流动性是促经济增长的关键”“社会底层人群向上流动面临困难”“一些贫者从暂时贫困走向跨代贫穷”等。“二代”现象凸显了我国社会的代际流动性较低，尤其是当前在贫富差距形势依然较为严峻的情况下，代际流动性较弱会加重社会阶层固化的趋势，更有甚者，引发社会分化、两级分化问题。因此，本节将从微观角度入手，结合定量分析，测算我国社会代际流动性及变化趋势。

3.2.1 研究设计

(1) 模型设定

本书沿用传统代际流动性研究的一般做法，参考 Becker 和 Tomes (1979)，使用父代社会阶层对子代社会阶层的回归系数来体现社会代际流动性：

$$R_i^s = \alpha + \beta R_i^f + \mu_i \tag{3-3}$$

其中，R_i^s 表示家庭 i 子代的社会阶层；R_i^f 表示家庭 i 父代的社会阶层；α 为常数项；μ_i 为误差项；系数 β 是衡量社会代际流动性的关键指标，β 越大，即子代社会阶层和父代社会阶层的相关性越高，意味着父代的社会阶层越能影响子代的社会阶层，两代人所处的社会阶层越为相近甚至相同，社会代际流动性就越弱。

(2) 变量定义

为更加全面地衡量子代、父代所处的社会阶层，本书将分别从经济地位、教育、社会地位三个角度研究我国社会代际流动性及其变化趋势。

①代际收入流动性

根据式 (3-3)，本书使用父代收入对数值对子代收入对数值的回归系数来体现代际收入流动性：

$$\ln Y_i^s = \alpha + \beta \ln Y_i^f + \mu_i \tag{3-4}$$

其中，Y_i^s 表示家庭 i 子代的终身收入，Y_i^f 表示家庭 i 父代的终身收入，α 为常数项，μ_i 为误差项。系数 β 称为“代际收入弹性系数”(Intergenerational Earnings Elasticity，简称 IGE)，可以表示为：

$$\beta = \frac{d\ln Y_i^s}{d\log Y_i^f} = \frac{dY_i^s / Y_i^s}{dY_i^f / Y_i^f} \tag{3-5}$$

即父代收入变动 1%，子代收入变动 β%。β 越大，代际收入流动性越弱。然而，在经验研究中，对父代和子代终身收入的测量一直是代际流动领域的难点，若采用某一年收入代替得到的代际收入弹性系数会产生向下偏误 (Solon, 1992)[20]，还会产生生命周期偏误 (Atkinson 等，1978)[24]。为此，本书沿用 Solon (1992)[20] 的传统做法，加入子代和父代的年龄及其平方项，这一方法也为大多数研究所采用。与此同时，本节重在识别社会代际流动性的变化趋势，并且代际收入流动性仅是其中的角度之一，该偏误不会对主要结论产生太大影响。

综上所述，衡量代际收入流动性的具体回归模型为：

$$\ln Y_{i,t}^{s} = \alpha_t + \beta \ln Y_{i,t}^{f} + \gamma Control + \mu_{i,t} \tag{3-6}$$

其中，$Y_{i,t}^{s}$表示家庭 i 子代在 t 年的收入；$Y_{i,t}^{f}$表示家庭 i 父代在 t 年的收入；$Control$ 为系列控制变量，包括子代和父代的年龄（age_i^s、age_i^f）及其平方项、子代性别（$gender_i^s$）；α_t 为常数项；$\mu_{i,t}$为误差项。

②代际教育流动性

根据式（3-3），本书使用父代受教育年限对子代受教育年限的回归系数来体现代际教育流动性，具体回归模型为：

$$Edu_i^s = \alpha + \beta Edu_i^f + \gamma Control + \mu_i \tag{3-7}$$

其中，Edu_i^s 表示家庭 i 子代的受教育年限；Edu_i^f 表示家庭 i 父代的受教育年限；α 为常数项；μ_i 为误差项；$Control$ 为系列控制变量，包括子代的年龄（age_i^s）和性别（$gender_i^s$），前者是为了控制不同年份由于教育事业发展程度不同而形成的“代群”效应；系数 β 衡量子代受教育程度与父代受教育程度之间的相关性，相关性越强，意味着父代的受教育程度越能影响子代的受教育程度。而教育作为基础的人力资本要素，通常被认为是影响个体收入、职业选择的重要因素，两代人受教育程度的相关性越强，处于相近或同一阶层的可能性越高，社会代际流动性越弱。

③代际社会地位流动

根据式（3-3），本书使用父代社会地位对子代社会地位的回归系数来体现代际教育流动性，具体回归模型为：

$$Posi_i^s = \alpha + \beta Posi_i^f + \gamma Control + \mu_i \tag{3-8}$$

其中，$Posi_i^s$ 表示家庭 i 子代的社会地位，$Posi_i^f$ 表示家庭 i 父代的社会地位，α 为常数项，μ_i 为误差项，$Control$ 为系列控制变量，包括子代的年龄（age_i^s）和性别（$gender_i^s$），前者是为了控制不同年份由于社会和经济发展程度不同而形成的“代群”效应。系数 β 衡量子代社会地位与父代社会地位之间的相关性，相关性越高，意味着父代的社会地位越能影响子代的社会地位，两者处于相近或相同社会阶层的可能性越高，社会代际流动性越弱。

在具体测量方面，本书采用职业、行业、单位性质、政治身份来综合衡量一个人的社会地位，这是基于以下两方面的考虑：第一，社会学领域对社会流动性的关注主要集中在职业的代际流动性，认为一个人从事的职业和行业在一定程度上能更好地反映其社会地位；第二，我国是社会主义国家，公民所拥有的政治身份以及所在单位的所有制性质在一定程度上反映了其拥有的政治资源和社会资源。

(3) 数据与描述性统计

①数据来源

本节数据来源于1988年、1995年、1999年、2002年、2007年和2013年中国家庭收入调查（CHIPS），该调查是由国家统计局、北京师范大学收入分配研究院、中国社会科学院经济研究所联合澳洲国立大学、德国劳动研究等国内外学者所共同开展的，被认为是目前中国微观收入调查最全面和严格的公开数据库。本书选择使用CHIPS数据库，还基于以下三方面的考虑：第一，样本覆盖范围广。CHIPS样本或是覆盖全国绝大部分省份，如1988年覆盖了28个；或是所处地区具有代表性，涉及东部沿海地区、内陆地区、西部地区、直辖市等。第二，覆盖样本多。CHIPS每年涵盖上万个家庭住户，涉及家庭成员5万—8万人，并且同时包含了城镇和农村样本，自2002年开始独立设置了流动人口样本。第三，时间跨度长。CHIPS调查始于1988年，至今已历经了7轮调查，这对本书研究社会代际流动性的变化趋势提供了有力的数据支撑。

②数据处理

样本的匹配和各变量的选取和测量是本节的重要内容。首先，在样本匹配方面，本书利用CHIPS数据库中“家庭代码”和“与户主关系”两个变量进行父子对信息的识别，具体方法为：处于同一家庭代码下的户主与子女、非亲生子女匹配，父母与户主匹配，岳父母/公婆与配偶匹配，父母与兄弟姐妹匹配，子女与孙子女匹配[①]。同时，为更精确地匹配有效父子对，本书剔除了年龄小于23岁[②]的子代样本和年龄大于65岁的父代样本，这是为规避子代年龄过小、未进入社会参与工作以及父代年龄过大、已离开社会工作行列两种情况。

其次，在收入变量方面，综合考虑数据的代表性、稳定性和连续性，本书主要使用包括基本工资、补贴、津贴、补助、福利、奖金等在内的个人工资性收入，个别未给出总数的年份（1988年和1995年）由相应分项加总得到。为剔除通胀因素，实际收入由各年度城市、农村居民消费价格（1985年

---

① 这里“父母”“子女”等都是指与户主的关系。

② 正常个体接受完大学教育是22岁，因此本书将年龄限制到23岁及以上。

为基期）处理得到。

再次，在教育变量方面，本书使用受正规教育的年数（不包括跳级、留级年数）代表个人受教育年限，其中，1988 年仅统计了文化程度，因此需进行相应转化：文盲——0 年，小于小学 3 年级——1.5 年①，3 年级及以上小学学历——4 年②，小学毕业——5.5 年③，初中毕业——8 年④，高中毕业——10.5 年，中专毕业——10.5 年，大专毕业——13.5 年，大学毕业及以上——14.5 年⑤。

最后，在社会地位变量方面，本书使用样本的职业类型、所处行业、单位性质和政治身份经主成分分析得到⑥。在具体识别上，由于我国仍处于发展阶段，社会阶层尚未完全定型，代际流动研究对社会地位的划分都宜粗不宜细（Walder，1995；高勇，2009；卢盛峰，2014），因此本书采取了如下识别方法：第一，职业类型使用三分法。将国家机关、党群组织、社会团体、企业事业单位负责人、经理等归为精英阶层，这一群体主要是所在单位的领导者，依靠脑力劳动获得收入并掌握一定社会资源；将各类专业技术人员，机关、事业单位、企业部门负责人、经理、一般干部等归为次精英阶层，这一群体主要依靠脑力劳动获得收入或在范围较小的领域掌握部分社会资源；将一般工作人员、工人、个体经营、服务人员、劳动者等归为大众阶层，这一群体主要依靠体力劳动或少部分脑力劳动获得收入。各年度具体划分方式如表 3 - 4 所示。第二，所处行业使用五分法。根据国家统计局给出的各行业就业人员平均工资标准，本书将所涉行业划为五个梯队，由于 2003 年行业设置有所变化，因此 CHIPS2007 和 CHIPS2013 使用 2003—2013 年平均工资标准（如表 3 - 5 所示），CHIPS2002、CHIPS1999、CHIPS1995、CHIPS1988 使用 1988—2002 年平均工资标准（如表 3 - 6 所示）。第三，单位性质使用二分法，将党政机关团体、事业单位、国有企业、国有控股企业、国有控股合资企业、

---

① 小学 1 年和 2 年取平均。

② 小学 3 年、4 年、5 年取平均。

③ 由于当时小学教育有 5 年制和 6 年制两种，因此取平均为 5.5 年。

④ 由于当时初中教育有 2 年制和 3 年制两种，因此取平均为 2.5 年。下同（高中、中专）。

⑤ 1988 年及以前，我国各阶段教育学制不统一，考虑到转换方式的不同可能影响回归结果，本书也尝试使用了其他转换方法，如统一赋予小学为 5 年制或 6 年制，初中、高中、中专 3 年制，结果发现结果基本保持稳健。

⑥ CHIPS2007 由于未统计样本的政治身份，且农村样本的单位性质也缺失，因此 2007 年代际社会地位流动性回归结果可能有所偏差。

国有独资企业、全民所有制企业等归为公职群体，将其他私营企业、中外合资企业、外资企业、个体等归为非公职群体，相较而言，前者掌握一定的政治地位和政治资源，并对部分社会资源享有主导权。第四，政治身份使用二分法，分为中共党员和非党员，相较于后者，前者在社会生活和政治生活中的话语权相对更高。相关变量的描述性统计如表3－4所示。

表3－4　职业类型三分法具体划分

		精英阶层	次精英阶层	大众阶层
CHIPS2013		1—4	5—17	18—51
	城镇/农村/流动	1. 中国共产党中央委员会和地方各级组织负责人/国家机关及其工作机构负责人；2. 民主党派和社会团体及其工作机构负责人；3. 事业单位负责人；4. 企业负责人	5. 科学研究人员；6. 工程技术人员；7. 农业技术人员；8. 飞机和船舶技术人员；9. 卫生专业技术人员；10. 经济、金融业务人员；11. 法律专业人员；12. 教学人员；13. 文学艺术工作人员；14. 体育工作人员；15. 新闻出版、文化工作人员；16. 宗教职业者；17. 其他专业技术人员	如：19. 安全保卫和消防人员；24. 运输服务人员；35. 橡胶和塑料制品生产人员；45. 工程施工人员；等
CHIPS2007	城镇	1	2	3—8
		1. 国家机关党群组织、企事业单位负责人	2. 专业技术人员	如：3. 办事人员和有关人员；5. 农、林、牧、渔、水利生产人员；6. 生产、运输设备操作人员及有关人员；等
	农村	1	2	3、41—44、51—57、61－65、71—72、81—85、9
		1. 私人企业老板	2. 各类专业技术人员	3. 行政办公管理人员；4*. 商业工作人员；5*. 服务性工作人员；6*. 生产运输工人；7*. 个体经营；8*. 农林牧副渔劳动者；9. 其他

续表

		精英阶层	次精英阶层	大众阶层
CHIPS2002	城镇	1、4	3、5	2、6—11
		1. 私营企业主（经理）；4. 机关、企事业单位负责人	3. 各类专业技术人员；5. 机关、企事业单位部门负责人	2. 个体户主；6. 办事人员；7. 技术工人；8. 非技术工人；9. 商业和服务业人员；10. 农民；11. 其他劳动者
	农村	5、8	4、6、7、9	1—3、10—13
		5. 企业主要负责人或私营企业主，经理；8. 县及以上的党政机关，事业单位的干部	4. 专业技术人员；6. 村组干部；7. 乡镇干部；9. 企业的一般干部	1. 从事农林牧渔业的劳动力；2. 普通工人；3. 技术工人；10. 临时工或短期合同工；11. 非农个体经营的业主；12. 非农个体户中打工者；13. 其他
	流动	1、3	2	4—10
		1. 私营企业主（经理）；3. 企事业单位负责人	2. 各类专业技术人员	4. 一般办事人员；5. 工业工人；6. 商业工人；7. 服务业工人；8. 建筑业工人；9. 家庭服务员；10. 其他
CHIPS1999	城镇	1、3	2、4	5—12
		1. 私营企业主（经理）；3. 机关、企事业单位负责人	2. 各类专业技术人员；4. 机关、企事业单位部门负责人	5. 办事人员；6. 技术3级及3级以下生产工人；7. 技术4级及4级以上生产工人；8. 非技术工人；9. 商业人员；10. 服务人员；11. 农民；12. 其他
CHIPS1995	城镇	1、2、4	3、5	6—9
		1. 私营企业雇主；2. 私营企业雇主兼经理；4. 机关、企事业单位负责人	3. 各类专业技术人员；5. 机关、企事业单位部门负责人	6. 办事人员；7. 技术工人；8. 非技术工人；9. 其他

续表

		精英阶层	次精英阶层	大众阶层
CHIPS1995	农村	5、7	4、6、8	1—3、9—11
		5. 企业主要负责人或（私有）企业主、经理；7. 党政机关，事业单位的干部	4. 专业技术人员；6. 乡村干部；8. 企业的一般干部	1. 主要从事农业的劳动力；2. 普通工人；3. 技术工人；9. 临时工或短期合同工；10. 非农个体户；11. 其他
CHIPS1995	城镇	1、2、4、5	3	6、7
		1. 私营企业雇主；2. 私营企业雇主兼经理；4. 机关、事业单位负责人；5. 厂长、经理	3. 各类专业技术人员	6. 办事人员；7. 工人
	农村	1、3、5	2、4、6、11	7—10
		1. 机关、事业单位负责人；3. 国营或集体企业单位主要领导人；5. 私营、个体企业雇主和经理	2. 专业技术人员；4. 机关、事业单位一般干部；6. 乡村干部；11. 乡镇企业主要负责人	7. 普通工人；8. 临时工；9. 农民；10. 乡镇企业工人

注：表中的序号为各年度 CHIPS 调查中对职业类型的具体划分，为便于读者与原数据库进行链接，此处也将序号一同标上。

表 3-5　　2003—2013 年各行业就业人员平均工资

	行业	平均工资（元）
第一梯队	信息传输、计算机服务和软件业	55829.00
	金融业	55341.82
	科学研究、技术服务和地质勘查业	45742.09
	电力、燃气及水的生产和供应业	39314.91
第二梯队	文化、体育和娱乐业	35516.36
	采矿业	35358.27
	租赁和商务服务业	34540.36
	交通运输、仓储和邮政业	33912.09

续表

	行业	平均工资（元）
第三梯队	卫生、社会保障和社会福利业	33789.91
	公共管理和社会组织	31499.73
	房地产业	31182.45
	教育	31052.64
第四梯队	批发和零售业	27629.64
	制造业	26281.91
	居民服务和其他服务业	23951.00
	建筑业	23294.09
第五梯队	水利、环境和公共设施管理业	21830.27
	住宿和餐饮业	20575.82
	农、林、牧、渔业	14028.45

数据来源：国家统计局，《中国统计年鉴》。

表 3-6　1988—2002 年各行业就业人员平均工资

	行业	平均工资（元）
第一梯队	金融、保险业	7004.06
	科学研究和综合技术服务业	6942.47
	电力、煤气及水的生产和供应业	6880.47
第二梯队	房地产业	6560.94
	交通运输仓储和邮电通信业	6466.71
	卫生体育和社会福利业	5727.53
第三梯队	社会服务业	5485.00
	地质勘查业/水利管理业	5419.18
	国家机关、党政机关	5402.18
第四梯队	教育、文化艺术和广播电影电视业	5183.29
	采掘业	5015.82
	建筑业	4970.24
第五梯队	制造业	4712.71
	批发零售贸易和餐饮业	3937.94
	农、林、牧、渔业	3047.12

数据来源：国家统计局，《中国统计年鉴》。

表 3 -7　　主要变量的描述性统计

Panel A：CHIPS 2013

	父代			子代		
变量名	观测值	均值	标准差	观测值	均值	标准差
收入	3780	8.3961	0.8667	5787	8.6311	0.7373
教育年限	6877	7.5485	3.0633	7059	10.9705	3.3349
政治身份	7075	1.1359	0.3427	7066	1.0812	0.2732
单位性质	3795	1.1805	0.3846	5800	1.1724	0.3777
职业类型	3705	1.2107	0.5191	5660	1.2167	0.4979
所处行业	3798	2.3396	0.9570	5802	2.5999	1.1239
年龄	7117	54.6218	5.7589	7117	28.3768	4.9084
性别	7117	0.7962	0.4028	7117	0.7293	0.4443

Panel B：CHIPS 2007

	父代			子代		
变量名	观测值	均值	标准差	观测值	均值	标准差
收入	1255	5.7247	0.7358	3352	5.9730	0.5492
教育年限	4248	7.5908	2.8849	4336	10.2495	3.2570
单位性质	427	1.5784	0.4943	826	1.4309	0.4955
职业类型	1266	1.1927	0.5130	3375	1.1410	0.3944
所处行业	1259	2.4169	0.9291	3369	2.4452	1.0338
年龄	4528	55.3396	5.0782	4526	28.3254	5.0159
性别	4528	0.8239	0.3808	4528	0.7382	0.4396

Panel C：CHIPS 2002

	父代			子代		
变量名	观测值	均值	标准差	观测值	均值	标准差
收入	2659	7.1394	1.3571	3296	7.0376	1.1686
教育年限	5061	7.1480	3.4136	5172	9.5355	3.3454
政治身份	5213	1.2441	0.4296	5169	1.0655	0.2475
单位性质	1624	1.1902	0.3926	2919	1.1613	0.3679
职业类型	1856	1.3485	0.5788	3251	1.1648	0.4288
所处行业	1841	1.9223	1.1420	3240	1.9401	1.2120
年龄	5245	54.1893	8.2630	5245	28.7229	8.1409
性别	5245	0.7805	0.4139	5245	0.7060	0.4556

续表

Panel D：CHIPS 1999						
	父代			子代		
变量名	观测值	均值	标准差	观测值	均值	标准差
收入	806	7.6290	0.7436	744	7.3701	0.7940
教育年限	825	9.7648	3.3732	826	12.1247	2.8108
政治身份	841	1.4423	0.4969	838	1.1038	0.3052
单位性质	799	1.8485	0.3587	751	1.6884	0.4634
职业类型	795	1.4754	0.6291	745	1.2885	0.4876
所处行业	793	2.2433	1.3753	747	2.3333	1.4727
年龄	842	55.7826	6.9760	836	28.4856	7.0509
性别	842	0.5843	0.4931	842	0.6294	0.4832
Panel E：CHIPS 1995						
	父代			子代		
变量名	观测值	均值	标准差	观测值	均值	标准差
收入	1945	7.1498	1.1669	2139	6.9414	1.0934
教育年限	4188	6.2755	4.1446	4217	8.4159	3.5668
政治身份	4140	1.2311	0.4216	4135	1.0425	0.2018
单位性质	3695	1.2987	0.4577	3938	1.2696	0.4438
职业类型	3627	1.2362	0.5087	3888	1.1244	0.3947
所处行业	3466	1.3574	0.8912	3868	1.4345	0.9742
年龄	4258	53.4553	9.9036	4252	28.7220	9.9697
性别	4258	0.7487	0.4338	4258	0.6836	0.4651
Panel F：CHIPS 1988						
	父代			子代		
变量名	观测值	均值	标准差	观测值	均值	标准差
收入	1488	4.9748	0.5404	2384	4.5573	0.4879
教育年限	5530	5.4198	3.8318	6031	8.1360	2.9757
政治身份	5340	1.2571	0.4370	5874	1.0457	0.2090
单位性质	4655	1.2502	0.4332	5928	1.2761	0.4471
职业类型	4616	1.2354	0.5710	5905	1.1046	0.3729
所处行业	4603	1.4006	0.8816	5926	1.4527	0.9277
年龄	6149	55.3507	5.9724	6149	27.2377	5.1186
性别	2905	0.7793	0.4147	3531	0.7875	0.4090

注：①表中收入变量取对数值，并经各年度城市、农村居民消费价格调整为以1985年为基期的真实值；②政治身份中，党员=2，非党员=1；③单位性质中，公职群体=2，非公职群体=1；④职业类型中，精英阶层=3，次精英阶层=2，大众阶层=1；⑤所处行业中，第一梯队=5，第二梯队=4，第三梯队=3，第四梯队=2，第五梯队=1；⑥性别中，男=1，女=0；⑦2007年政治身份变量缺失，农村样本的单位性质变量缺失；⑧1999年仅有城市样本。

3.2.2 经验分析

(1) 我国社会代际流动性及变化趋势

表3－8汇总了我国社会代际流动性的基本回归结果，(1)—(6)分别对应1988年、1995年、2002年、2007年、2013年及1999年[①]。各年度回归中，横向第一行为代际收入流动相关回归结果，核心解释变量为父代收入的对数值，被解释变量为子代收入的对数值；第二行为代际教育流动相关回归结果，核心解释变量为父代受教育年限，被解释变量为子代受教育年限；第三行为代际社会地位流动相关回归结果，核心解释变量为父代社会地位，被解释变量为子代社会地位。纵向第一列未加入性别、年龄控制变量，第二列加入年龄控制变量，第三列进一步加入子代性别控制变量。其中，年龄控制变量在代际收入流动回归中包括了子代、父代年龄及其平方项，以克服收入的生命周期偏误，其余仅涉及子代年龄，用于控制子代的个体特征。此外，考虑到我国社会与经济发展中客观存在的城乡二元结构，所有回归都加入了城镇/农村控制变量。回归结果显示，无论是否加入控制变量，各年度代际收入、教育、社会地位相关性系数都在1%水平上显著为正，大小为0.13—0.34，这意味着，父代社会阶层和子代社会阶层确实存在相关性，前者通过某些渠道在一定程度上影响着后者。总体来看，相较其他国家，如巴西0.52(Dunn，2007)、美国0.41(Solon，1992)、英国0.37(Nicoletti和Ermisch，2007)，我国社会代际流动性还尚未进入令人警惕的低位，这在很大程度上得益于我国中国特色社会主义的制度优势和社会经济的不断发展，但其发展趋势却是值得我们关注和研究的，这对我国今后社会发展形势的研判和公共政策的走向都具有重要意义。

表3－8　　　　我国社会代际流动性的基本回归结果

Panel A						
代际流动相关性系数	(1) 1988年			(2) 1995年		
收入	0.3336*** (0.0433)	0.3356*** (0.0433)	0.3392*** (0.0434)	0.2874*** (0.0340)	0.3032*** (0.0401)	0.3077*** (0.0401)

① 由于1999年仅包含城镇样本，因此将其回归结果放在最后，仅供参考。

续表

Panel A						
代际流动相关性系数	(1) 1988 年			(2) 1995 年		
观测值	1186	1186	1186	1473	1473	1473
调整后 R^2	0.1161	0.1390	0.1481	0.0629	0.0823	0.0867
教育	0.1375*** (0.0102)	0.1307*** (0.0104)	0.1434*** (0.0103)	0.2335*** (0.0135)	0.2073*** (0.0128)	0.2135*** (0.0127)
观测值	5250	5250	5248	4164	4161	4161
调整后 R^2	0.2882	0.2906	0.3109	0.3783	0.4668	0.4721
社会地位	0.1788*** (0.0230)	0.1841*** (0.0230)	0.1899*** (0.0228)	0.2164*** (0.0257)	0.2194*** (0.0257)	0.2198*** (0.0257)
观测值	4233	4233	4232	3079	3079	3079
调整后 R^2	0.0330	0.0387	0.0550	0.3921	0.3933	0.3940
控制变量						
年龄	NO	YES	YES	NO	YES	YES
性别	NO	NO	YES	NO	NO	YES
城镇/农村	YES	YES	YES	YES	YES	YES

Panel B						
代际流动相关性系数	(3) 2002 年			(4) 2007 年		
收入	0.2767*** (0.0278)	0.2769*** (0.0279)	0.2793*** (0.0279)	0.2199*** (0.0253)	0.2304*** (0.0256)	0.2334*** (0.0256)
观测值	1802	1802	1802	1015	1015	1015
调整后 R^2	0.1833	0.1861	0.1882	0.1057	0.1288	0.1418
教育	0.2580*** (0.0126)	0.2128*** (0.0120)	0.2148*** (0.0121)	0.2913*** (0.0198)	0.2681*** (0.0206)	0.2680*** (0.0205)
观测值	5004	5004	5004	4099	4097	4097
调整后 R^2	0.3310	0.4062	0.4068	0.4173	0.4272	0.4275
社会地位	0.2850*** (0.0367)	0.2852*** (0.0367)	0.2882*** (0.0367)	0.3040*** (0.0446)	0.3009*** (0.0444)	0.3016*** (0.0446)
观测值	950	950	950	1015	1015	1015
调整后 R^2	0.1876	0.1889	0.1897	0.0718	0.0730	0.0731

续表

Panel B						
代际流动相关性系数	(3) 2002 年			(4) 2007 年		
控制变量						
年龄	NO	YES	YES	NO	YES	YES
性别	NO	NO	YES	NO	NO	YES
城镇/农村	YES	YES	YES	YES	YES	YES

Panel C						
代际流动性相关系数	(5) 2013 年			(6) 1999 年（仅城镇）		
收入	0.2488*** (0.0196)	0.2831*** (0.0198)	0.2847*** (0.0198)	0.3252*** (0.0501)	0.3391*** (0.0516)	0.3390*** (0.0516)
观测值	3132	3132	3132	711	711	711
调整后 R^2	0.0897	0.1236	0.1277	0.0876	0.0990	0.0990
教育	0.3688*** (0.0120)	0.3192*** (0.0124)	0.3127*** (0.0123)	0.2782*** (0.0297)	0.2432*** (0.0319)	0.2431*** (0.0320)
观测值	6850	6850	6850	809	809	809
调整后 R^2	0.2678	0.2906	0.3038	0.1152	0.1570	0.1587
社会地位	0.3429*** (0.0212)	0.3425*** (0.0212)	0.3382*** (0.0212)	0.2812*** (0.0386)	0.2810*** (0.0395)	0.2814*** (0.0395)
观测值	3036	3036	3036	693	693	693
调整后 R^2	0.1839	0.1840	0.1921	0.0784	0.0784	0.0813
控制变量						
年龄	NO	YES	YES	NO	YES	YES
性别	NO	NO	YES	NO	NO	YES
城镇/农村	YES	YES	YES	NO	NO	NO

注：①***、**、*分别表示在1%、5%、10%水平上显著；②括号中为稳健标准误；③在代际收入流动回归中，年龄控制变量包括子代、父代年龄及其平方项，其余仅包含子代年龄，用于控制子代个体特征；④在部分有流动人口样本的年份中，相应设置城镇/农村/流动人口虚拟变量。

①代际收入流动性

代际收入流动方面，根据表3-8的回归结果，图3-24描述了1988—

2013 年我国代际收入相关性系数（即代际收入弹性系数）[①]。可以看到，我国代际收入弹性呈现先下降后上升的“正 U 形”态势，先从 1988 年的 0.34“三连降”至 2007 年的 0.23，后又上升至 2013 年的 0.28。这意味着我国代际收入流动性先持续加强，近年来又有所减弱。这一现象可能与我国经济体制改革和发展规律息息相关。改革开放以来，党和国家的工作重心逐步转移至经济建设上来，我国经济迎来了发展的新纪元，然而受限于计划经济体制的诸多弊端，各经济主体的活力未能完全释放，直到 1992 年，我国确立了社会主义市场经济体制，创造性地将社会主义制度和市场经济融合起来，并在发展中逐步体现出了制度优势：一方面，我国是社会主义国家，生产资料全民共有，这在意识层面赋予每个个体以平等的身份，任何人只要有相应的能力，即便是底层人群，其后代都有可能通过努力获得向上流动的机会；另一方面，大力发展市场经济，充分释放市场主体的活力，经济发展欣欣向荣，为个体的社会流动创造了更多机会和可能。因此，1988 年之后我国代际收入流动性持续加强。而 2010 年以来，改革逐步步入了深水期和攻坚期，我国面临经济转型升级、产业结构调整等诸多难题，迎来了经济结构调整的“阵痛期”，相比于过往十数年，改革红利释放更为艰难，个体在社会中流动的机会相对较少，因此代际收入流动性又有所加强。但总体来看，我国代际收入弹性仍然整体呈现下降态势，从 1988 年的 0.34 下降到 2013 年的 0.28，这也是我国社会经济持续发展向好的累累硕果。

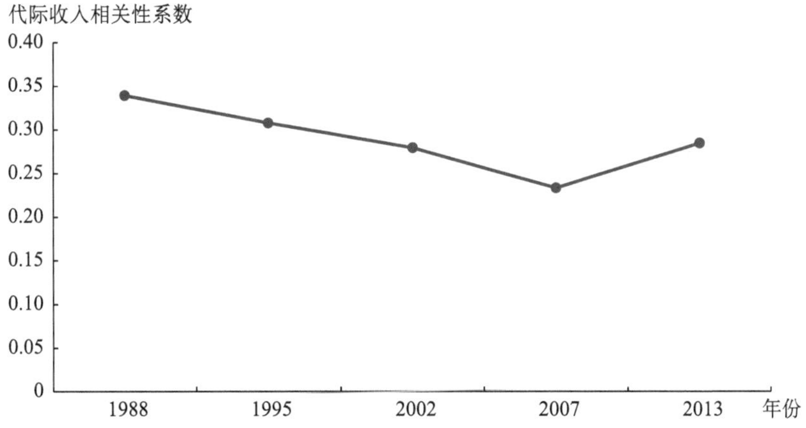

图 3-24　1988—2013 年我国代际收入流动性

① 此处为加入全部控制变量的回归系数，如无特别说明，下同。

更进一步地，为考察高、低收入阶层在代际流动性上的异质性，本书根据父代收入，以其收入中位数为界限将各年度样本划分为高收入组群和低收入组群，并进行了回归，代际收入弹性结果如图 3－25 所示①。可以看到，高收入组群的代际收入弹性总位于低收入组群之上，两者的相差幅度由小（1988 年为 0.09）变大（2002 年为 0.28）再变小（2013 年为 0.07）；在变化趋势上，高收入群体先是从 1998 年的 0.38 上升到 1995 年的 0.50，而后又连续下降至 2007 年的 0.28，再上升至 2013 年的 0.37，低收入群体则同整体趋势一致，先从 1988 年的 0.29 “三连降” 至 2007 年的 0.13，再上升至 2013 年的 0.30。上述结果意味着我国低收入人群的代际收入流动性要高于高收入人群，而且整体社会代际收入流动性的改善主要来自低收入人群。这一结果并不意外，社会主义市场经济体制确立以来，市场活力得以充分释放，工业化建设如火如荼，这使劳动力需求大大增加，因此，伴随农村劳动力的大规模迁移，大量低收入者的后代获得了提高自身收入的机会，代际收入弹性显著降低。而对于高收入群体而言，改革尚未真正触及其利益，或者说处于收入高位的个体原本就是既有制度的受益者，改革只是“锦上添花”而非“雪中送炭”，因此遵循边际收益递减规则，高收入群体代际收入弹性下降程度相对较低。2010 年之后，随着改革逐渐步入深水期，改革红利释放相对放缓，高、低收入群体代际收入弹性又有所回升。

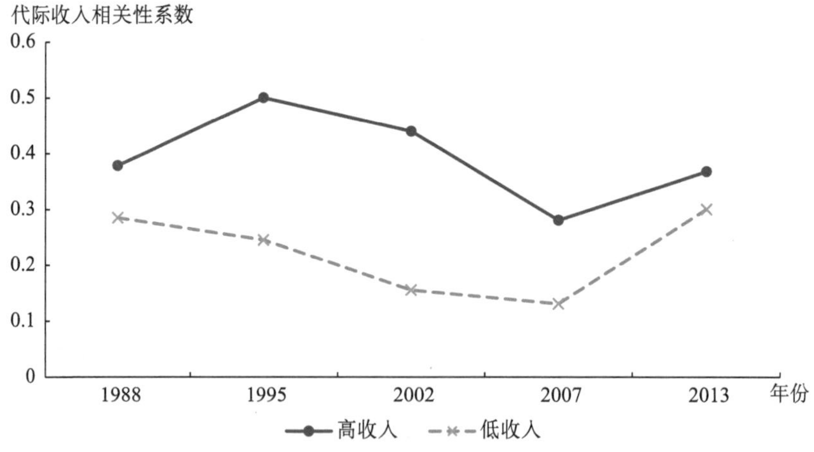

图 3－25　分高、低收入 1988—2013 年我国代际收入流动性

---

① 所有回归系数都在 1% 水平上显著。

②代际教育流动性

代际教育流动方面，根据表3-8的回归结果，图3-26描述了1988—2013年我国代际教育相关性系数。可以看到，我国代际教育弹性呈现逐年上升的态势，从1988年的0.14攀升至2013年的0.31。这意味着我国代际教育传递在持续加强，代际教育流动性逐步减弱，与代际收入流动性变化趋势正好相反。这一现象可能有以下两个解释：第一，虽然一个人的受教育年限通常被认为是决定收入的关键变量，但代际收入流动的改善可能更大程度与我国社会经济发展所创造的客观条件相关，而与以受教育年限代表的个人能力与素质的相关性相对较小；第二，如果将个人的受教育年限视为家庭和社会对子代的人力资本投资，那么这种投资对其未来收入的影响可能在下降。

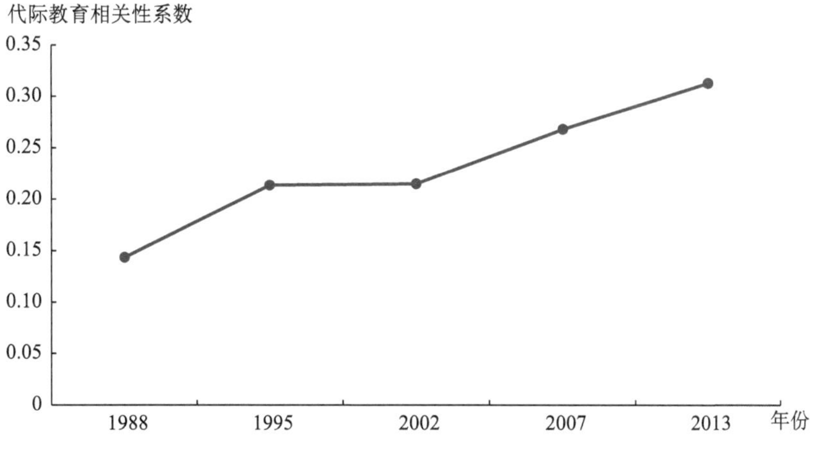

图3-26　1988—2013年我国代际教育流动性

更进一步地，为考察受教育程度不同的群体在代际流动性上的异质性，本书根据父代受教育年限，以其中位数为界限将各年度样本划分为高受教育组群和低受教育组群，并进行了回归，代际收入弹性结果如图3-27所示①。可以看到，高受教育组群的代际教育弹性总位于低收入组群之上，两者的相差幅度由1988年的0.12上升至2013年的0.25。在变化趋势上，高受教育群体基本与整体趋势保持一致，除2002年有轻微下降外，其余年份都持续上升，最终由1988年的0.24上升至2013年的0.43；低受教育群体则呈现振荡

① 所有回归系数都在1%水平上显著。

波动的趋势，代际教育相关性系数先是在1995年有一较大幅度的增加，从1988年的0.11增加到1995年的0.22，而后又振荡下降至2013年的0.17。这意味着我国低受教育人群的代际教育流动性要高于高受教育人群，两者的流动性差异有进一步加大的趋势，而且社会整体代际教育流动性的加强主要来自高受教育人群。

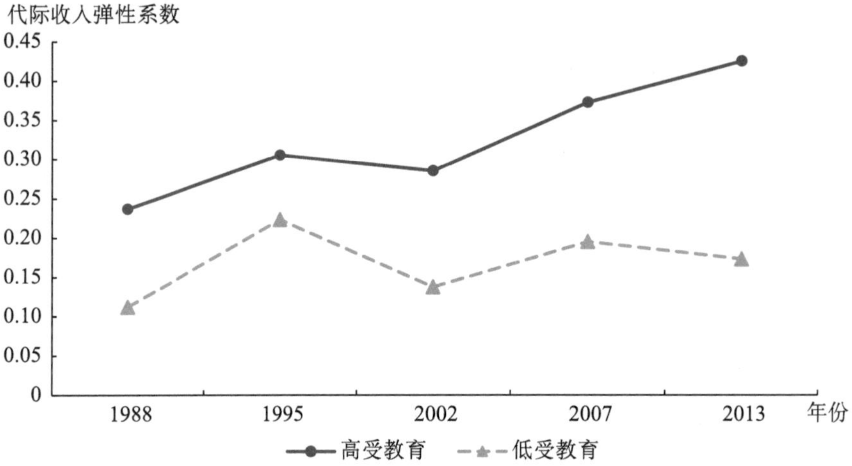

图3-27 分高、低受教育情况1988—2013年我国代际教育流动性

上述结果实际上体现了教育对社会代际流动的两种作用。传统的代际流动研究表明，教育对于社会流动性是一把“双刃剑”，因为社会底层的后代可以通过教育获得更多向上流动的渠道，摆脱原有社会地位的影响；但教育也具有明显的自我实现和阶层再生产的特征，因而可能成为加强代际传递、固化社会阶层的利器。这两种作用分别在高教育群体和低教育群体上体现得淋漓尽致。首先对于高受教育群体，因其受教育程度较高，相对而言思想观念先进并且占据更多的社会资源，因此更有能力、也更有意愿为其子代进行人力资本投资，由此代际教育得以传递；与此同时，随着改革的不断深化，改革红利短期内难以释放，处于高社会阶层的群体越来越倾向于通过子女教育来体现其优势（Chen，2010），对于本身受教育程度较高的群体来说更是如此，因此代际教育传递性有持续加强的趋势。对于低受教育群体，教育则是为其后代提供了一个改变“命运”的机会，通过教育，低受教育群体子代就有可能凭借自己的努力提高自身受教育程度和综合素质，改善在社会中所处的位置，进而减弱代际传递。但需要看到，与高受教育群体不同，低受教育群体通常占有较少的社会资源，对子女进行人力资本投资的能力有限，因此上述过程的成败有赖于教育机会均等的实现程度，即社会能为所有人提供较为公平的教育机会，这与我国公共教育领域所提出的教育均等化目标相吻合。20 世纪 90 年代以来，无论是“普九”工程的大力实施，还是高等教育扩招，无论是积极发展高中教育，还是强化学前教育供给责任，各级政府都在加大财政教育支出力度，积极为社会提供较为公平的教育服务，尤其是进入 21 世纪，财政教育支出更多地偏向农村地区以及中西部困难地区、边远地区，这在很大程度上能够弥补低受教育群体对子代人力资本投资的缺陷①，因此随着财政教育支出的增加，近年来其代际教育流动性有所回升。

③代际社会地位流动性

代际社会地位流动方面，根据表 3 - 8 的回归结果，图 3 - 28 描述了 1988—2013 年我国代际社会地位相关性系数。可以看到，同代际教育流动相一致，我国代际社会地位弹性呈现逐年上升的态势，从 1988 年的 0. 19 攀升至 2013 年的 0. 34。这意味着我国代际社会地位传递在持续加强，代际社会地位流动性逐步减弱。这一现象可能有以下两个原因：

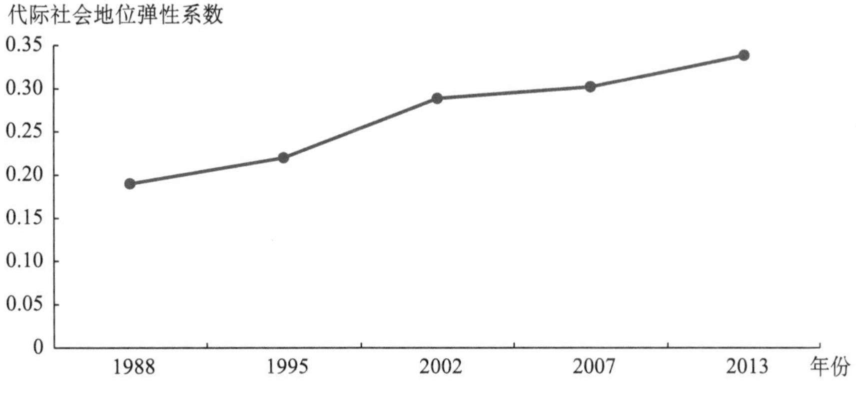

图 3 - 28　1988—2013 年我国代际社会地位流动性

首先，从个体角度出发，我国自古以来就有“子承父业”的传统，子女在成长过程中会受到父母社会地位的渗透，因此在自身社会地位形成的过程中会自觉或不自觉地向其靠近。比如，父母的政治身份若为党员，则

① 而对于高受教育群体而言，财政教育支出对其子代的作用远不及家庭投资。

子代就有较大概率在日常生活中受到党性熏陶、接受党性教育，因此政治觉悟较高，成年后更有意愿加入党组织；再如，父母的职业，一方面，子代在成长过程中会自觉接受来自父母职业的信息，对其了解程度更深，因此在选择专业和工作时可能会自觉倾向于向其靠近，另一方面，父母倾向于认为若“子承父业”，则其形成的社会关系网将对子代未来的职业发展大有裨益，因此子代也会在不自觉中受到父母职业的影响。其次，从社会角度出发，改革开放以来的一系列重大改革推动了社会的整体向前，但各社会阶层的相对壁垒尚未真正打破，由此带来的结果可能是从“金字塔”的下几层整体向上跃升，差的变好，好的更好，相对位置难以短时间改变。

综上所述，综合代际收入、教育、社会地位流动性的变动趋势来看，可以发现：在代际收入流动性逐步改善的过程中，我国教育、社会地位代际流动性却在持续减弱。这给我们带来了一定启示：我国社会和经济发展成果斐然，为加强社会代际流动性提供了有利的客观条件，但要从根本上撼动代际社会阶层，可能还需从个体的能力与素质方面入手，尤其是在改革逐步步入深水期、改革红利难释放的当下，如何进一步改善社会代际流动性，将是一项重要议题，而公共教育在此或将大有可为。

（2）社会代际流动性的城乡差异

城乡二元结构是我国在社会经济发展中以自然地理空间差异为起点、因户籍制度、产业结构、政策差异等形成的城镇、农村发展不对等现象，这一不对等是我国发展中固有的、不可回避的客观事实，因此本书将进一步考察社会代际流动性的城乡差异。

分城乡社会代际流动性的基本回归结果如表 3－9 所示，（1）—（5）分别对应 1988 年、1995 年、2002 年、2007 年、2013 年[①]。各年度回归中，横向第一行、第二行、第三行分别为代际收入、教育、社会地位流动相关回归结果。(1)、(2)、(4) 纵向第一列为城镇样本回归结果，第二列为农村样本回归结果；(3)、(5) 在此基础上进一步对流动人口样本进行了回归，并相应置于第三列，所有回归都加入性别、年龄控制变量。回归结果显示，各年度城乡代际收入、教育、社会地位相关性系数都在 1% 水平上显著为正，进一步验证了父代社会阶层对子代社会阶层的传递性。具体来看：

① 1999 年仅包含城镇样本的回归结果见表 3－8 的（6）。

表 3-9　　分城镇、农村社会代际流动性基本回归结果（城乡差异）

Panel A

代际流动相关性系数	(1) 1988 年		(2) 1995 年		(4) 2007 年	
	城镇	农村	城镇	农村	城镇	农村
收入	0.3158***	0.4298***	0.2002***	0.4412***	0.3245***	0.1889***
	(0.0427)	(0.1515)	(0.0428)	(0.0668)	(0.0485)	(0.0298)
观测值	1107	79	1202	271	338	677
调整后 R^2	0.4010	0.4019	0.0484	0.2442	0.1781	0.1194
教育	0.1372***	0.1489***	0.2414***	0.2003***	0.3556***	0.2295***
	(0.0137)	(0.0142)	(0.0195)	(0.0167)	(0.0446)	(0.0614)
观测值	1912	3336	1303	2858	956	686
调整后 R^2	0.0728	0.0876	0.1702	0.2377	0.1787	0.0778
社会地位	0.2583***	0.1638***	0.3015***	0.1053***	0.2617***	0.3223***
	(0.0262)	(0.0298)	(0.0325)	(0.0403)	(0.0581)	(0.0581)
观测值	1182	3050	886	2193	329	329
调整后 R^2	0.0902	0.0462	0.0904	0.0116	0.0691	0.0764
控制变量						
年龄	YES	YES	YES	YES	YES	YES
性别	YES	YES	YES	YES	YES	YES

Panel B

代际流动相关性系数	(3) 2002 年			(5) 2013 年		
	城镇	农村	流动	城镇	农村	流动
收入	0.3976***	0.2276***	0.4301***	0.3850***	0.2523***	0.4297***
	(0.0418)	(0.0338)	(0.1525)	(0.0402)	(0.0229)	(0.1201)
观测值	1134	615	93	886	2152	94
调整后 R^2	0.0877	0.1062	0.2780	0.1813	0.1082	0.2647
教育	0.2368***	0.1993***	0.0617	0.3754***	0.2789***	0.3013***
	(0.0258)	(0.0152)	(0.1166)	(0.0205)	(0.0156)	(0.0858)
观测值	1466	3448	90	1928	4764	158
调整后 R^2	0.2118	0.1660	0.2953	0.2065	0.1561	0.1394

续表

Panel B						
代际流动相关性系数	(3) 2002 年			(5) 2013 年		
	城镇	农村	流动	城镇	农村	流动
社会地位	0.3530***	0.2264***	0.6511***	0.4154***	0.2682***	0.5468***
	(0.0666)	(0.0453)	(0.1470)	(0.0336)	(0.0272)	(0.0978)
观测值	230	673	47	855	2088	93
调整后 R^2	0.1368	0.0544	0.4345	0.1802	0.0867	0.2539
控制变量						
年龄	YES	YES	YES	YES	YES	YES
性别	YES	YES	YES	YES	YES	YES

注：①***、**、*分别表示在1%、5%、10%水平上显著；②括号中为稳健标准误。

代际收入流动性方面，根据表3－9的回归结果，图3－29描述了我国城镇、农村、流动人口的代际收入弹性系数的变动趋势。可以看到，1988—2007年，城镇代际收入弹性变动呈现波动态势，总体上先下降（从1988年的0.32下降到1995年的0.20）后上升（2007年为0.32），农村则基本保持下降态势（从1988年的0.43下降到2007年的0.19），2013年两者都有所上升（城镇为0.39，农村为0.25）。流动人口代际收入弹性基本保持不变（2002年和2013年都为0.43）。从相对位置来看，2002年之前农村代际收入弹性大于城镇，而在2002年城镇反超农村，并且这一趋势在2007年和2013年得以延续，流动人口代际收入弹性则一直处于最高位。上述结果表明，我国城镇代际收入流动性先加强后减弱，农村则是持续加强；2002年以前城镇流动性高于农村，2002年及之后发生逆转。这一现象可能与体制改革和政策推进的渐进性相关。20世纪80年代以来，我国一系列重大改革大多采取先城镇、后农村、城市带动农村发展的模式，因此改革红利可能最先惠及城镇地区，城镇个体的子代有更多机会改善自身收入水平，代际流动性加强。而后，随着城镇化和农村劳动力大规模转移，改革红利逐步扩大到农村地区，农村代际收入流动性得以加强。同时，遵循边际效用递减的规律，改革红利在农村地区虽有时滞，但其带来的边际效用要大于城镇地区，因此，随着时间的推移，农村的代际流动性持续加强并超过了城镇地区。此外，我们还可以发现，流动人口的代际收入流动性最低，这在我国户籍制度较为严格的情况下并不意外。20 世纪八九十年代，我国多数民生政策与户籍紧密挂钩，如教育、医疗、社会保障，而流动人口最突出的特征即户籍与经常居住地不同，其子代难以在流动地接受较好的公共服务或只能被迫成为留守儿童，因而代际流动性相对较弱。

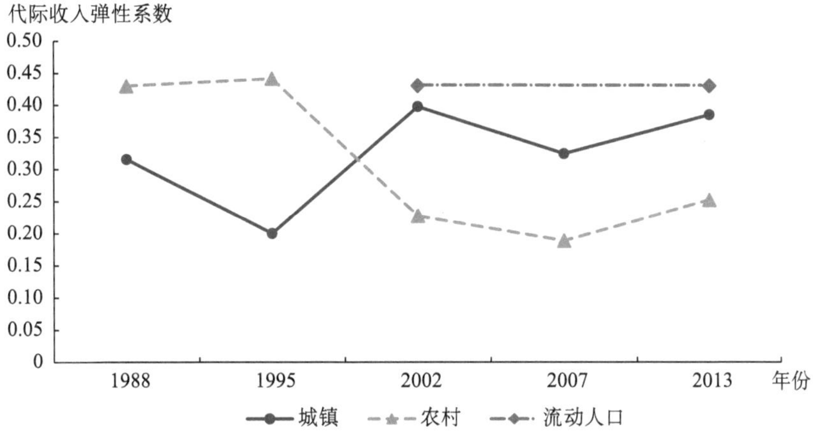

图 3－29　1988—2013 年我国代际收入流动城乡差异

代际教育流动性方面，根据表 3－9 的回归结果，图 3－30 描述了我国城镇、农村[①]代际教育相关性系数的变动趋势。可以看到，1988—2013 年，不论城镇还是农村，代际教育相关性系数都呈现总体上升的态势：前者从 1988 年的 0.13 上升到 2013 年的 0.38，后者从 1988 年的 0.15 上升到 2013 年的 0.30。从相对位置来看，除 1988 年农村略高于城镇外，其他各年份城镇代际教育相关性都大于农村。这一结果表明，我国城乡代际教育流动性在逐步减弱，但总体而言农村的流动性要高于城镇。与代际教育流动的整体趋势（图 3－26、图 3－27）相对比，可以发现：第一，整体流动性减弱的趋势在城镇样本和农村样本上都得以体现，这似乎不是一件令人欣喜的事，因为这表明无论是在农村还是城镇，子代受教育程度受父代受教育程度的影响在不断加深，将不利于改善收入分配、促进社会公平；第二，虽然在通常情况下，我们习惯于将农村群体与低受教育群体画上等号，但是从代际教育流动的变动趋势上看，农村群体的减弱趋势更加明显。在上文我们提到低受教育群体

① 由于流动人口代际教育流动相关系数仅在 2013 年结果显著，难以反映其变动趋势，因此此处暂不做讨论。

代际教育流动性近年来有所改善的原因可能在于公共教育政策的政策倾向，但这一倾向并未扭转农村代际教育流动性减弱的趋势，这可能在一定程度上表明农村地区依然存在教育机会不均等的问题，或是公共教育资源分布不均等导致"学无可上"，或是家庭、个人主观观念对教育的不重视导致"失学辍学"。

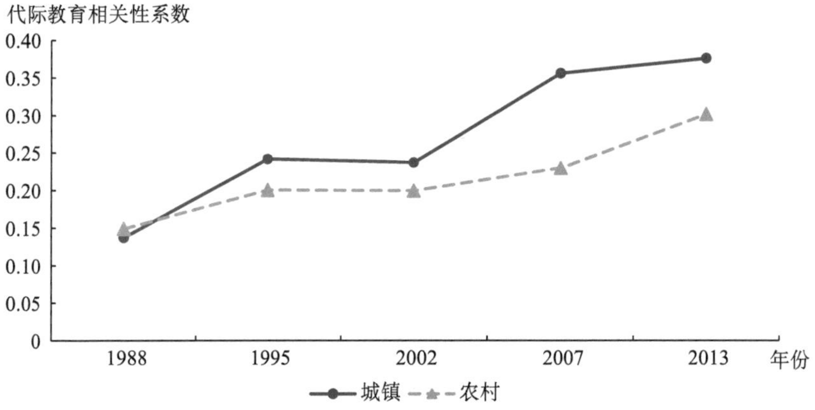

图 3－30　1988—2013 年我国代际教育流动城乡差异

代际社会地位流动性方面，根据表 3－9 的回归结果，图 3－31 描述了我国城镇、农村、流动人口代际社会地位相关性系数的变动趋势[①]。可以看到，1988—2013 年，城镇代际社会地位相关性系数呈增长态势，从 1988 年的 0.26 增长到 2013 年的 0.42；农村呈现先下降后上升的态势，从 1988 年的 0.16 下降到 1995 年的 0.11，再上升到 2013 年的 0.27；流动人口呈现下降趋势，从 2002 年的 0.65 下降到 2013 年的 0.55。从相对位置来看，流动人口代际社会地位相关系数最大，城镇次之，农村最低。这一结果表明，我国城镇和农村的代际社会地位流动性总体上都在减弱，后者流动性要高于前者，这与教育代际流动性的城乡差异相一致。继续观察城乡收入、教育、社会地位代际流动性的变动趋势，可以发现，农村代际收入流动性变动与教育、社会地位流动性的变动方向相反，而城镇这一反向关系并不明显。这侧面印证了收入流动性的改善可能更多源于社会经济发展所创造的客观外在环境的转变，而以教育和社会地位为代表的个人能力与综合素质在其中发挥的作用较小。

① 根据本书对社会地位的衡量方法，CHIPS2007 在城镇样本缺失政治身份变量，在农村样本缺失政治身份和单位所有制性质两个变量，因此回归结果可能存在误差，故此处暂未将 2007 年纳入。

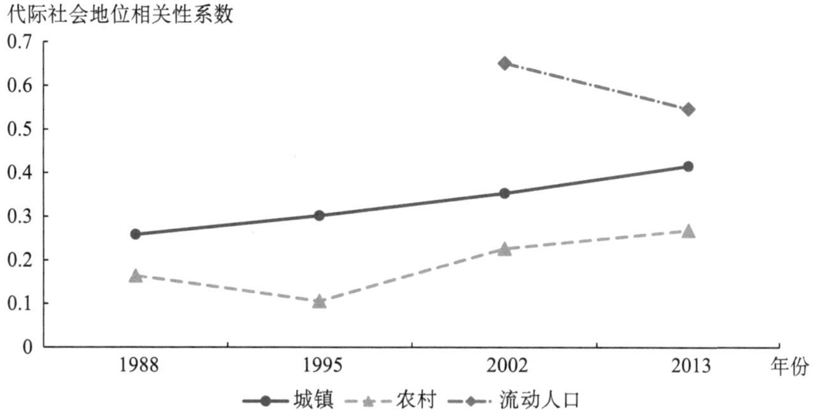

图 3 - 31　1988—2013 年我国代际社会地位流动城乡差异

(3) 社会代际流动性的代群差异

改革开放以来，随着一系列重大改革的逐步推进，我国社会经济发生了翻天覆地的变化，为了控制不同出生年代子代因社会客观环境差异而形成的“代群效应”（Cohort effect），本书将进一步考察社会代际流动性的代群差异。

分出生年代社会代际流动性的基本回归结果如表 3 - 10 所示，（1）—（4）分别使用出生于 1940—1959 年[①]、1960—1969 年、1970—1979 年、1980—1990 年[②]的子代样本与其相匹配的父代样本进行回归。各回归中，横向第一行、第二行、第三行分别为代际收入、教育、社会地位流动相关回归结果。所有回归都加入性别、年龄、城镇/农村控制变量，同时，为了控制 CHIPS 不同调查年份对回归结果可能造成的影响，本书进一步加入了调查年份控制变量。回归结果显示，不同出生年代的代际收入、教育、社会地位相关性系数都在 1% 水平上显著为正，验证了父代社会阶层对子代社会阶层的传递性。具体来看：

根据表 3 - 10 的回归结果，可以看到，代际收入流动性方面，“60 后”“70 后”“80 后”的代际收入弹性逐步降低（“60 后”为 0.31，“70 后”为 0.30，“80 后”为 0.28）[③]，表明我国代际收入流动性持续改善。代际教育流

① 由于 1959 年之前的子代样本较少，并且数据缺失较为严重，故将其合并。

② 由于在进行样本处理时，为保证样本的代表性，提出了子代小于 23 岁的样本，也就是说，“90 后”子代仅包含在 CHIPS2013，且出生年份仅有 1990 年，故直接将其并入“80 后”行列。

③ 若进行更细程度的划分，即以“60 后”“65 后”“70 后”“75 后”……进行划分，这一趋势则是呈现振荡下降的态势。

动性方面，“50后”“60后”“70后”“80后”的代际教育相关系数依次增加（“50后”为0.11，“60后”为0.19，“70后”为0.26，“80后”为0.32），表明我国代际教育流动性持续减弱。代际社会地位流动性方面，相关系数对出生年代先上升后下降（“50后”为0.27，“60后”为0.30，“70后”为0.44，“80后”为0.33），表明我国代际社会地位流动性先加强后减弱，但总体而言呈减弱态势。这一结果与上文代际流动性的时间变动趋势基本保持一致。

表3-10　分出生年代社会代际流动性基本回归结果

Panel A						
代际流动相关性系数	(1) 1940—1959年	(2) 1960—1969年	(2.1) 1960—1964年	(2.2) 1965—1969年	(3) 1970—1979年	(3.1) 1970—1974年
收入	0.1636** (0.0809)	0.3122*** (0.0371)	0.3688*** (0.0524)	0.2923*** (0.0471)	0.2982*** (0.0212)	0.3259*** (0.0342)
观测值	257	2098	1068	1030	3366	1674
调整后 R^2	0.8233	0.7991	0.8611	0.6706	0.3775	0.2569
教育	0.1115*** (0.0191)	0.1885*** (0.0093)	0.1651*** (0.0124)	0.2148*** (0.0141)	0.2647*** (0.0101)	0.2779*** (0.0132)
观测值	1716	6751	3671	3080	9680	4573
调整后 R^2	0.4981	0.3609	0.3318	0.3979	0.4181	0.4325
社会地位	0.2711*** (0.0612)	0.2998*** (0.0190)	0.3148*** (0.0252)	0.2810*** (0.0287)	0.4359*** (0.0211)	0.4556*** (0.0272)
观测值	953	4932	2852	2080	3658	2415
调整后 R^2	0.2595	0.4140	0.4124	0.4177	0.3305	0.3943
控制变量						
年龄	YES	YES	YES	YES	YES	YES
性别	YES	YES	YES	YES	YES	YES
城镇/农村	YES	YES	YES	YES	YES	YES
调查年份	YES	YES	YES	YES	YES	YES

续表

Panel B					
代际流动相关性系数		(4) 1980—1990 年			
	(3.2) 1975—1979 年		(2.1) 1980—1984 年	(2.2) 1985—1989 年	(2.3) 1990 年
收入	0.2705 *** (0.0268)	0.2830 *** (0.0182)	0.2823 *** (0.0284)	0.2591 *** (0.0250)	0.3714 *** (0.0562)
观测值	1692	3598	1315	1802	481
调整后 R^2	0.4774	0.7342	0.8415	0.0973	0.2061
教育	0.2527 *** (0.0154)	0.3237 *** (0.0121)	0.2821 *** (0.0176)	0.3647 *** (0.0194)	0.3207 *** (0.0356)
观测值	5107	8022	3794	3308	920
调整后 R^2	0.3914	0.3110	0.3759	0.2619	0.2274
社会地位	0.3981 *** (0.0343)	0.3274 *** (0.0204)	0.3196 *** (0.0351)	0.3444 *** (0.0279)	0.2918 *** (0.0535)
观测值	1243	3505	1284	1749	472
调整后 R^2	0.2321	0.2044	0.2396	0.2004	0.1395
控制变量					
年龄	YES	YES	YES	YES	YES
性别	YES	YES	YES	YES	YES
城镇/农村	YES	YES	YES	YES	YES
调查年份	YES	YES	YES	YES	YES

注：① ***、**、* 分别表示在 1%、5%、10% 水平上显著；②括号中为稳健标准误；③由于生于 1959 年及以前的子代样本量较小，因此将其全部并入了回归（1）当中；④由于生于 20 世纪 90 年代的子代样本仅包括 1990 年，样本量较小，因此将其归入回归（4）。

3.3　关于财政教育支出和社会代际流动性的初步探讨

在厘清我国财政教育支出和社会代际流动性现状的基础之上，本书进一步尝试利用散点图来初步探讨两者的关系，以期为后文研究提供部分事实证据。基于 CHIPS2013，本书测算了各省份 2013 年的代际流动相关系数①，并以其为纵轴，以 1998—2013 年地区财政教育平均支出为横轴，绘制成系列散点图。具体来看：

财政教育支出规模方面，图 3－32—图 3－34 描述了我国部分地区②财政教育支出规模与代际流动相关系数的关系。可以看出，无论使用国家财政性教育经费，还是使用其占 GDP 的比重，或是使用公共财政预算教育经费占财政支出的比重，财政教育支出规模都与社会代际流动相关系数（包括收入、教育、社会地位）呈显著负相关关系，即随着财政教育支出规模的增加，社会代际流动性加强。

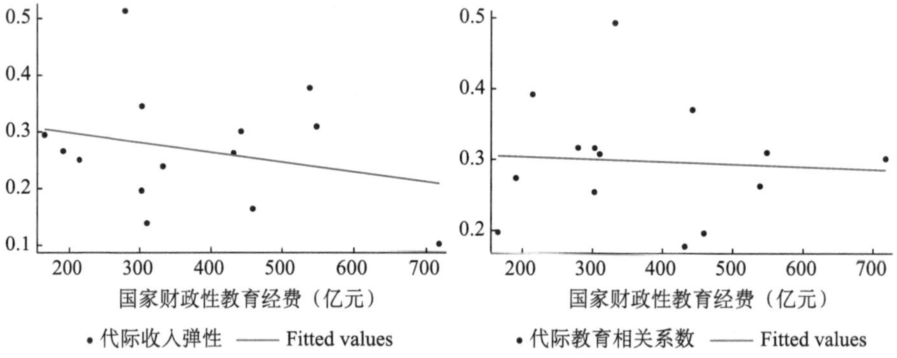

图 3－32　国家财政性教育经费与代际弹性

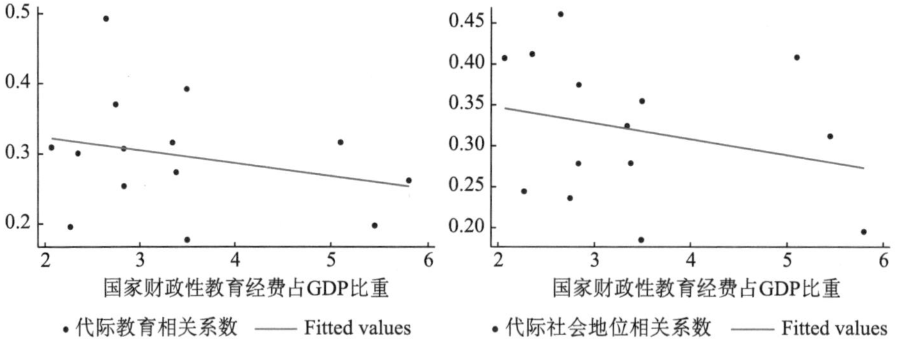

图 3－33　国家财政性教育经费占 GDP 比重与代际弹性

---

① 结果都在 1% 水平上显著。

② 即 CHIPS2013 样本所涵盖的地区，包括山西、辽宁、江苏、安徽、山东、河南、湖北、湖南、广东、重庆、四川、云南、甘肃。

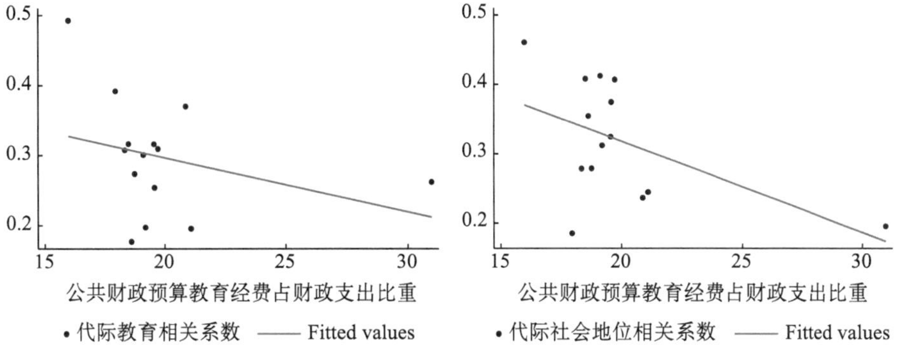

图 3-34　公共财政预算教育经费占财政支出比重与代际弹性

财政教育支出结构方面，图 3-35、图 3-36 分别描述了我国部分地区高等教育、基础教育[①]国家财政性教育经费与代际流动相关系数的关系。可以看出，无论是高等教育还是基础教育，财政教育支出都与社会代际流动相关系数（包括收入、教育、社会地位）呈显著负相关关系，即随着支出的增加，社会代际流动性加强，但两者下降趋势的强弱有所不同。

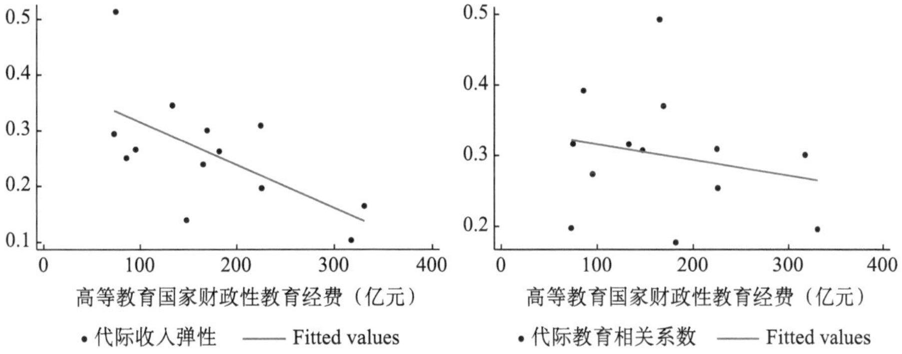

图 3-35　高等教育国家财政性教育经费与代际收入

财政教育支出的责任分担方面，图 3-37、图 3-38 分别描述了我国部分地区中央、地方国家财政性教育经费与代际流动相关系数的关系。可以看出，无论是中央还是地方，财政教育支出都与社会代际流动相关系数（包括收入、教育、社会地位）呈显著负相关关系，即随着支出的增加，社会代际流动性加强，但两者下降趋势的强弱有所不同，初步来看，代际流动性对中央支出

① 基础教育包括学前教育、小学教育、中学教育。

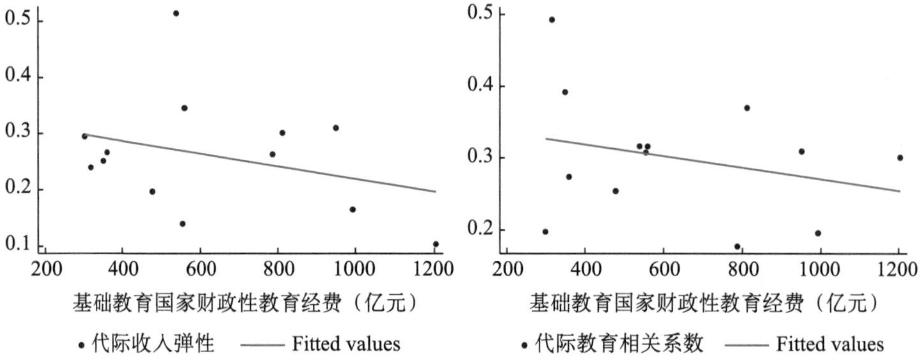

图 3－36　基础教育国家财政性教育经费与代际收入

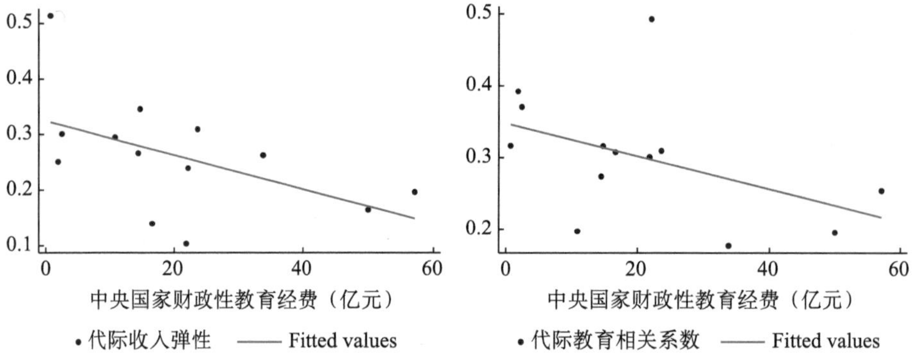

图 3－37　中央国家财政性教育经费与代际弹性

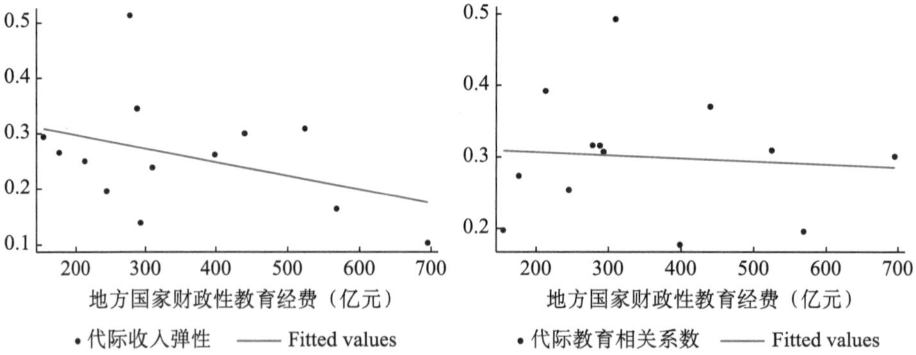

图 3－38　地方国家财政性教育经费与代际弹性

增加而改善的趋势更为明显，具体情况有待下文进行更为严谨的理论探究和实证检验。

3.4　本章小结

本章主要对我国财政教育支出和社会代际流动性的现状进行了分析，在此基础上，进一步尝试使用散点图来初步探讨两者的关系，以期为后文研究提供部分事实证据。

财政教育支出方面，本章首先对新中国成立以来财政教育体进行了一个简要的梳理，将其分为以“中央集权，分级负责”为特点的萌芽期，以“条块结合，块块为主”为特点的探索期，以“分灶吃饭，分级包干”为特点的调整期，分税制改革下财政教育体制的初创期，公共财政下财政教育体制的建设期，以及现代财政制度下财政教育体制的完善期，并据此总结出我国财政教育体制改革主要遵循的三个脉络，以及在财政教育支出上的具体体现：规模、结构与政府间责任分担。进一步来看，本章分规模、结构、责任分担三个问题，对其支出现状进行了分析。首先，在规模问题上，使用财政教育支出、财政教育支出增长率、财政教育支出占 GDP 的比重、财政教育支出占总教育经费的比重、财政教育支出占财政支出的比重 5 个指标衡量全国及地区（省）层面财政教育支出的规模，结果显示，我国财政教育支出规模总体呈现上升态势。其次，在结构问题上，本书分普通高等学校、中等职业学校、普通高中、普通初中、普通小学、幼儿园，使用各级教育阶段财政教育支出及增长率、占总财政教育支出的比重、占总教育经费的比重、生均财政教育支出 5 个指标衡量全国及地区（省）层面财政教育支出的结构，结果显示，我国财政教育支出结构呈现出“支持各教育阶段共同发展、向义务教育倾斜”的特点。最后在责任分担问题上，本书使用中央和地方财政教育支出、增长率、占总财政教育支出的比重 3 个指标来衡量全国层面、地区层面、各级教育阶段中央与地方财政教育支出责任分担机制，结果发现，我国财政教育支出的责任分担呈现出“中央地方共担责任、以地方政府为主”的特点。

社会代际流动性方面，本章使用 1988 年、1995 年、1999 年、2002 年、2007 年和 2013 年中国家庭收入调查（CHIPS），从经济地位、教育、社会地位三个角度分析了我国各年度社会代际流动性及其变化趋势。结果显示：父代社会阶层和子代社会阶层确实存在正向相关性，但总体来看，相较于其他国家，我国社会代际流动性还尚未进入令人警惕的低位。从变化趋势来看：

第一，代际收入流动性先持续改善，近年来又有所减弱；低收入人群的代际收入流动性要高于高收入人群，而且整体社会代际收入流动性的改善主要来自低收入人群。第二，代际教育流动性逐步减弱；低受教育人群的代际教育流动性要高于高受教育人群，两者的差异有进一步加大的趋势，而且社会整体代际教育流动性的减弱主要来自高受教育人群。第三，代际社会地位传递持续加强，代际社会地位流动性逐步减弱。城乡异质性分析发现：第一，城镇代际收入流动性先改善后减弱，整体呈现减弱态势，农村则是持续改善，2013 年有所减弱；从两者的相对位置来看，2002 年以前城镇流动性高于农村，2002 年及之后发生逆转。第二，城乡代际教育、社会地位流动性整体逐步减弱，但总体而言农村的流动性要高于城镇。第三，流动人口的流动性处于最低位。代群异质性分析发现："60 后""70 后""80 后"的代际收入流动性持续改善，代际教育流动性持续减弱，代际社会地位流动性先加强后减弱，但总体而言呈减弱态势。最终对比收入、教育、社会地位代际流动性的变动趋势和异质性，可以发现：第一，在代际收入流动性逐步改善的过程中，我国教育、社会地位代际流动性却在减弱；第二，近年来，代际收入、教育、社会地位流动性都有减弱的趋势。这可能表明收入流动性的改善更多源于社会经济发展所创造的客观外在环境的转变，而以教育和社会地位为代表的个人能力与综合素质在其中发挥的作用较小。

关系初探方面，本书尝试利用散点图来初步探讨财政教育支出与社会代际流动性的关系，结果显示，无论是规模、结构还是责任分担，无论使用绝对指标还是相对指标，财政教育支出都与社会代际流动相关系数（包括收入、教育、社会地位）呈负相关关系，这意味着随着财政教育支出的增加，社会代际流动性逐步加强，初步验证了两者的关系，为后文的研究提供了部分事实证据。

第 4 章　财政教育支出对社会代际流动性影响的理论分析

上一章，本书使用散点图初步探讨了财政教育支出与社会代际流动性的关系，结果显示，无论是规模、结构还是责任分担，财政教育支出都与社会代际流动相关系数呈负相关变动趋势，初步验证了两者的关系。在这一事实证据的支撑下，本章将进一步从理论层面探讨财政教育支出与社会代际流动性的关系。

从既有文献来看，Solon（2004）被认为是研究公共教育支出与社会代际流动性关系的开创者，Solon 首次将公共教育支出纳入 Becker 和 Tomes（1976）代际传递的人力资本模型，认为子代同时接受来自家庭和政府的人力资本投资，通过模型分析，指出代际收入弹性系数与公共教育支出相关。在 Solon（2004）的基础上，Mayer 和 Lopoo（2008）进一步引入家庭借贷约束来解释代际收入弹性为何会随财政教育支出的提高而下降，模型分析发现，当政府教育支出增加，子代受教育成本将下降，对于低收入家庭而言，原本面临的借贷约束会因此得以缓解，子代将获得更多的人力资本投资，而对于高收入家庭，这一作用较小。这样来看，由于政府教育支出的存在，缩小了不同收入水平家庭子代的人力资本投资差异，代际弹性降低，代际流动加强。

本章将继续沿着 Solon（2004）、Mayer 和 Lopoo（2008）的研究思路，拟建立两代人三期的世代交叠模型、两代人五期的世代交叠模型，引入两级政府的世代交叠模型，分别探讨财政教育支出规模、结构、责任分担对社会代际流动性的影响。可能的创新之处在于：当前国内的相关研究多是从实证方面考察了财政教育支出规模与代际流动性的关系，普遍缺乏理论基础的支撑，尤其是在结构和责任分担问题层面。因此，本书的理论研究进一步丰富和完善了国内现有的理论研究，在一定程度上弥补了关于政府教育支出结构和责任分担机制对代际流动性影响的理论空缺。

4.1 两代人三期的世代交叠模型

4.1.1 模型设定

参照 Diamond（1965）、Becker 和 Tomes（1979，1986）以及 Solon（2004），本节构建了一个包含两代人三期的世代交叠模型来探讨政府财政教育支出规模对社会代际流动性的影响。假定经济中的决策主体为家庭，一个家庭包含父代和子代两代人，每代人存活三期，分别为少年（0 期）、壮年（1 期）和老年（2 期）。其中少年时期为受教育期，不工作且无收入来源，不做决策，依靠其壮年期父母抚养。壮年时期为工作期，成为父代，获取收入并对其用途进行决策，主要用于三个方面：本期消费、对少年子代进行人力资本投资、为老年进行储蓄。老年时期为退休期，不工作、无收入来源，不做决策，主要利用壮年期储蓄进行消费。具体家庭组成及行为如图 4－1 所示。

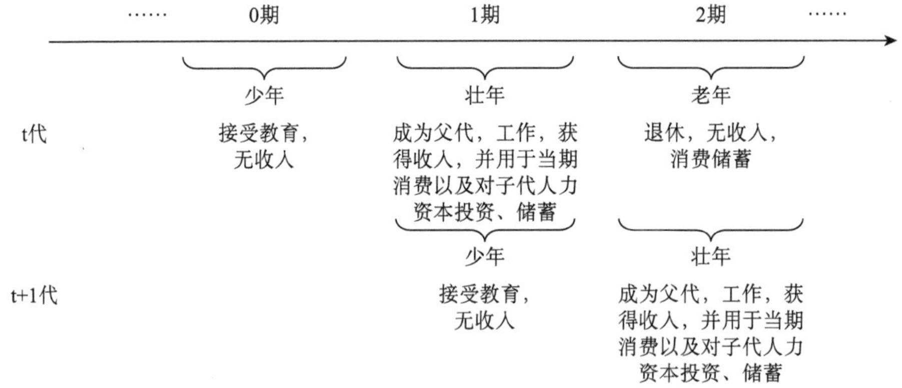

图 4－1　两代人三期世代交叠模型—家庭组成及行为

为便捷模型推导，此处本书使用个体收入作为个体所处社会阶层的代理变量，社会代际流动性即使用代际收入流动性作为代理变量。假定个体收入由自身人力资本积累和社会发展程度决定，则出生于 $t+1$ 期的子代，其收入可写为：

$$\ln Y_{t+1} = \varepsilon + \delta \ln H_{t+1} \qquad (4-1)$$

其中，Y_{t+1}为子代收入；H_{t+1}为个体获得的人力资本积累；δ 为人力资本回报率，$\delta>0$，意味着个体人力资本积累同收入呈正相关关系；ε 与社会发展水平相关，可以视为最低工资水平，$\varepsilon>0$，一般而言，社会发展程度和公平程度越高，ε 越大。个体的人力资本积累形成于少年受教育时期，受父代人力资本投资、政府人力资本投资以及个体教育表现的共同影响，具体影响路径设定为 Cobb – Douglas 函数形式，并且遵循规模报酬不变：

$$H_{t+1}=\theta E_t^{\alpha}G_t^{\beta}e_{t+1}^{1-\alpha-\beta} \tag{4-2}$$

其中，H_{t+1}表示出生于 $t+1$ 期的子代的人力资本积累；E_t 表示父代（出生于 t 期）对子代的人力资本投资，即家庭教育支出；G_t 表示与父代同时期的政府对子代的人力资本投资，即财政教育支出。由于政府财政教育支出属于宏观层面的公共支出，因而在一定程度上可能会对父代的人力资本决策产生影响，影响家庭教育支出，故可以将 E_t 写为 G_t 的函数：

$$E_t=E_t(G_t) \tag{4-3}$$

e_{t+1}为个体的教育表现，它同时受到父代人力资本投资、政府人力资本投资以及个体遗传因素的影响。同样影响路径设定为 Cobb – Douglas 函数形式，并且遵循规模报酬不变，e_{t+1}可写为：

$$e_{t+1}=cE_t^{a}G_t^{b}u_{t+1}^{1-a-b} \tag{4-4}$$

其中，E_t 和 G_t 同样为家庭和政府的教育支出，u_{t+1}为遗传因素，与父代遗传因素呈正相关关系，即：

$$u_{t+1}=d+f\cdot u_t \tag{4-5}$$

式（4 – 1）—式（4 – 5）中，系数 θ 为人力资本积累的技术参数，设定 $\theta>0$；c 为个体教育表现的技术参数，设定 $c>0$；f 为父代对子代的遗传率，设定 $f>0$；d 为随机扰动项。参数 α、β、a、b 分别为相应的弹性系数，设定其取值范围为（0，1）。需要进一步说明的是，E_t 和 G_t 同时出现在人力资本积累方程式（4 – 2）和个体教育表现方程式（4 – 4）中，是为了进一步区分人力资本投资对子代的不同影响：式（4 – 2）中的 E_t 和 G_t 可更多地视为通过改变外部教育环境、提供更多受教育机会等影响子代人力资本积累；而式（4 – 4）中的 E_t 和 G_t 则更多强调通过直接影响个体层面特征，如个体学习积极性、学习成绩、在校情况等，提升个体教育表现，进而提升人力资本积累。

综上，进一步对式（4 – 2）取对数可得：

$$\ln H_{t+1}=\ln\theta+\alpha\ln E_t+\beta\ln G_t+(1-\alpha-\beta)\ln e_{t+1} \tag{4-6}$$

代入式（4 – 4）有：

$$\ln H_{t+1} = \ln\theta + \alpha\ln E_t + \beta\ln G_t + (1-\alpha-\beta)\cdot [\ln c + a\ln E_t + b\ln G_t + (1-a-b)\ln u_{t+1}] \quad (4-7)$$

令：

$$\alpha + (1-\alpha-\beta)a \equiv A \quad (4-8)$$

$$\beta + (1-\alpha-\beta)b \equiv B \quad (4-9)$$

并将式（4-7）—式（4-9）代入式（4-1）可得子代收入的对数表达式：

$$\ln Y_{t+1} = \varepsilon + \delta[\ln\theta + (1-\alpha-\beta)\ln c] + \delta\cdot A\ln E_t + \delta\cdot B\ln G_t + \delta(1-\alpha-\beta)(1-a-b)\ln u_{t+1} \quad (4-10)$$

4.1.2 家庭效用最大化问题

依据上述模型设定，家庭的决策主体为处于壮年的一代人，同一家庭中壮年父代对应少年子代，家庭的效用最大化问题即父代通过决策实现其效用的最大化。由于家庭中包含父代和子代两代人，故决策主体的决策会同时受到利己主义和利他主义动机的驱动：一方面，利己主义体现在家庭效用与父代本期消费和老年消费成正比；另一方面，利他主义体现在父代关心子代未来的发展情况。因此，以出生于 t 期的父代为决策主体的家庭，其效用函数可写为：

$$U_t = \ln C_{1t} + \frac{1}{1+\rho}\ln C_{2t} + \psi\ln Y_{t+1} \quad (4-11)$$

其中，C_{1t}为父代壮年期（第 1 期）的消费，C_{2t}为老年期（第 2 期）的消费，ρ 为贴现率，ρ 越大，代表与第 1 期消费相比，决策主体对第 2 期消费的评价越低。C_{1t}与 C_{2t}反映了决策主体的利己主义。Y_{t+1}为子代未来收入，ψ 反映了父代利他主义动机的强弱，ψ 越大，则代表子代收入在父代效用中的权重越大。

与此同时，从家庭预算约束来看，家庭的全部收入来自壮年期父代的收入，主要用于四方面：一是当期消费，二是老年期消费，三是对子代的人力资本投资，四是缴税。其中，除老年消费外，其余支出均发生在当期。因此，家庭预算约束可写为：

$$(1-\tau)Y_t = C_{1t} + \frac{1}{1+r}C_{2t} + E_t \quad (4-12)$$

其中，τ 为税率，$(1-\tau)Y_t$ 即家庭可支配收入，r 为市场利率，$\frac{1}{1+r}C_{2t}$可视为储蓄。结合家庭效用函数式（4-11）以及预算约束条件式（4-12），可建立拉格朗日函数：

$$L = \ln C_{1t} + \frac{1}{1+\rho}\ln C_{2t} + \psi \ln Y_{t+1} + \lambda\left[(1-\tau)Y_t - C_{1t} - \frac{1}{1+r}C_{2t} - E_t\right] \tag{4-13}$$

根据效用最大化一阶条件，式（4－13）分别对 C_{1t}、C_{2t}、E_t 求一阶导，得到：

$$\frac{\partial L}{\partial C_{1t}} = 0 \tag{4-14}$$

$$\frac{\partial L}{\partial C_{1t}} = \frac{1}{C_{1t}} - \lambda = 0 \tag{4-15}$$

$$\frac{1}{C_{1t}} = \lambda \tag{4-16}$$

$$\frac{\partial L}{\partial C_{2t}} = 0 \tag{4-17}$$

$$\frac{\partial L}{\partial C_{2t}} = \frac{1}{1+\rho}\frac{1}{C_{2t}} - \lambda\frac{1}{1+r} = 0 \tag{4-18}$$

$$\frac{1}{1+\rho}\frac{1}{C_{2t}} = \lambda\frac{1}{1+r} \tag{4-19}$$

$$\frac{\partial L}{\partial E_t} = 0 \tag{4-20}$$

$$\frac{\partial L}{\partial E_t} = \psi \cdot \frac{d\ln Y_{t+1}}{dE_t} - \lambda = 0 \tag{4-21}$$

$$\frac{\psi \cdot \delta \cdot A}{E_t} = \lambda \tag{4-22}$$

结合式（4－16）与式（4－19）：

$$\frac{1}{1+\rho}\frac{1}{C_{2t}} = \frac{1}{C_{1t}}\frac{1}{1+r} \tag{4-23}$$

$$\frac{C_{2t}}{C_{1t}} = \frac{1+r}{1+\rho} \tag{4-24}$$

结合式（4－16）与式（4－22）：

$$\frac{\psi \cdot \delta \cdot A}{E_t} = \frac{1}{C_{1t}} \tag{4-25}$$

所以有：

$$C_{1t} = \frac{E_t}{\psi \cdot \delta \cdot A} \tag{4-26}$$

$$C_{2t} = \frac{1+r}{1+\rho} \cdot \frac{E_t}{\psi \delta A} \tag{4-27}$$

代入预算约束方程式（4－12）可得：

$$\begin{aligned}(1-\tau)Y_t &= C_{1t} + \frac{1}{1+r}C_{2t} + E_t \\ &= \frac{E_t}{\psi\delta A} + \frac{1}{1+r}\frac{1+r}{1+\rho} \cdot \frac{E_t}{\psi\delta A} + E_t \\ &= \frac{1+\rho+1+(1+\rho) \cdot \psi\delta A}{(1+\rho) \cdot \psi\delta A} \cdot E_t \end{aligned} \tag{4-28}$$

因此，在效用最大化下，家庭教育支出 E_t 可写为一个常数与父代收入 Y_t 的乘积形式：

$$E_t = \frac{(1+\rho) \cdot \psi\delta A}{(1+\rho) \cdot \psi\delta A + (2+\rho)} \cdot (1-\tau)Y_t \tag{4-29}$$

4.1.3 分析与讨论

对式（4－10）左右两边分别求 $\ln Y_t$ 的导数，可得：

$$\frac{d\ln Y_{t+1}}{d\ln Y_t} = \delta \cdot A \cdot \frac{d\ln E_t}{d\ln Y_t} \tag{4-30}$$

而根据式（4－29），在家庭效用最大化的条件下，E_t 可写为一个常数与 Y_t 的乘积形式，因此，对式（4－29）左右同取对数可得：

$$\ln E_t = \ln \frac{(1+\rho) \cdot \psi\delta A}{(1+\rho) \cdot \psi\delta A + (2+\rho)} \cdot (1-\tau) + \ln Y_t$$

$$\frac{d\ln E_t}{d\ln Y_t} = 1 \tag{4-31}$$

将式（4－31）、式（4－8）代入式（4－30）可得：

$$\frac{d\ln Y_{t+1}}{d\ln Y_t} = \delta \cdot A = \delta \cdot [\alpha + (1-\alpha-\beta)a] \tag{4-32}$$

上式即表明了父代对子代的代际传递系数，根据模型设定，$\delta > 0$，α、β、$a \in (0,1)$，故有 $\frac{d\ln Y_{t+1}}{d\ln Y_t} > 0$，据此可提出假设 1：

假设 1：父代社会阶层正向影响子代社会阶层，代际传递系数大于 0。

对式（4－10）左右两边分别求 $\ln G_t$ 的导数，可得：

$$\frac{d\ln Y_{t+1}}{d\ln G_t} = \delta \cdot B + \delta \cdot A \cdot \frac{d\ln E_t}{d\ln G_t} = \delta \cdot B + \delta \cdot A \cdot \frac{dE_t}{dG_t} \cdot \frac{G_t}{E_t} \tag{4-33}$$

令：

$$\frac{dE_t}{dG_t}\cdot\frac{G_t}{E_t}\equiv\phi \tag{4-34}$$

则有：

$$\frac{d\ln Y_{t+1}}{d\ln G_t}=\delta\cdot(B+A\phi) \tag{4-35}$$

上式即表明，财政教育支出对子代社会阶层（子代收入）的影响取决于财政教育支出对家庭教育支出的影响，假设两者的弹性系数 $-\frac{B}{A}<\phi<1$，则可提出假设2：

假设2：财政教育支出正向影响子代所处社会阶层。

进一步地，对式（4-32）进行变形处理，有：

$$\frac{d\ln Y_{t+1}}{d\ln Y_t}=\delta\cdot A=\delta\cdot[\alpha+(1-\alpha-\beta)a]=\delta\cdot[a+(1-a)\alpha-\beta a] \tag{4-36}$$

可以发现代际传递系数与 β 呈负相关关系。根据模型设定，β 为财政教育支出对子代社会阶层（子代收入）的直接影响，即不考虑财政教育支出对家庭教育支出行为和子代个体表现的影响，而是通过提供更多受教育机会、改善教育质量等外部环境对子代产生的影响。总体来说，财政教育支出对子代的影响可能会因个体特征、家庭教育支出行为而有所不同，但剔除上述个体差异，财政教育支出对外部教育环境直接产生的影响一般认为是正向的，即 $\beta=\beta(G_t)>0$，且 $\beta'(G_t)>0$，即财政教育支出越大，这一正向影响越大。同时由于：

$$\begin{aligned}\frac{d\ln Y_{t+1}}{d\ln G_t}&=\delta\cdot(B+A\phi)=\delta\cdot[\beta+(1-\alpha-\beta)b+\alpha\phi+(1-\alpha-\beta)a\phi)]\\&=\delta\beta(1-b-a\phi)+(1-\alpha)(b+a\phi)+\alpha\phi\end{aligned} \tag{4-37}$$

且 $\phi<1$、$0<1-a-b<1$，所以有 $1-b-a\phi>0$，即财政教育支出对子代所处社会阶层（子代收入）的影响与 β 同向变动。综上所述，财政教育支出越大，对子代社会阶层（子代收入）的影响越大，代际传递系数越小。据此可提出假设3：

假设3：财政教育支出有助于减弱代际传递，加强代际流动。

对式（4-10）左右两边分别求 $\ln Y_t$ 的导数，可得：

$$\frac{d\ln Y_{t+1}}{d\ln Y_t}=\frac{d\ln Y_{t+1}}{d\ln E_t}\cdot\frac{d\ln E_t}{d\ln Y_t}=\delta A\times 1=\delta\cdot[\alpha+(1-a-b)\beta] \tag{4-38}$$

可以发现，$\frac{d\ln Y_{t+1}}{d\ln Y_t}$由$\frac{d\ln Y_{t+1}}{d\ln E_t}$决定，即父代社会阶层（父代收入）通过家庭教育支出影响子代社会阶层（子代收入）；β 越大，$\frac{d\ln Y_{t+1}}{d\ln E_t}$越小，从而$\frac{d\ln Y_{t+1}}{d\ln Y_t}$越小，即财政教育支出的存在可以减弱父代通过家庭教育支出对子代的正向影响。据此可提出假设4：

假设4：财政教育支出可以通过减弱家庭教育支出对子代收入的影响，进而减弱代际传递，加强代际流动。

对式（4－10）左右两边分别求 Y_t 的导数，可得：

$$\frac{d\ln Y_{t+1}}{dY_t}=\delta A\cdot\frac{d\ln E_t}{dY_t}=\delta A\cdot\frac{dE_t}{dY_t}\cdot\frac{1}{E_t} \tag{4-39}$$

而根据式（4－39）有：

$$E_t=\frac{(1+\rho)\cdot\psi\delta}{(1+\rho)\cdot\psi\delta+\frac{(2+\rho)}{A}}\cdot(1-\tau)Y_t \tag{4-40}$$

因此，β 越大，A 越小，E_t 占 Y_t 的比重越小，$\frac{dE_t}{dY_t}$越小，父代社会阶层（父代收入）对子代社会阶层（子代收入）的影响越小。据此可提出假设5：

假设5：财政教育支出可能会挤出家庭教育支出，进而减弱代际传递。

对式（4－32）进行变形处理，有：

$$\frac{d\ln Y_{t+1}}{d\ln Y_t}=\delta A=\delta[\alpha+(1-\alpha-\beta)a]=\delta\left[\alpha+\frac{d\ln Y_{t+1}}{d\ln e_{t+1}}a\right] \tag{4-41}$$

可以发现，$\frac{d\ln Y_{t+1}}{d\ln Y_t}$也可由$\frac{d\ln Y_{t+1}}{d\ln e_{t+1}}$决定，即父代社会阶层（父代收入）通过影响子代教育表现影响子代社会阶层（子代收入）；β 越大，$(1-\alpha-\beta)$ 越小，即$\frac{d\ln Y_{t+1}}{d\ln e_{t+1}}$越小，从而$\frac{d\ln Y_{t+1}}{d\ln Y_t}$越小，即财政教育支出的存在可以减弱父代通过影响子代教育表现对子代产生的正向影响。据此可提出假设6：

假设6：财政教育支出能够减弱子代教育表现对其社会阶层的影响，进而减弱代际传递，加强代际流动。

进一步地，父代对子代的代际传递还可以写为：

$$\frac{d\ln Y_{t+1}}{d\ln Y_t}=\frac{d\ln Y_{t+1}}{d\ln e_{t+1}}\cdot\frac{d\ln e_{t+1}}{d\ln Y_t} \tag{4-42}$$

其中：

$$\frac{d\ln Y_{t+1}}{d\ln e_{t+1}}=\delta(1-\alpha-\beta) \tag{4-43}$$

$$\frac{d\ln e_{t+1}}{d\ln Y_t}=a\cdot\frac{d\ln E_t}{d\ln Y_t}+(1-a-b)\frac{d\ln u_{t+1}}{d\ln Y_t}=a+(1-a-b)\frac{d\ln u_{t+1}}{d\ln Y_t} \tag{4-44}$$

因为 $u_{t+1}=u_{t+1}(\overset{+}{u_t})$，$Y_t=Y_t(\overset{+}{u_t})$，所以有$\frac{d\ln u_{t+1}}{d\ln Y_t}>0$，故 b 越大，$\frac{d\ln e_{t+1}}{d\ln Y_t}$越小，$\frac{d\ln Y_{t+1}}{d\ln Y_t}$越小。而$\frac{d\ln e_{t+1}}{d\ln G_t}=b+a\cdot\frac{d\ln E_t}{d\ln G_t}=b+a\phi$，可知 b 与$\frac{d\ln e_{t+1}}{d\ln G_t}$正相关，因此若$\frac{d\ln e_{t+1}}{d\ln G_t}$越大，$\frac{d\ln e_{t+1}}{d\ln Y_t}$越小，$\frac{d\ln Y_{t+1}}{d\ln Y_t}$越小，即财政教育支出对子代教育表现的作用越大，父代对子代教育表现的作用越小，代际传递越小。据此可提出假设 7：

假设 7：财政教育支出可以通过提高子代教育表现，进而减弱代际传递，加强代际流动。

最后，由于财政教育支出属于宏观支出，因此财政教育支出也可能通过影响部分宏观变量进而改善代际流动。为此可提出假设 8：

假设 8：财政教育支出可以改善宏观教育环境，进而减弱代际传递，加强代际流动。

4.2　两代人五期的世代交叠模型

4.2.1　模型设定

在上述两代人三期世代交叠模型的基础上，本书将其进一步拓展为两代人五期的世代交叠模型，用以探讨政府财政教育支出结构对社会代际流动性的影响。同样，经济中的决策主体为家庭，一个家庭包含父代和子代两代人，每代人存活五期，分别为少年、青年、青壮年、中壮年、老年。其中，少年时期为受基础教育时期，不工作且无收入来源，不做决策，依靠其青壮年期父母抚养。青年时期为受高等教育时期，不工作且无收入来源，不做决策，依靠其中壮年期父母抚养。青壮年时期为工作期，成为父代并拥有少年期子代，获取收入并对其用途进行决策，但由于这一时期个体刚步入工作期，故相对于其终身收入而言，收入水平相对较低，面临较强的预算约束，因此在这一阶段，假定父代收入主要用于当期消费以及对少年子代进行基础教育人力资本投资，而无更多的收入用于储蓄。中壮年时期也为工作期，拥有青年子代，获取收入并进行决策，这一时期，由于个体已逐渐进入工作的成熟期，因此收入相对于青壮年时期较高，面临的预算约束也相对较低，因此收入主要用于三方面：本期消费、对青年子代进行高等教育人力资本投资、为老年进行储蓄。老年时期为退休期，不工作、无收入来源，不做决策，主要利用中壮年期储蓄进行消费。具体家庭组成及行为如图 4 – 2 所示。

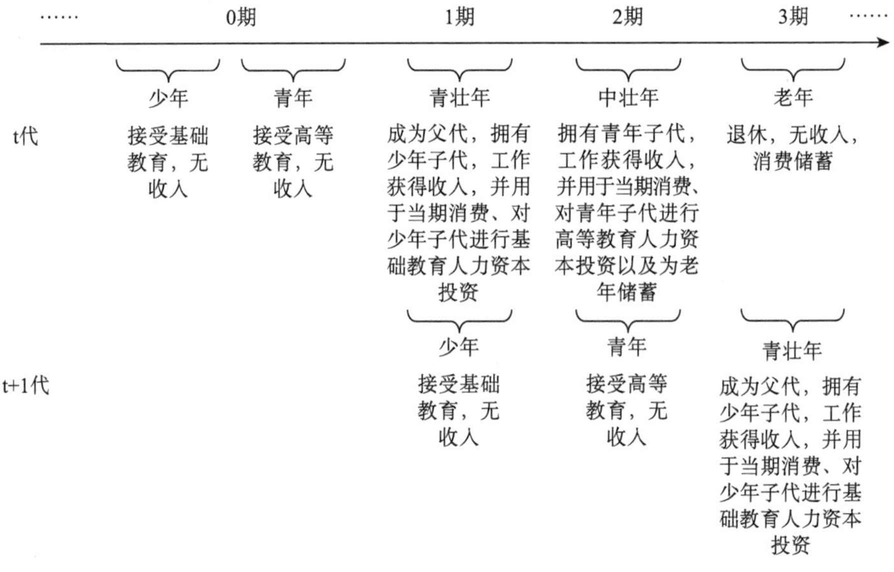

图 4 – 2　两代人五期世代交叠模型—家庭组成及行为

为便捷模型推导，此处本书依然使用个体收入作为个体所处社会阶层的代理变量，社会代际流动性即使用代际收入流动性作为代理变量。假定个体收入由自身人力资本积累和社会发展程度决定，则出生于 $t+1$ 期的子代，其收入可写为：

$$\ln Y_{t+1} = \varepsilon + \delta_1 \cdot \ln H_{t+1}^{b} + \delta_2 \cdot p \cdot \ln H_{t+1}^{h} \tag{4-45}$$

其中，Y_{t+1}为子代收入，H_{t+1}^{b}、H_{t+1}^{h}分别为个体获得的基础教育和高等教育人力资本积累；δ_1、δ_2 分别为基础教育和高等教育人力资本回报率，δ_1、$\delta_2 > 0$，意味着个体人力资本积累同收入呈正相关关系；$\varepsilon > 0$，与社会发展相关，可视为社会最低工资水平。此外，结合我国的教育发展现实，基础教育具有较高的普适性，而高等教育具有一定的选拔性和稀缺性，因此，本书进一步假定所有个体在少年时期都接受基础教育，但在青年时期能否进入高等教育阶段取决于能否通过选拔性考试，即具有一定的概率性。假定这一概率为 p，与子代的遗传基因相关，遗传越好，通过考试进入高等教育的概率越大，即有：

$$p = p(u_{t+1}),\ p \in [0,1] \tag{4-46}$$

个体的基础教育人力资本积累形成于少年时期，受青壮年父代人力资本投资、政府人力资本投资以及个体教育表现的共同影响，具体影响路径设定为 Cobb – Douglas 函数形式，并且遵循规模报酬不变：

$$H_{t+1}^{b} = \theta_1 \cdot (E_t^{b})^{\alpha_1}(G_t^{b})^{\beta_1}(e_{t+1}^{b})^{1-\alpha_1-\beta_1} \tag{4-47}$$

其中，E_t^b 表示父代（出生于 t 期）对子代的基础教育人力资本投资，即家庭基础教育支出；G_t^b 表示与父代同时期的政府对子代的基础教育人力资本投资，即基础教育财政教育支出，同样有：

$$E_t^{b} = E_t^{b}(G_t^{b}) \tag{4-48}$$

e_{t+1}^b 为个体的基础教育表现，它同时受到父代人力资本投资、政府人力资本投资以及遗传因素的影响。影响路径设定为 Cobb – Douglas 函数形式，并且遵循规模报酬不变，e_{t+1}^b 可写为：

$$e_{t+1}^{b} = c_1 \cdot (E_t^{b})^{a_1}(G_t^{b})^{b_1}(u_{t+1})^{1-a_1-b_1} \tag{4-49}$$

式（4 – 45）—式（4 – 49）中的参数设定同前文两代人三期世代交叠模型，θ_1、$c_1 > 0$，α_1、β_1、a_1、$b_1 \in (0,1)$。

个体的高等教育人力资本积累形成于青年时期，与基础教育不同的是，高等教育人力资本积累来源于基础教育，这也正是基础教育的基础性作用之所在。因此，子代高等教育人力资本积累受中壮年父代人力资本投资、政府人力资本投资、个体教育表现以及基础教育人力资本积累的共同影响，具体影响路径同样设定为 Cobb – Douglas 函数形式，并且遵循规模报酬不变：

$$H_{t+1}^{h} = \theta_2 \cdot (H_{t+1}^{b})^{\gamma}(E_t^{h})^{\alpha_2}(G_t^{h})^{\beta_2}(e_{t+1}^{h})^{1-\alpha_2-\beta_2} \tag{4-50}$$

其中，E_t^h 表示父代（出生于 t 期）对子代的高等教育人力资本投资，即家庭高等教育支出；G_t^h 表示与父代同时期的政府对子代的高等教育人力资本投资，即高等教育财政教育支出，同样有：

$$E_t^{h} = E_t^{h}(G_t^{h}) \tag{4-51}$$

e_{t+1}^h 为个体的高等教育表现，它同时受到父代人力资本投资、政府人力资本投资以及遗传因素的影响。影响路径设定为 Cobb - Douglas 函数形式，并且遵循规模报酬不变，e^h_{t+1}可写为：

$$e^h_{t+1} = c_2 \cdot (E^h_t)^{a_2}(G^h_t)^{b_2}(u_{t+1})^{1-a_2-b_2} \tag{4-52}$$

相关参数设定同前，θ_2、$c_2>0$，α_2、β_2、γ、a_2、$b_2 \in (0,1)$。

综上所述，进一步对式（4-47）取对数可得：

$$\ln H^b_{t+1} = \ln\theta_1 + \alpha_1 \ln E^b_t + \beta_1 \ln G^b_t + (1-\alpha_1-\beta_1)\ln e^b_{t+1} \tag{4-53}$$

代入式（4-49）有：

$$\ln H^b_{t+1} = \ln\theta_1 + \alpha_1 \ln E^b_t + \beta_1 \ln G^b_t + (1-\alpha_1-\beta_1) \cdot [\ln c_1 + a_1 \ln E^b_t + b_1 \ln G^b_t + (1-a_1-b_1)\ln u_{t+1}] \tag{4-54}$$

$$\ln H^b_{t+1} = \ln\theta_1 + (1-\alpha_1-\beta_1)\ln c_1 + [\alpha_1 + (1-\alpha_1-\beta_1)a_1] \cdot \ln E^b_t + [\beta_1 + (1-\alpha_1-\beta_1)b_1] \cdot \ln G^b_t + (1-\alpha_1-\beta_1)(1-a_1-b_1) \cdot \ln u_{t+1}] \tag{4-55}$$

令：

$$\ln\theta_1 + (1-\alpha_1-\beta_1)\ln c_1 \equiv C_1 \tag{4-56}$$

$$\alpha_1 + (1-\alpha_1-\beta_1)a_1 \equiv A_1 \tag{4-57}$$

$$\beta_1 + (1-\alpha_1-\beta_1)b_1 \equiv B_1 \tag{4-58}$$

$$(1-\alpha_1-\beta_1)(1-a_1-b_1) \equiv D_1 \tag{4-59}$$

并将式（4-56）—式（4-59）代入式（4-55），可得：

$$\ln H^b_{t+1} = C_1 + A_1 \ln E^b_t + B_1 \ln G^b_t + D_1 \ln u_{t+1} \tag{4-60}$$

对式（4-50）取对数可得：

$$\ln H^h_{t+1} = \ln\theta_2 + \gamma \ln H^b_{t+1} + \alpha_2 \ln E^h_t + \beta_2 \ln G^h_t + (1-\alpha_2-\beta_2)\ln e^h_{t+1} \tag{4-61}$$

代入式（4-52）有：

$$\ln H^h_{t+1} = \ln\theta_2 + \gamma \ln H^b_{t+1} + \alpha_2 \ln E^h_t + \beta_2 \ln G^h_t + (1-\alpha_2-\beta_2) \cdot [\ln c_2 + a_2 \ln E^h_t + b_2 \ln G^h_t + (1-a_2-b_2)\ln u_{t+1}] \tag{4-62}$$

$$\ln H^h_{t+1} = \ln\theta_2 + (1-\alpha_2-\beta_2)\ln c_2 + \gamma \ln H^b_{t+1} + [\alpha_2 + (1-\alpha_2-\beta_2)a_2] \cdot \ln E^h_t + [\beta_2 + (1-\alpha_2-\beta_2)b_2] \cdot \ln G^h_t + (1-\alpha_2-\beta_2)(1-a_2-b_2)\ln u_{t+1}] \tag{4-63}$$

令：

$$\ln\theta_2 + (1-\alpha_2-\beta_2)\ln c_2 \equiv C_2 \tag{4-64}$$

$$\alpha_2 + (1-\alpha_2-\beta_2)a_2 \equiv A_2 \tag{4-65}$$

$$\beta_2 + (1-\alpha_2-\beta_2)b_2 \equiv B_2 \tag{4-66}$$

$$(1-\alpha_2-\beta_2)(1-a_2-b_2)\equiv D_2 \tag{4-67}$$

并将式（4－64）—式（4－67）代入式（4－63），可得：

$$\ln H_{t+1}^h=(C_2+\gamma C_1)+\gamma A_1\ln E_t^b+\gamma B_1\ln G_t^b+A_2\ln E_t^h+B_2\ln G_t^h+(D_2+\gamma D_1)\ln u_{t+1} \tag{4-68}$$

4.2.2　家庭效用最大化问题

依据模型基本设定，家庭的决策主体为处于青壮年和中壮年的一代人。同一家庭内青壮年父代对应少年子代，中壮年父代对应青年子代，家庭的效用最大化问题即父代通过决策实现其一生效用的最大化。由于家庭中包含父代和子代两代人，故父代的决策会同时受到利己主义和利他主义动机的驱动：一方面，利己主义体现在家庭效用与自己的终生消费成正比上；另一方面，利他主义体现为父代关心子代未来的发展情况。因此，以出生于 t 期的父代为决策主体的家庭，其效用函数可写为：

$$U_t=\ln C_{1t}+\ln C_{2t}+\frac{1}{1+\rho}\ln C_{3t}+\psi\ln Y_{t+1} \tag{4-69}$$

其中，C_{1t}为父代青壮年期（第 1 期）的消费，C_{2t}为父代中壮年期（第 2 期）的消费，C_{3t}为老年期（第 3 期）的消费，ρ 为贴现率。C_{1t}、C_{2t}及 C_{3t}共同反映了决策主体的利己主义。Y_{t+1} 为子代未来收入，ψ 反映父代利他主义动机的强弱。

与此同时，从家庭预算约束来看，家庭的全部收入来自青壮年期（第 1 期）父代和中壮年（第 2 期）父代的收入。根据模型设定，青壮年收入主要用于三方面：一是当期消费；二是对子代的基础教育人力资本投资；三是缴税。所有支出均发生在当期。因此，青壮年期（第 1 期）预算约束可写为：

$$(1-\tau)Y_{1t}=C_{1t}+E_t^b \tag{4-70}$$

中壮年收入主要用于四方面：一是当期消费；二是老年期消费；三是对子代的高等教育人力资本投资；四是缴税。其中，由于子代能否进入高等教育阶段具有一定概率性，故家庭的高等教育支出也随之具有相同的概率 p。除老年消费外，所有支出均发生在当期，因此，中壮年期（第 2 期）预算约束可写为：

$$(1-\tau)Y_{2t}=C_{2t}+\frac{1}{1+r}C_{3t}+p\cdot E_t^h \tag{4-71}$$

其中，τ 为税率，r 为市场利率。父代终生收入为：

$$Y_t=Y_{1t}+Y_{2t} \tag{4-72}$$

代入式（4－70）、式（4－71），有：

$$(1-\tau)Y_t = C_{1t} + C_{2t} + \frac{1}{1+r}C_{3t} + E_t^b + p \cdot E_t^h \qquad (4-73)$$

结合家庭效用函数式（4－69）以及预算约束条件式（4－73），可建立拉格朗日函数：

$$L = \ln C_{1t} + \ln C_{2t} + \frac{1}{1+\rho}\ln C_{3t} + \psi \ln Y_{t+1} + \lambda\left[(1-\tau)Y_t - C_{1t} - C_{2t} - \frac{1}{1+r}C_{3t} - E_t^b - p \cdot E_t^h\right] \qquad (4-74)$$

根据效用最大化一阶条件，对式（4－74）求 C_{1t}的一阶导有：

$$\frac{\partial L}{\partial C_{1t}} = 0 \qquad (4-75)$$

$$\frac{\partial L}{\partial C_{1t}} = \frac{1}{C_{1t}} - \lambda = 0 \qquad (4-76)$$

对式（4－74）求 C_{2t}的一阶导有：

$$\frac{\partial L}{\partial C_{2t}} = 0 \qquad (4-77)$$

$$\frac{\partial L}{\partial C_{2t}} = \frac{1}{C_{2t}} - \lambda = 0 \qquad (4-78)$$

对式（4－74）求 C_{3t}的一阶导有：

$$\frac{\partial L}{\partial C_{3t}} = 0 \qquad (4-79)$$

$$\frac{\partial L}{\partial C_{3t}} = \frac{1}{1+\rho}\frac{1}{C_{3t}} - \lambda\frac{1}{1+r} = 0 \qquad (4-80)$$

对式（4－74）求 E_t^b 的一阶导有：

$$\frac{\partial L}{\partial E_t^b} = 0 \qquad (4-81)$$

$$\frac{\partial L}{\partial E_t^b} = \psi \cdot \frac{d\ln Y_{t+1}}{dE_t^b} - \lambda = 0 \qquad (4-82)$$

$$\psi \cdot \left(\delta_1 \frac{d\ln H_{t+1}^b}{dE_t^b} + \delta_2 \cdot p \cdot \frac{d\ln H_{t+1}^h}{dE_t^b}\right) = \lambda \qquad (4-83)$$

$$\frac{\psi \cdot \delta_1 \cdot A_1}{E_t^b} + \frac{\psi \cdot \delta_2 \cdot p \cdot \gamma \cdot A_1}{E_t^b} = \lambda \qquad (4-84)$$

对式（4－74）求 E_t^h 的一阶导有：

$$\frac{\partial L}{\partial E_t^h} = 0 \qquad (4-85)$$

$$\frac{\partial L}{\partial E_t^h} = \psi \cdot \frac{d\ln Y_{t+1}}{dE_t^h} - \lambda p = 0 \tag{4-86}$$

$$\psi \cdot \delta_2 \cdot p \cdot \frac{d\ln H_{t+1}^h}{dE_t^h} = \lambda p \tag{4-87}$$

$$\frac{\psi \cdot \delta_2 \cdot p \cdot A_2}{E_t^h} = \lambda p \tag{4-88}$$

结合式（4-76）、式（4-78）、式（4-84）：

$$\frac{\psi A_1 \cdot (\delta_1 + \delta_2 p\gamma)}{E_t^b} = \frac{1}{C_{1t}} = \frac{1}{C_{2t}} \tag{4-89}$$

$$C_{1t} = C_{2t} = \frac{E_t^b}{\psi A_1 \cdot (\delta_1 + \delta_2 p\gamma)} \tag{4-90}$$

结合式（4-78）、式（4-80）、式（4-90）：

$$C_{3t} = \frac{1+r}{1+\rho} C_{2t} = \frac{1+r}{1+\rho} \cdot \frac{E_t^b}{\psi A_1 \cdot (\delta_1 + \delta_2 p\gamma)} \tag{4-91}$$

结合式（4-84）、式（4-88）：

$$\frac{\psi A_1 \cdot (\delta_1 + \delta_2 p\gamma)}{E_t^b} = \frac{\psi \cdot \delta_2 \cdot A_2}{E_t^h} \tag{4-92}$$

$$E_t^h = \frac{\delta_2 \cdot A_2}{A_1 \cdot (\delta_1 + \delta_2 p\gamma)} \cdot E_t^b \tag{4-93}$$

将式（4-90）、式（4-91）、式（4-93）代入预算约束方程，可得：

$$\begin{aligned}(1-\tau)Y_t &= C_{1t} + C_{2t} + \frac{1}{1+r}C_{3t} + E_t^b + p \cdot E_t^h \\ &= \left[\frac{2}{\psi A_1 \cdot (\delta_1 + \delta_2 p\gamma)} + 1 + \frac{1}{1+\rho}\frac{1}{\psi A_1 \cdot (\delta_1 + \delta_2 p\gamma)} + \frac{p \cdot \delta_2 \cdot A_2}{A_1 \cdot (\delta_1 + \delta_2 p\gamma)}\right] \cdot E_t^b \\ &= \frac{2(1+\rho) + 1 + (1+\rho) \cdot \psi A_1(\delta_1 + \delta_2 p\gamma) + (1+\rho) \cdot \psi p\delta_2 A_2}{(1+\rho) \cdot \psi \cdot A_1 \cdot (\delta_1 + \delta_2 p\gamma)} \cdot E_t^b\end{aligned} \tag{4-94}$$

因此，在效用最大化下，家庭基础教育支出 E_t^b 可写为一个常数与父代收入 Y_t 的乘积形式：

$$E_t^b = \frac{(1+\rho) \cdot \psi A_1(\delta_1 + \delta_2 p\gamma)}{(3+2\rho) + (1+\rho) \cdot \psi p\delta_2 A_2 + (1+\rho) \cdot \psi A_1(\delta_1 + \delta_2 p\gamma)} \cdot (1-\tau)Y_t \tag{4-95}$$

代入式（4-93）可得：

$$E_t^h = \frac{(1+\rho)\cdot\psi\delta_2 A_2}{(3+2\rho)+(1+\rho)\cdot\psi p\delta_2 A_2+(1+\rho)\cdot\psi A_1(\delta_1+\delta_2 p\gamma)}\cdot(1-\tau)Y_t \tag{4-96}$$

即家庭高等教育支出 E_t^h 也可写为一个常数与父代收入 Y_t 的乘积形式。

4.2.3 分析与讨论

对式（4-45）左右两边分别求 $\ln Y_t$ 的导数，可得：

$$\frac{d\ln Y_{t+1}}{d\ln Y_t} = \delta_1\cdot\frac{d\ln H_{t+1}^b}{d\ln Y_t} + \delta_1 p\cdot\frac{d\ln H_{t+1}^h}{d\ln Y_t} \tag{4-97}$$

分别对式（4-55）、式（4-68）求 $\ln Y_t$ 的导数，并代入上式可得：

$$\frac{d\ln Y_{t+1}}{d\ln Y_t} = \delta_1 A_1\cdot\frac{d\ln E_t^b}{d\ln Y_t} + \delta_1 p\cdot\left[\gamma A_1\cdot\frac{d\ln E_t^b}{d\ln Y_t} + A_2\cdot\frac{d\ln E_t^h}{d\ln Y_t}\right] \tag{4-98}$$

而根据式（4-95）和式（4-96），在家庭效用最大化的条件下，E_t^b、E_t^h 均可写为一个常数与 Y_t 的乘积形式，因此有：

$$\frac{d\ln E_t^b}{d\ln Y_t} = 1 \tag{4-99}$$

$$\frac{d\ln E_t^h}{d\ln Y_t} = 1 \tag{4-100}$$

因此：

$$\frac{d\ln Y_{t+1}}{d\ln Y_t} = \delta_1 A_1 + \delta_2 p\cdot(\gamma A_1 + A_2) = (\delta_1+\delta_2 p\gamma)A_1 + \delta_2 p\cdot A_2 \tag{4-101}$$

上式表明了父代对子代的代际传递系数，根据模型设定，δ_1、$\delta_2>0$，α_1、β_1、α_2、β_2、γ、a_1、b_1、a_2、$b_2\in(0,1)$，$p\in[0,1]$，故有 $\frac{d\ln Y_{t+1}}{d\ln Y_t}>0$，进一步印证了假设1，即父代社会阶层（父代收入）正向影响子代社会阶层（子代收入），代际传递系数为正。

对式（4-45）左右两边分别求 $\ln G_t^b$ 的导数，可得：

$$\begin{aligned}\frac{d\ln Y_{t+1}}{d\ln G_t^b} &= \delta_1\cdot\left(B_1 + A_1\frac{d\ln E_t^b}{d\ln G_t^b}\right) + \delta_1 p\gamma\cdot\left(B_1 + A_1\frac{d\ln E_t^b}{d\ln G_t^b}\right)\\ &= (\delta_1+\delta_1 p\gamma)\cdot\left(B_1 + A_1\frac{d\ln E_t^b}{d\ln G_t^b}\right)\end{aligned} \tag{4-102}$$

令：

$$\frac{d\ln E_t^b}{d\ln G_t^b} \equiv \phi^b, \text{ 且 } -\frac{B_1}{A_1} < \phi^b < 1 \tag{4-103}$$

则有：

$$\frac{d\ln Y_{t+1}}{d\ln G_t^b} > 0 \tag{4-104}$$

同样，对式（4－45）左右两边分别求 $\ln G_t^h$ 的导数，可得：

$$\frac{d\ln Y_{t+1}}{d\ln G_t^h} = \delta_1 p \cdot \left(B_2 + A_2 \frac{d\ln E_t^h}{d\ln G_t^h}\right) \tag{4-105}$$

令：

$$\frac{d\ln E_t^h}{d\ln G_t^h} \equiv \phi^h, \text{ 且 } -\frac{B_2}{A_2} < \phi^h < 1 \tag{4-106}$$

则有：

$$\frac{d\ln Y_{t+1}}{d\ln G_t^h} > 0 \tag{4-107}$$

据此，可提出假设 9：

假设 9：基础教育和高等教育财政教育支出都能正向促进子代所处社会阶层。

进一步地，对式（4－101）进行变形处理，有：

$$\begin{aligned}\frac{d\ln Y_{t+1}}{d\ln Y_t} &= (\delta_1 + \delta_2 p\gamma) A_1 + \delta_2 p \cdot A_2 \\ &= (\delta_1 + \delta_2 p\gamma) \cdot [\alpha_1 + (1 - \alpha_1 - \beta_1) a_1] + \delta_2 p \cdot [\alpha_2 + (1 - \alpha_2 - \beta_2) a_2]\end{aligned} \tag{4-108}$$

分别对 β_1、β_2 求导：

$$\frac{d\ln Y_{t+1}/d\ln Y_t}{d\beta_1} = -a_1 \cdot (\delta_1 + \delta_2 p\gamma) < 0 \tag{4-109}$$

$$\frac{d\ln Y_{t+1}/d\ln Y_t}{d\beta_2} = -a_2\delta_2 p < 0 \tag{4-110}$$

即代际传递系数与 β_1、β_2 呈负相关关系。同两代人三期世代交叠模型设定，β_1、β_2 分别为基础教育和高等教育财政教育支出通过提供更多受教育机会、改善教育质量等外部环境对子代社会阶层（子代收入）的直接影响，且 $\beta_1 = \beta_1(G_t^b) > 0$，$\beta_1'(G_t^b) > 0$，$\beta_2 = \beta_2(G_t^h) > 0$，$\beta_2'(G_t^h) > 0$，同时有 β_1 与 B_1、$\frac{d\ln Y_{t+1}}{d\ln G_t^b}$同向变动，$\beta_2$ 与 B_2、$\frac{d\ln Y_{t+1}}{d\ln G_t^h}$同向变动。综上所述，基础教育和高等教

育财政教育支出越大，对子代社会阶层（子代收入）的影响越大，代际传递系数越小。据此可提出假设 10：

假设 10：基础教育与高等教育财政教育支出都有助于减弱代际传递，加强代际流动。

使用式（4－109）减去式（4－110）可得：

$$\left|\frac{d\ln Y_{t+1}/d\ln Y_t}{d\beta_1}\right| - \left|\frac{d\ln Y_{t+1}/d\ln Y_t}{d\beta_2}\right| = a_1 \cdot (\delta_1 + \delta_2 p\gamma) - a_2\delta_2 p$$

$$= (a_1\delta_1 - a_2\delta_2 p) + a_1\delta_2 p\gamma \quad (4-111)$$

由于 $0 < p < 1$，故在 $a_1\delta_1 - a_2\delta_2 p > 0$ 的情况下有：

$$\left|\frac{d\ln Y_{t+1}/d\ln Y_t}{d\beta_1}\right| - \left|\frac{d\ln Y_{t+1}/d\ln Y_t}{d\beta_2}\right| > 0 \quad (4-112)$$

据此可提出假设 11：

假设 11：基础教育财政教育支出对代际流动性的改善作用强于高等教育。

4.3 引入两级政府的世代交叠模型

4.3.1 模型设定

在上文两代人三期世代交叠模型的基础上，本书进一步引入两级政府，用以探讨政府财政教育支出责任分担对社会代际流动性的影响。假定经济中存在两个地区，一个是富裕地区，另一个是贫困地区，两个地区有各自的地方政府，并共有一个上级政府。经济中的决策主体依然为家庭，一个家庭包含父代和子代两代人，每个家庭人口相同，每代人存活三期，分别为少年（0 期）、壮年（1 期）和老年（2 期）。同两代人三期世代交叠模型，地区 i 出生于 $t+1$ 期的子代，其收入为：

$$\ln Y_{t+1}^i = \varepsilon + \delta \cdot \ln H_{t+1}^i \quad (4-113)$$

其中：

$$H_{t+1}^i = \theta(E_t^i)^{\alpha}(G_t^i)^{\beta}(e_{t+1}^i)^{1-\alpha-\beta} \quad (4-114)$$

$$E_t^i = E_t^i(G_t^i) \quad (4-115)$$

$$e_{t+1}^i = c(E_t^i)^{a}(G_t^i)^{b}(u_{t+1}^i)^{1-a-b} \quad (4-116)$$

$$u_{t+1}^i = d + f \cdot u_t^i \quad (4-117)$$

整合可得：

$$\ln Y_{t+1}^{i}=\varepsilon+\delta\cdot[\ln\theta+(1-\alpha-\beta)\ln c]+\delta\cdot A\ln E_{t}^{i}+\delta\cdot B\ln G_{t}^{i}+\delta(1-\alpha-\beta)(1-a-b)\ln u_{t+1}^{i} \tag{4-118}$$

G_t^i 为 i 地区政府部门对子代的人力资本投资，即财政教育支出，在两级政府的设定下，G_t^i 包含本级政府和上级政府的相应支出，分别用 g_t^i 和 $\overline{G_t^i}$ 表示。两级政府的财政教育支出均来源于对家庭征税的一部分，其中，地方政府的税率为 t，$t\in(0,1)$，征税范围为各地区内的家庭，财政教育支出占税收的比例为 η_1，$\eta_1\in(0,1)$，假定税率 t 和支出比例 η_1 不存在地区差异。上级政府的税率为 T，$T\in(0,1)$，征税范围为两个地区内的家庭，分配给地区 i 的财政教育支出占税收的比例为 η_2^i，$\eta_2^i\in(0,1)$，具体分配比例由上级政府进行决策。与此同时，由于上级政府相较于地方政府更远离基层，因此在支出方面具有一定的效率损失，假定效率损失为 π，$\pi\in(0,1)$。综上，i 地区政府部门对子代的人力资本投资可写为：

$$G_t^i=g_t^i+\overline{G_t^i}=\eta_1\cdot t\cdot Y_t^i+\eta_2^i\cdot(1-\pi)\cdot T\cdot\overline{Y_t} \tag{4-119}$$

其中，$\overline{Y_t}$ 为家庭平均收入，由贫困地区和富裕地区的代表性家庭收入加权得到：

$$\overline{Y_t}=qY_t^p+(1-q)Y_t^r \tag{4-120}$$

q 为贫困地区人口比例，Y_t^p 为贫困地区代表性家庭收入；$1-q$ 为富裕地区人口比例，Y_t^r 为富裕地区代表性家庭收入。据此，贫困地区财政教育支出为：

$$\begin{aligned}G_t^p&=g_t^p+\overline{G_t^p}=\eta_1\cdot t\cdot Y_t^p+\eta_2^p\cdot(1-\pi)\cdot T\cdot[qY_t^p+(1-q)Y_t^r]\\&=[\eta_1 t+\eta_2^p(1-\pi)Tq]Y_t^p+[\eta_2^p(1-\pi)T(1-q)]Y_t^r\end{aligned} \tag{4-121}$$

同理，富裕地区财政教育支出为：

$$G_t^r=[\eta_1 t+\eta_2^r(1-\pi)T(1-q)]Y_t^r+[\eta_2^r(1-\pi)Tq]Y_t^p \tag{4-122}$$

4.3.2 效用最大化问题

依据上述模型设定，经济中的决策主体为家庭，而经济中又同时存在贫困地区和富裕地区，因此该经济的效用最大化问题可以写为：

$$U_t=qU_t^p+(1-q)U_t^r \tag{4-123}$$

其中，U_t^p 为贫困地区代表性家庭效用，U_t^r 为富裕地区代表性家庭效用，同上述两代人三期世代交叠模型设定，有：

$$U_t^p = \ln C_{1t}^p + \frac{1}{1+\rho}\ln C_{2t}^p + \psi \ln Y_{t+1}^p \tag{4-124}$$

$$U_t^r = \ln C_{1t}^r + \frac{1}{1+\rho}\ln C_{2t}^r + \psi \ln Y_{t+1}^r \tag{4-125}$$

与此同时，从家庭预算约束来看，家庭的全部收入来自壮年期父代的收入，主要用于四方面：一是当期消费，二是老年期消费，三是对子代的人力资本投资，四是缴税。包括本级政府的税收和上级政府的税收，税率分别为 t 和 T。因此，贫困地区和富裕地区代表性家庭的预算约束分别为：

$$(1-t-T)Y_t^p = C_{1t}^p + \frac{1}{1+r}C_{2t}^p + E_t^p \tag{4-126}$$

$$(1-t-T)Y_t^r = C_{1t}^r + \frac{1}{1+r}C_{2t}^r + E_t^r \tag{4-127}$$

结合上述效用函数以及预算约束条件，可建立拉格朗日函数：

$$L = q\left(\ln C_{1t}^p + \frac{1}{1+\rho}\ln C_{2t}^p + \psi \ln Y_{t+1}^p\right) + (1-q)\left(\ln C_{1t}^r + \frac{1}{1+\rho}\ln C_{2t}^r + \psi \ln Y_{t+1}^r\right) + \lambda_1 \left[(1-t-T)Y_t^p - C_{1t}^p - \frac{1}{1+r}C_{2t}^p - E_t^p\right] + \lambda_2\left[(1-t-T)Y_t^r - C_{1t}^r - \frac{1}{1+r}C_{2t}^r - E_t^r\right] \tag{4-128}$$

根据效用最大化一阶条件，对式（4-128）求 C_{1t}^i的导数有：

$$\frac{\partial L}{\partial C_{1t}^i} = 0 \tag{4-129}$$

$$\frac{\partial L}{\partial C_{1t}^p} = \frac{q}{C_{1t}^p} - \lambda_1 = 0 \tag{4-130}$$

$$\frac{\partial L}{\partial C_{1t}^r} = \frac{1-q}{C_{1t}^r} - \lambda_2 = 0 \tag{4-131}$$

对式（4-128）求 C_{2t}^i的导数有：

$$\frac{\partial L}{\partial C_{2t}^i} = 0 \tag{4-132}$$

$$\frac{\partial L}{\partial C_{2t}^p} = \frac{q}{1+\rho}\frac{1}{C_{2t}^p} - \lambda_1 \frac{1}{1+r} = 0 \tag{4-133}$$

$$\frac{\partial L}{\partial C_{2t}^r} = \frac{1-q}{1+\rho}\frac{1}{C_{2t}^r} - \lambda_2 \frac{1}{1+r} = 0 \tag{4-134}$$

对式（4-128）求 E_t^i 的导数有：

$$\frac{\partial L}{\partial E_t^i} = 0 \tag{4-135}$$

$$\frac{\partial L}{\partial E_t^p}=\frac{q\cdot\psi\cdot\delta\cdot A}{E_t^p}-\lambda_1=0 \tag{4-136}$$

$$\frac{\partial L}{\partial E_t^r}=\frac{(1-q)\cdot\psi\cdot\delta\cdot A}{E_t^r}-\lambda_2=0 \tag{4-137}$$

结合上述一阶条件，可得：

$$\frac{C_{2t}^i}{C_{1t}^i}=\frac{1+r}{1+\rho} \tag{4-138}$$

$$\frac{\psi\cdot\delta\cdot A}{E_t^i}=\frac{1}{C_{1t}^i} \tag{4-139}$$

所以有：

$$C_{1t}^i=\frac{E_t^i}{\psi\cdot\delta\cdot A} \tag{4-140}$$

$$C_{2t}^i=\frac{1+r}{1+\rho}\cdot\frac{E_t^i}{\psi\delta A} \tag{4-141}$$

代入预算约束条件可得：

$$E_t^i=\frac{(1+\rho)\cdot\psi\delta A}{(1+\rho)\cdot\psi\delta A+(2+\rho)}\cdot(1-t-T)Y_t^i \tag{4-142}$$

即在效用最大化下，家庭教育支出 E_t 可写为一个常数与父代收入 Y_t 的乘积形式：

$$E_t^p=\frac{(1+\rho)\cdot\psi\delta A}{(1+\rho)\cdot\psi\delta A+(2+\rho)}\cdot(1-t-T)Y_t^p \tag{4-143}$$

$$E_t^r=\frac{(1+\rho)\cdot\psi\delta A}{(1+\rho)\cdot\psi\delta A+(2+\rho)}\cdot(1-t-T)Y_t^r \tag{4-144}$$

将式（4－143）、式（4－144）分别代入式（4－136）、式（4－137），可得：

$$\begin{aligned}\lambda_1&=\frac{q\cdot\psi\cdot\delta\cdot A}{E_t^p}=q\cdot\psi\cdot\delta\frac{(1+\rho)\cdot\psi\delta A+(2+\rho)}{(1+\rho)\cdot\psi\delta A\cdot(1-t-T)Y_t^p}\\&=q\cdot\frac{(1+\rho)\cdot\psi\delta A+(2+\rho)}{(1+\rho)\cdot(1-t-T)Y_t^p}=q\cdot\frac{\psi\delta A+1+\frac{1}{1+\rho}}{(1-t-T)Y_t^p}\end{aligned} \tag{4-145}$$

$$\begin{aligned}\lambda_2&=\frac{(1-q)\cdot\psi\cdot\delta\cdot A}{E_t^r}=(1-q)\cdot\psi\cdot\delta\frac{(1+\rho)\cdot\psi\delta A+(2+\rho)}{(1+\rho)\cdot\psi\delta A\cdot(1-t-T)Y_t^r}\\&=(1-q)\cdot\frac{(1+\rho)\cdot\psi\delta A+(2+\rho)}{(1+\rho)\cdot(1-t-T)Y_t^r}=(1-q)\cdot\frac{\psi\delta A+1+\frac{1}{1+\rho}}{(1-t-T)Y_t^r}\end{aligned} \tag{4-146}$$

4.3.3 分析与讨论

进一步分析地方政府行为，地方政府需要对该地区的财政教育支出 g_t^i 作出决策，以贫困地区为例，对式（4－128）求 g_t^p 的导数，可得：

$$\frac{\partial L}{\partial g_t^p}=0 \tag{4-147}$$

根据 $g_t^p=\eta_1\cdot t\cdot Y_t^p$：

$$t\cdot Y_t^p=\frac{1}{\eta_1}g_t^p \tag{4-148}$$

故有：

$$\frac{\partial L}{\partial g_t^p}=q\cdot\psi\left(\frac{d\ln Y_{t+1}^p}{dG_t^p}\cdot\frac{dG_t^p}{dg_t^p}+\frac{d\ln Y_{t+1}^p}{dE_t^p}\cdot\frac{dE_t^p}{dg_t^p}\right)-\frac{1}{\eta_1}\cdot\lambda_1=0 \tag{4-149}$$

$$q\cdot\psi\left(\frac{\delta B}{G_t^p}+\frac{\delta A}{E_t^p}\cdot\frac{dE_t^p}{dg_t^p}\right)=\frac{1}{\eta_1}\cdot\lambda_1 \tag{4-150}$$

$$q\cdot\psi\left(\frac{\delta B}{G_t^p}+\frac{\delta A}{G_t^p}\cdot\frac{G_t^p}{E_t^p}\cdot\frac{dE_t^p}{dG_t^p}\cdot\frac{dG_t^p}{dg_t^p}\right)=\frac{1}{\eta_1}\cdot\lambda_1 \tag{4-151}$$

令：

$$\frac{G_t^p}{E_t^p}\cdot\frac{dE_t^p}{dG_t^p}\equiv\phi^p \tag{4-152}$$

并代入式（4－145），可得：

$$\frac{\psi\delta(B+A\phi^p)}{g_t^p+\overline{G_t^p}}=\frac{1}{\eta_1}\cdot\frac{\psi\delta A+1+\frac{1}{1+\rho}}{(1-t-T)Y_t^p}=\frac{\psi\delta A+1+\frac{1}{1+\rho}}{\eta_1(1-T)Y_t^p-g_t^p} \tag{4-153}$$

化简可得：

$$\left\{1+\frac{1}{1+\rho}+\psi\delta[B+A(1+\phi^p)]\right\}\cdot g_t^p$$
$$=\psi\delta(B+A\phi^p)\eta_1(1-T)\cdot Y_t^p-\left(\psi\delta A+1+\frac{1}{1+\rho}\right)\cdot\overline{G_t^p} \tag{4-154}$$

同理根据一阶条件 $\frac{\partial L}{\partial g_t^r}=0$，可得：

$$\frac{\partial L}{\partial g_t^r}=(1-q)\cdot\psi\left(\frac{d\ln Y_{t+1}^r}{dG_t^r}\cdot\frac{dG_t^r}{dg_t^r}+\frac{d\ln Y_{t+1}^r}{dE_t^r}\cdot\frac{dE_t^r}{dg_t^r}\right)-\frac{1}{\eta_1}\cdot\lambda_2=0 \tag{4-155}$$

令：

$$\frac{G_t^r}{E_t^r} \cdot \frac{dE_t^r}{dG_t^r} \equiv \phi^r \tag{4-156}$$

并代入式（4－146），可得：

$$\left\{1 + \frac{1}{1+\rho} + \psi\delta[B + A(1+\phi^r)]\right\} \cdot g_t^r$$
$$= \psi\delta(B + A\phi^r)\eta_1(1-T) \cdot Y_t^r - \left(\psi\delta A + 1 + \frac{1}{1+\rho}\right) \cdot \overline{G_t^r} \tag{4-157}$$

可以看到，g_t^i 与 $\overline{G_t^i}$ 呈反向变动关系。这意味着，地方政府财政教育支出随本地区收入的增加而增加，随上级政府财政教育支出的增加而减少，这与我国当前的财政教育支出实际情况相吻合。

进一步分析上级政府行为，上级政府也需要对各地区的财政教育支出 $\overline{G_t^i}$ 作出决策，但上级政府不直接与各地区经济发展情况产生联系，故对各地区财政教育支出的决策更多取决于占税收的比例 η_2^i。因此，以贫困地区为例，对式（4－128）求 η_2^p 的导数，可得：

$$\frac{\partial L}{\partial \eta_2^p} = 0 \tag{4-158}$$

$$\frac{\partial L}{\partial \eta_2^p} = q \cdot \psi\left(\frac{d\ln Y_{t+1}^p}{dG_t^p} \cdot \frac{dG_t^p}{d\eta_2^p} + \frac{d\ln Y_{t+1}^p}{dE_t^p} \cdot \frac{dE_t^p}{d\eta_2^p}\right) + \lambda_1 \cdot (1-t-T)\frac{1}{\frac{d\eta_2^p}{dY_t^p}} = 0 \tag{4-159}$$

$$q \cdot \psi\left(\frac{\delta B(1-\pi)T\overline{Y_t}}{G_t^p} + \frac{\delta A}{G_t^p} \cdot \frac{G_t^p}{E_t^p} \cdot \frac{dE_t^p}{dG_t^p} \cdot \frac{dG_t^p}{d\eta_2^p}\right) + \lambda_1 \cdot (1-t-T)\frac{1}{\frac{d\eta_2^p}{dY_t^p}} = 0 \tag{4-160}$$

$$\frac{q\psi\delta \cdot (B + A\phi^p) \cdot (1-\pi)T\overline{Y_t}}{G_t^p} + \lambda_1 \cdot (1-t-T)\frac{1}{\frac{d\eta_2^p}{dY_t^p}} = 0 \tag{4-161}$$

$\frac{d\eta_2^p}{dY_t^p}$ 意味着，上级政府对贫困地区的财政教育支出比例与其收入情况相关，根据式（4－161）有 $\frac{d\eta_2^p}{dY_t^p} < 0$，$Y_t^p$ 越小，η_2^p 越大，即贫困地区代表性家庭收入越少，上级政府用于财政教育支出的比例越大。同理，对于富裕地区有：

$$\frac{\partial L}{\partial \eta_2^r}=0 \tag{4-162}$$

$$\frac{(1-q)\psi\delta\cdot(B+A\phi^r)\cdot(1-\pi)T\overline{Y_t}}{G_t^r}+\lambda_2\cdot(1-t-T)\frac{1}{\frac{d\eta_2^r}{dY_t^r}}=0 \tag{4-163}$$

根据上式，有$\frac{d\eta_2^r}{dY_t^r}<0$，$Y_t^r$ 越大，η_2^r 越小，即富裕地区代表性家庭收入越高，上级政府用于财政教育支出的比例越低。这意味着，上级政府会偏向于对贫困地区进行财政教育支出，也与我国当前的财政支出实际相吻合。

对式（4－118）求 $\ln Y_t^p$ 的导数，可得：

$$\begin{aligned}
\frac{d\ln Y_{t+1}^p}{d\ln Y_t^p}&=\delta\cdot A\cdot\frac{d\ln E_t^p}{d\ln Y_t^p}+\delta\cdot B\cdot\frac{d\ln G_t^p}{d\ln Y_t^p}\\
&=\delta A+\delta B\cdot\frac{dG_t^p}{dY_t^p}\cdot\frac{Y_t^p}{G_t^p}\\
&=\delta A+\delta B\cdot[\eta_1 t+\eta_2^p(1-\pi)Tq]\cdot\frac{Y_t^p}{G_t^p}\\
&=\delta A+\delta B\cdot\frac{[\eta_1 t+\eta_2^p(1-\pi)Tq]\cdot Y_t^p}{[\eta_1 t+\eta_2^p(1-\pi)Tq]\cdot Y_t^p+[\eta_2^p(1-\pi)T(1-q)]\cdot Y_t^r}\\
&=\delta A+\delta B\cdot\frac{1}{1+\frac{\eta_2^p(1-\pi)T(1-q)}{\eta_1 t+\eta_2^p(1-\pi)Tq}\cdot\frac{Y_t^r}{Y_t^p}}\\
&=\delta[\alpha+(1-\alpha-\beta)a]+\delta[\beta+(1-\alpha-\beta)b]\cdot\frac{1}{1+\frac{T(1-q)}{\frac{\eta_1}{\eta_2^p}\cdot\frac{1}{1-\pi}t+Tq}\cdot\frac{Y_t^r}{Y_t^p}}
\end{aligned} \tag{4-164}$$

对上式左右两边求 β 的导数可得：

$$\frac{d\ln Y_{t+1}^p/d\ln Y_t^p}{d\beta}=-\delta a+\delta(1-b)\cdot\frac{1}{1+\frac{T(1-q)}{\frac{\eta_1}{\eta_2^p}\cdot\frac{1}{1-\pi}t+Tq}\cdot\frac{Y_t^r}{Y_t^p}} \tag{4-165}$$

其中$\frac{\eta_1}{\eta_2^p}$越小，π 越小，$\left|\frac{d\ln Y_{t+1}^p/d\ln Y_t^p}{d\beta}\right|$越大。同样，对于富裕地区有：

$$\frac{d\ln Y_{t+1}^r}{d\ln Y_t^r}=\delta\cdot A\cdot\frac{d\ln E_t^r}{d\ln Y_t^r}+\delta\cdot B\cdot\frac{d\ln G_t^r}{d\ln Y_t^r}$$

$$=\delta[\alpha+(1-\alpha-\beta)a]+\delta[\beta+(1-\alpha-\beta)b]\cdot\frac{1}{1+\dfrac{Tq}{\dfrac{\eta_1}{\eta_2^r}\cdot\dfrac{1}{1-\pi}t+T(1-q)}\cdot\dfrac{Y_t^p}{Y_t^r}}\tag{4-166}$$

对上式左右两边求 β 的导数可得：

$$\frac{d\ln Y_{t+1}^r/d\ln Y_t^r}{d\beta}=-\delta a+\delta(1-b)\cdot\frac{1}{1+\dfrac{Tq}{\dfrac{\eta_1}{\eta_2^r}\cdot\dfrac{1}{1-\pi}t+T(1-q)}\cdot\dfrac{Y_t^p}{Y_t^r}}\tag{4-167}$$

$\frac{\eta_1}{\eta_2^r}$越小，π 越小，$\left|\frac{d\ln Y_{t+1}^r/d\ln Y_t^r}{d\beta}\right|$越大。

综上所述，$\frac{\eta_1}{\eta_2^i}$越小，代表了相对于地方政府，上级政府对地区 i 的财政教育支出比例越高，财政教育支出对代际传递的削弱作用越强，对代际流动性的改善作用越强；而 π 与代际传递系数的负相关性，表明上级政府支出所带来的效率损失，可能会削弱这一作用。据此可提出假设 12：

假设 12： 上级政府财政教育支出改善社会代际流动性的作用可能更大，但这一作用会受到由上级政府支出造成的效率损失的限制。

4.4　本章小结

本章主要从理论层面分别构建了两代人三期的世代交叠模型、两代人五期的世代交叠模型、引入两级政府的世代交叠模型，探讨了财政教育支出规模、结构、责任分担对社会代际流动性的影响。通过模型构建，引出效用最大化问题以及对其的分析和讨论，提出以下假设：

假设 1： 父代社会阶层正向影响子代社会阶层，代际传递系数大于 0。

假设 2： 财政教育支出正向影响子代所处社会阶层。

假设 3： 财政教育支出有助于减弱代际传递，加强代际流动。

假设 4：财政教育支出可以通过减弱家庭教育支出对子代的影响，进而减弱代际传递，加强代际流动。

假设 5：财政教育支出可能会挤出家庭教育支出，进而减弱代际传递。

假设 6：财政教育支出能够减弱子代教育表现对其社会阶层的影响，进而减弱代际传递，加强代际流动。

假设 7：财政教育支出可以通过提高子代教育表现，进而减弱代际传递，加强代际流动。

假设 8：财政教育支出可以改善宏观教育环境，进而减弱代际传递，加强代际流动。

假设 9：基础教育和高等教育财政教育支出都能正向促进子代所处社会阶层。

假设 10：基础教育与高等教育财政教育支出都有助于减弱代际传递，加强代际流动。

假设 11：基础教育财政教育支出对代际流动性的改善作用强于高等教育。

假设 12：上级政府财政教育支出改善社会代际流动性的作用可能更大，但这一作用会受到由上级政府支出造成的效率损失的限制。

第 5 章　财政教育支出对社会代际流动性的影响效应检验

上一章，本书从理论层面探讨了财政教育支出规模、结构、责任分担对社会代际流动性的影响，通过模型分析发现，财政教育支出有助于减弱代际传递、加强代际流动。从结构来看，基础教育财政教育支出作用更大；从政府间责任分担来看，上级政府的作用更强，但同时也会受到效率损失的制约。为验证前文提出的一系列假设，本章将进一步在实证层面对两者的关系进行验证。

从既有研究来看，国外学者对公共教育支出与代际流动性关系的实证研究主要集中在两个方面：一是公共教育总支出对代际流动性的影响；二是分教育阶段探讨公共教育支出对代际流动性的影响。学者们得到的结论普遍一致：公共教育支出能够改善代际流动性，特别是针对早期教育的支出，其影响效应更大，针对高等教育的公共支出影响效应较小或者统计上不显著。与此同时，针对贫困家庭的公共教育支出能够有力改善代际流动性（Mayer 和 Lopoo，2008；Li 等，2014；Hidalgo 等，2018；Yang 和 Qiu，2016）。

国内关于财政教育支出或公共教育支出与社会代际流动性关系的研究较少，总体来看，普遍认为政府的财政教育支出有利于改善社会代际流动性，但研究视角有所不同，主要可以分为两个：一是以代际收入流动性为研究视角；二是以教育的代际传递为研究视角。在异质性讨论方面，学者们认为因公共教育支出水平（徐俊武、易祥瑞，2014；杨娟、周青，2013）、教育阶段（宋旭光、何宗樾，2018；陈琳，2015）、子女性别（刘楠楠、段义德，2017）、父母收入、父母学历（宋旭光、何宗樾，2018）、城乡差异（刘楠楠、段义德，2017；刘文、沈丽杰，2017）等因素的不同，财政教育支出对社会代际流动性的影响有所差异。在传递机制方面，学者们认为政府的财政教育支出可以通过缓解家庭面临的借贷约束（李力行、周广肃，2015；杨娟，赖德胜等，2015）、弥补父代对子代人力资本投资的不足（周波、苏佳，2012），进而改善代际流动性。

本章将在前人研究的基础上，进一步分规模、结构、责任分担三个问题，实证检验财政教育支出对社会代际流动性的影响效应。可能的创新之处在于：首先，在研究维度上，目前国内的相关研究主要集中于规模问题，本书在此基础上进一步提出两个新的维度，拓宽了既有研究的视角。其次，在具体分析上，相较于既有研究，本书较为全面和完整地考察了财政教育支出对代际流动性的影响效应和作用机制，具体体现在：第一，在所有回归中，纳入多层面的控制变量。第二，使用包括县、市、省、全国的数据进行全面分析。第三，对财政教育支出数据进行了细致剖析，区分了政府的全部支出与本级支出。第四，进一步考虑了回归中可能存在的内生性问题，并进行相应处理。第五，基于宏观和个体双维度的异质性讨论更加细致和全面。本章的后续安排如下：第一节为研究设计，第二节为基本回归结果，第三节为稳健性检验，第四节为异质性讨论。

5.1 研究设计

5.1.1 计量模型设定

根据前文部分事实证据及理论分析，本书旨在探讨财政教育支出对社会代际流动性的影响，而代际流动性又可以使用父代对子代的影响效应表示，因此借鉴 Mayer 和 Lopoo（2008），李力行、周广肃（2014）等的相关研究，本书将加入财政教育支出与父代特征交互项的模型设为基本回归模型，主要设定如下：

$$M\_s_{ijt} = \beta_0 + \beta_1 \cdot M\_d_{ijt} + \beta_2 \cdot F_{jt'} + \beta_3 \cdot M\_d_{ijt} \cdot F_{jt'} + \gamma \cdot Control + \mu \tag{5-1}$$

其中，s 代表子代，d 代表父代，i 代表第 i 对父（母）子（女）对，j 代表该配对所处地区，t 代表子代出生时期，t' 代表子代受教育时期。M_s_{ijt} 是被解释变量，代表配对 i 中的子代特征；M_d_{ijt} 是解释变量 1，代表配对 i 中的父代特征；$F_{jt'}$ 是解释变量 2，代表配对 i 所在地区 j 在子代受教育时期 t' 的财政教育支出水平；$M\_d_{ijt} \cdot F_{jt'}$ 是上述父代特征和财政教育支出的交互项，也是本书的核心解释变量；$Control$ 是个体层面和区域层面的系列控制变量以及部分固定效应；μ 为残差项。

进一步分析各项系数，β_1 是父代特征对子代特征的影响程度，它衡量了社会代际传递性，若 $\beta_1>0$，则意味着子代特征正向依赖父代特征，β_1 越大，则代际传递越强，社会代际流动性越弱。β_2 是财政教育支出对子代特征的影响，若 $\beta_2>0$，则意味着这一影响是正向的，反之为负向。β_3 是财政教育支出与父代特征交互项对子代特征的影响，也是本书需要重点关注的系数，若在 $\beta_1>0$ 的情况下有 $\beta_3<0$，则意味着财政教育支出能够降低父代特征对子代特征的正向作用，从而削弱代际传递，改善社会代际流动性。

为匹配本书拟研究的三个核心问题——规模、结构、责任分担，本书进一步在基本回归模型的基础上予以细化。首先，规模问题中，$F_{jt'}$代表 j 地区 t' 时期财政教育支出的总规模，交互项 β_3 的解释同上。其次，结构问题中，$F_{jt'}$ 代表 j 地区 t'时期各级教育的财政教育支出，本书将教育阶段分为高等教育、高中教育、初中教育、小学教育和幼儿园五个阶段，在 $\beta_1>0$、$\beta_3<0$ 且所有其他变量不变的情况下，交互项系数 β_3 的绝对值越大，代表相应教育阶段财政教育支出对社会代际流动性的改善作用越强。最后，责任分担问题中，$F_{jt'}$ 代表 j 地区 t'时期各级政府的财政教育支出，本书将政府层级分为中央本级、省本级、市本级和县本级，同样，在 $\beta_1>0$、$\beta_3<0$ 且所有其他变量不变的情况下，交互项系数 β_3 的绝对值越大，代表相应政府层级的财政教育支出对社会代际流动性的改善作用越强。

5.1.2　变量定义和数据来源

(1) 个体特征变量

个体特征变量包括两项，一是被解释变量子代特征，二是解释变量父代特征，它们主要用于度量代际传递水平，是衡量财政教育支出对社会代际流动性影响的基础和前提。根据既有研究以及本书第 4 章关于社会代际流动性的测算，可选择的指标主要有三个：收入、受教育年限以及社会地位，本书最终选择了父代和子代的受教育年限，理由有四：第一，使用个体单一年度收入会产生有偏估计。根据 Becker 和 Tomes（1979）的模型设定，要想使用个体收入从而获得代际收入传递系数的无偏估计，需要使用两代人的终身收入，但这一数据难以从现实中的统计数据或调查数据中直接获得。如果使用单一年度收入代替终身收入，可能会对系数的估计产生偏误。第二，使用个体社会地位难以保证足够的客观性。如前文所述，本书第 4 章尝试使用个体的社会地位来衡量社会代际流动性，但在进行数据处理时发现，现有微观数据库大多是对其进行定性描述，并且未给出明确的高低顺序，这就导致在处理数据的过程中需要本书进行主观划分，难以保证基础数据的客观性。与此同时，本书第4章将个体的社会地位定义为职业类型、所处行业、单位性质和政治身份的综合指标，但在大多微观数据库中，这四个指标难以同时保持完整，这加剧了数据的主观性。第三，受教育年限是衡量个体特征（包括收入和社会地位）较好的替代变量。一方面，使用个体受教育年限测算代际教育传递性，本就是度量社会代际流动性的关键指标之一；另一方面，不论是经济学领域还是社会学领域，个体受教育年限都被视为影响其终身收入和未来社会地位的关键因素，因而在经典的代际流动性文献中，部分学者使用受教育程度作为终身收入的代理变量（Solon，1992）。第四，本书第4章分别使用个体收入、教育、社会地位对我国社会代际流动性进行了测算，结果发现教育、社会地位的代际流动性基本保持一致，近年来三者发展趋势也基本保持一致，因此，选择教育代际流动性作为社会代际流动性的度量指标具有一定的代表性。当然，为保持结果的稳健，后文也会进一步替换指标进行稳健性检验。

在数据来源方面，本书主要使用中国家庭收入调查（CHIPS）各年度的调查数据。之所以选择该数据库，主要基于以下三方面的考虑：第一，样本覆盖范围广。CHIPS样本或是覆盖全国绝大部分省份，或是所处地区具有代表性，涉及东部沿海地区、内陆地区、西部地区、直辖市等。第二，覆盖样本多。CHIPS每年涵盖上万个家庭住户，涉及家庭成员5万—8万人，并且同时包含了城镇和农村样本，自2002年开始独立设置了流动人口样本。第三，可精确定位父（母）子（女）对所在地区到县一级。出于道德伦理以及隐私保护的考虑，现有微观调查数据库大多采用省级精确定位、省以下地区顺序编码的方式，故仅能进行省级层面分析及省以下聚类分析，难以精确匹配地市级和县级数据。本书主要研究财政教育支出对社会代际流动性的影响，在选定个体层面变量之后，关键一步是根据个体所在地区进行宏微观数据的匹配，并且在责任分担问题中需要对政府层级进行剖析，若仅能到省级层面，难以保证研究的完整性。而CHIPS数据库采用同年国家统计局划定的地区代码，可精确定位父（母）子（女）对所在地区到县一级，较好地解决了上述问题。

在样本选择方面，主要包含两个问题：一是父（母）子（女）的配对，二是子代样本的选取。首先，对于前者，配对方式及处理过程同本书第 4 章，此处不再赘述。其次，关于样本的选取，本书最终选取了 1981—1993 年出生并完成学业的子代，主要理由有三：第一，考虑 1986 年《中华人民共和国义务教育法》的实施。1986 年，《中华人民共和国义务教育法》颁布，规定我国实行九年义务教育，由此开启了全面普九新阶段。政策实施后，让适龄儿童接受义务教育不仅是个体权利，更成为一种法律义务，这使在探讨财政教育支出对社会代际流动性的影响时，必须考虑这一法律环境的变动。为剔除这一影响对本书研究结果的干扰，本书将子代样本出生年份的起点选为 1981 年，以正常接受义务教育的年龄（6 岁）来算，1986 年前后恰好是《中华人民共和国义务教育法》实施的第一年，以此将所有子代样本都限定在《中华人民共和国义务教育法》颁布之后。第二，考虑 1999 年高等教育扩招的影响。1999 年，我国高等教育实行了大规模扩招，此后高等教育一直保持扩招状态。这一政策变化带来的是受教育机会的增加，因此，在探讨财政教育支出对社会代际流动性的影响时，也需要考虑这一政策的变动。同样，子代样本出生年份的起点为 1981 年，以正常接受高等教育的年龄（18 岁）来算，1999 年正好是高等教育扩招政策实施的第一年，以此将所有子代样本都限定在扩招政策之后。第三，考虑到子代样本在被调查年份已基本完成学业，本书将各年度子代样本的最小年龄限定为 20 岁。以往研究多是将其限定在 16—18 岁，但由于本书同时也将高等教育考虑在内，因此在前人研究的基础上延长了子代的受教育时间。综上所述，本书最终选取了出生于 1981—1993 年的子代及其对应的父代作为个体样本，其中 CHIPS 2013 子代出生年份为 1981—1993 年，CHIPS 2007 为 1981—1987 年，CHIPS 2002 为 1981—1982 年，其余早于 2002 年开展的调查由于不满足上述三个条件，并未纳入本章样本之中。最终，剔除部分异常值后（如受教育年限小于 0，子代父代年龄相差小于 18 岁等），本书获取到 14601 对有效父子对样本。

（2）宏观解释变量

宏观解释变量主要指地区的财政教育支出，本书使用人均财政教育支出的对数值予以度量，具体根据研究问题的不同而有部分变化。

①规模问题

在规模问题中，为全面衡量财政教育支出规模对社会代际流动性的影响，本书分别以县、市、省、全国为单位进行了财政教育支出数据的搜集。其中，县级即以县为单位，其财政教育支出为县级政府的支出；市级即以地级市为单位，其财政教育支出指全市的总支出，包括该市下设所有县的支出合计以及市本级政府的支出；省级即以省、自治区、直辖市为单位，其财政教育支出指全省的总支出，包括该省下设所有地级市的支出合计以及省本级政府的支出；全国同样是以省、自治区、直辖市为单位，但其财政教育支出涵盖发生在该省域内的全部支出，包括上述的省级支出以及中央对各省发生的支出。以此，从县到市到省再到全国，逐级衡量财政教育支出的规模，以提升数据的全面性和代表性。

数据年份选取方面，出生于1981—1993年子代的受教育时间应是1984—2013年，但充分考虑财政教育支出数据的可获得性，本书最终将县级数据和市级数据的时间段选定为1993—2007年，省级和全国数据选为1995—2013年，人均化后求其均值放入回归。虽然数据难以涵盖子代样本全部受教育时期，但由于各地区各年财政教育支出具有很强相关性，因而同样具有一定代表性。需要特别说明的是，数据选取时间段的不一致性并不会影响结果的稳健性。这是由于在规模问题的研究当中，四个层面的回归相互独立，我们需要重点关注的是交互项系数的正负，即财政教育支出对社会代际流动性的影响是改善还是削弱，并不需要比较四个系数的大小关系，但为了结果的稳健性，本书也尝试选取某一年份数据、或是严格使用1995—2007年的均值代替上述均值，回归结果并没有显著差异。

数据来源方面，县级、市级财政教育支出数据及人口数据均来源于1993—2007年《全国地市县财政统计资料》，部分缺失数据使用各省市统计年鉴、《中国城市统计年鉴》等相关资料补充，但由于所涉年份较早，最终获得509个县域和230个地级市的财政教育支出数据；省级财政教育支出数据来自1995—2013年《中国财政统计年鉴》，人口数据来源于1995—2013年《中国统计年鉴》；全国数据来自1996—2014年《中国教育经费统计年鉴》。

②结构问题

在结构问题中，为探讨各级教育阶段财政教育支出对社会代际流动性的影响，本书分普通高等教育、普通高中教育、普通初中教育、普通小学教育、幼儿园教育进行了财政教育支出数据的搜集。由于2013年之前，这一数据仅在省级层面公布，故本书选取各省1995—2013年各级教育的财政教育支出，人均化后求其均值放入回归。数据来源于1996—2014年《中国教育经费统计年鉴》。

③责任分担问题

在责任分担问题中，为探讨各级政府财政教育支出对社会代际流动性的影响，本书分中央本级、省本级、市本级和县本级分别搜集和测算了各级政府财政教育支出数据。其中，中央本级即中央政府发生在各地的财政教育支出，计算方式为规模问题中的全国数据减去省级数据；省本级即省政府本级发生的财政教育支出，计算方式为规模问题中的省级数据减去本省下设所有地级市的支出合计；市本级即市政府本级发生的财政教育支出，计算方式为规模问题中的市级数据减去本市下设所有县域的支出合计；县本级即县政府本级发生的财政教育支出，计算方式同规模问题中的县级数据。原始数据选取与来源同上述规模问题。

（3）控制变量

考虑到其他可能影响子代受教育年限的因素，本书分别从微观个体和宏观区域两个层面选取了系列控制变量。个体层面包括：子代年龄（*son_age*）、父代年龄（*dad_age*）、子代年龄的平方（son_age^2）、父代年龄的平方（dad_age^2）、子代性别（*son_sex*）。宏观层面包括财政收入（*fis_inc*），使用对数化后的财政收入衡量；财政支出（*fis_exp*），使用对数化后的财政支出衡量；地区生产总值（*gdp*），使用对数化后的地区生产总值衡量；三产比例（*third*），使用第三产业增加值占地区生产总值的比重衡量。需要说明的是，由于本书同时涉及多个维度的财政教育支出数据，相应地，宏观控制变量的维度也随着核心变量维度的变化而变化，县级财政教育支出对应县域控制变量，市级对应市域控制变量，以此类推。同时，为更好地处理遗漏变量问题，本书还进一步控制了城乡效应、地区固定效应和CHIPS库效应。所有与货币相关的指标均以1985年为基期进行平减。数据来源于CHIPS 2013、CHIPS 2007、CHIPS 2002、《全国地市县财政统计资料》《中国统计年鉴》《中国城市统计年鉴》以及各省市统计年鉴等。

5.1.3　数据说明总结

本书数据同时包含微观个体数据和宏观区域数据，最终获得有效样本14601对，覆盖了中国509个县域、230个地级市和23个省份。其中，微观个体变量主要来源于CHIPS 2013、CHIPS 2007和CHIPS 2002；宏观区域变量主要来源于《全国地市县财政统计资料》《中国统计年鉴》《中国教育经费统计年鉴》《中国城市统计年鉴》及各省市统计年鉴。表5－1给出了主要变量的描述性统计。

表 5-1　　　　　　　　　　变量定义与描述性统计

符号	变量属性	变量描述		均值	中位数	标准差	最小值	最大值	观测值
son_edu	被解释变量	子代受教育年限		10.9342	10	3.1951	0	29	13870
dad_edu	解释变量 1	父代受教育年限		8.0214	8	2.8087	0	25	14263
fis_edu	解释变量 2	人均财政教育支出（对数）—规模	县级	4.8610	4.8213	0.7938	1.4939	8.6901	509
			市级	5.0015	4.9599	0.4379	3.9516	7.1212	230
			省级	5.7772	5.7107	0.4073	5.3796	6.8799	23
			全国	8.1671	8.0339	0.5026	7.7371	9.7950	23
		人均财政教育支出（对数）—结构	普通高等	6.4528	6.2103	0.8263	5.4309	8.9942	23
			普通高中	5.6344	5.5531	0.4835	5.0056	6.9418	23
			普通初中	6.5808	6.4473	0.3561	6.1170	7.5415	23
			普通小学	7.0540	6.9859	0.2991	6.5902	7.7509	23
			幼儿园	3.7804	3.5918	0.8687	2.3931	6.5204	23
		人均财政教育支出（对数）—责任分担	中央本级	2.9479	3.2179	1.8781	-0.8788	6.9963	23
			省本级	3.5128	3.4096	0.7277	2.6290	5.6676	23
			市本级	2.9236	3.0042	0.9977	0.5792	7.0028	230
			县本级	4.8610	4.8213	0.7938	1.4939	8.6901	509
son_age	控制变量（个体层面）	子代年龄		23.5832	23	3.2262	20	32	14612
dad_age		父代年龄		50.9414	50	5.5661	38	85	14601
son_age^2		子代年龄平方		566.5797	529	161.5564	400	1024	14612
dad_age^2		父代年龄平方		2626.0110	2500	591.4939	1444	7225	14601
son_sex		子代性别（男 =1）		0.6274	1	0.4835	0	1	14612
fis_inc	控制变量（宏观层面）	财政收入（对数）	县级	10.6894	10.5656	1.4905	6.6957	14.7710	392
			市级	3.4647	3.3443	1.4732	0.6205	8.2055	230
			省级	5.8866	5.4948	1.2383	4.3338	8.4250	23
fis_exp		财政支出（对数）	县级	11.4935	11.5230	1.1712	8.6438	14.8802	380
			市级	4.2688	4.2408	1.2652	1.5769	8.3365	230
			省级	6.5915	6.2669	0.9638	5.4612	8.8081	23
third		三产比例（第三产业增加值/地区生产总值）	县级	0.3774	0.3437	0.1488	0.1070	0.9166	355
			市级	0.3655	0.3570	0.0786	0.1845	0.7685	230
			省级	0.4037	0.3886	0.0890	0.3127	0.7685	23
gdp		地区生产总值（对数）	县级	13.7329	13.7280	1.2223	9.8118	16.6487	368
			市级	6.3243	6.2955	1.2252	3.6109	9.8781	230
			省级	8.4951	8.4918	1.0542	7.0573	10.9093	23

注：①部分后续加入的新变量将在后文中进行详细描述，表 5-1 主要对核心被解释变量、解释变量以及控制变量进行描述性统计。

②在控制变量（宏观层面），县级数据要大于市级和省级，这是单位不一致造成的。为避免对数化后出现负数，本书县级控制变量数据以“万元”为单位，而市级和省级则以“亿元”为单位。

5.2　基本回归结果

5.2.1　规模问题

表 5－2 汇报了在不加入任何控制变量的情况下财政教育支出总规模（县级）对社会代际流动性的基本回归结果，所有回归中被解释变量都为子代受教育年限。其中，第（1）列为父代受教育年限对子代受教育年限的回归，结果显示，两者呈显著（1% 水平）正相关关系，这意味着子代受教育水平正向依赖父代受教育水平，代际传递为正，验证了本书的假设 1。第（2）列是财政教育支出对子代受教育年限的回归，结果显示，两者呈显著（1% 水平）正相关关系，这意味着财政教育支出同样有助于提升子代受教育水平，验证了本书的假设 2。第（3）列同时将父代受教育年限和财政教育支出纳入回归，结果显示，两个系数都在 1% 水平上显著为正，但相比于回归（1），在加入财政教育支出变量后，代际传递系数从 0.4606 下降到 0.4332，这初步表明，由于财政教育支出的存在，父代对子代的代际传递性得以减弱，初步验证了本书的假设 3。为检验这一效应，第（4）列进一步加入财政教育支出与父代受教育年限的交互项，但遗憾的是，在未加入任何控制变量的情况下，这一结果并不显著。

表 5－2　　基准回归—规模—县级—无控制变量

变量	（1）	（2）	（3）	（4）
dad_edu	0.4606*** （0.0090）		0.4332*** （0.0091）	0.4187*** （0.0868）
fis_edu		1.4217*** （0.0485）	1.1708*** （0.0450）	1.1448*** （0.1668）
fis_edu · *dad_edu*				0.0030 （0.0174）
Chips 库效应	NO	NO	NO	NO
个体控制变量	NO	NO	NO	NO
城乡效应	NO	NO	NO	NO
区域控制变量	NO	NO	NO	NO

续表

变量	(1)	(2)	(3)	(4)
区域固定效应	NO	NO	NO	NO
观测值	13584	13418	13138	13138
调整后 R^2	0.1633	0.0727	0.2153	0.2153

注：① ***、**、* 分别表示在 1%、5%、10% 水平上显著；②括号中为稳健标准误。

在表 5-2 基准回归的基础上，表 5-3 进一步汇报了加入系列控制变量后的回归结果。其中，由于本书样本是由 CHIPS 三个库的样本合并而成，因此 Panel A 首先控制了 CHIPS 库效应，回归结果显示，子代受教育水平受父代受教育年限和财政教育支出的正向影响（根据回归（1）—（2）），并且在加入财政教育支出后，代际传递得以减弱（根据回归（3）），但交互项系数依然不显著。Panel B 进一步加入个体年龄、性别等个体层面的控制变量，结果显示，（1）—（3）回归结果及其显著性未发生明显变化，交互项系数依然不显著，但可以发现系数已由正变负。Panel C 进一步控制了城乡效应，回归结果基本同 Panel B，但交互项系数的 p 值进一步缩小。在 Panel C 的基础上，Panel D 和 Panel E 又逐步加入区域层面控制变量和区域固定效应，结果显示，财政教育支出与父代受教育年限的交互项在 1% 和 5% 水平上显著为负，并且从系数大小来看，两者未有显著差异。上述结果反映出：在控制了众多因素之后，子代受教育水平正向依赖于父代受教育水平，地区财政教育支出总规模也会对子代受教育水平产生正向作用，同时也会降低父代对子代的上述影响，从而削弱代际传递，改善社会代际流动性，验证了本书的假设 3。

更进一步地，为全面衡量财政教育支出规模对社会代际流动性的影响，本书在县级数据的基础上又进一步以市、省、全国为单位进行了分析，相关回归结果汇报于表 5-4。需要说明的是，为增加阅读的便利性，表 5-4 仅统计了加入全部控制变量之后的结果，更细节的回归结果详见附录中的附表 1—附表 6。其中，Panel A 为市级层面的回归结果，财政教育支出数据以及相关宏观控制变量也相应为地级市层面数据。回归结果显示，交互项系数显著（5% 水平）为负，表明财政教育支出对社会代际流动性具有改善作用。Panel B 和 Panel C 分别为省级层面和全国层面的回归结果，相关宏观控制变量为省域变量。回归结果显示，财政教育支出与父代受教育年限的交互项在 1% 水平上显著为负，进一步证实了上述结果的稳健性。

综上所述，财政教育支出规模有助于降低代际传递，改善代际流动性，支出规模越大，改善作用越强。至此，本书的假设 1—假设 3 得以验证。

表 5 - 3　　　　基准回归—规模—县级—加入控制变量

Panel A：控制 Chips 库效应				
变量	(1)	(2)	(3)	(4)
dad_edu	0.4600*** (0.0089)		0.4340*** (0.0090)	0.4313*** (0.0900)
fis_edu		1.3713*** (0.0491)	1.1167*** (0.0457)	1.1119*** (0.1724)
fis_edu · dad_edu				0.0005 (0.0180)
Chips 库效应	YES	YES	YES	YES
个体控制变量	NO	NO	NO	NO
城乡效应	NO	NO	NO	NO
区域控制变量	NO	NO	NO	NO
区域固定效应	NO	NO	NO	NO
观测值	13584	13418	13138	13138
调整后 R^2	0.1953	0.0974	0.2412	0.2412
Panel B：进一步加入个体控制变量				
变量	(1)	(2)	(3)	(4)
dad_edu	0.4471*** (0.0090)		0.4205*** (0.0092)	0.4243*** (0.0889)
fis_edu		1.3477*** (0.0489)	1.0985*** (0.0458)	1.1054*** (0.1702)
fis_edu · dad_edu				-0.0008 (0.0178)
Chips 库效应	YES	YES	YES	YES
个体控制变量	YES	YES	YES	YES
城乡效应	NO	NO	NO	NO
区域控制变量	NO	NO	NO	NO
区域固定效应	NO	NO	NO	NO
观测值	13582	13416	13136	13136
调整后 R^2	0.2128	0.1267	0.2568	0.2568

续表

Panel C：进一步控制城乡效应				
变量	(1)	(2)	(3)	(4)
dad_edu	0.3002 *** (0.0096)		0.2872 *** (0.0097)	0.4063 *** (0.0740)
fis_edu		0.9594 *** (0.0424)	0.8845 *** (0.0418)	1.0972 *** (0.1420)
fis_edu · *dad_edu*				-0.0244 (0.0149)
Chips 库效应	YES	YES	YES	YES
个体控制变量	YES	YES	YES	YES
城乡效应	YES	YES	YES	YES
区域控制变量	NO	NO	NO	NO
区域固定效应	NO	NO	NO	NO
观测值	13582	13416	13136	13136
调整后 R^2	0.3069	0.2836	0.3362	0.3364

Panel D：进一步加入区域控制变量				
变量	(1)	(2)	(3)	(4)
dad_edu	0.2768 *** (0.0104)		0.2745 *** (0.0104)	0.4781 *** (0.0793)
fis_edu		0.7489 *** (0.0601)	0.6890 *** (0.0583)	1.0409 *** (0.1490)
fis_edu · *dad_edu*				-0.0419 *** (0.0160)
Chips 库效应	YES	YES	YES	YES
个体控制变量	YES	YES	YES	YES
城乡效应	YES	YES	YES	YES
区域控制变量	YES	YES	YES	YES
区域固定效应	NO	NO	NO	NO
观测值	10775	10895	10654	10654
调整后 R^2	0.3259	0.2862	0.3355	0.3358

续表

Panel E：进一步加入区域固定效应				
变量	(1)	(2)	(3)	(4)
dad_edu	0.2681*** (0.0107)		0.2726*** (0.0107)	0.4760*** (0.0848)
fis_edu		0.4931*** (0.1384)	0.5843*** (0.1346)	0.9319*** (0.1965)
fis_edu·*dad_edu*				-0.0420** (0.0172)
Chips 库效应	YES	YES	YES	YES
个体控制变量	YES	YES	YES	YES
城乡效应	YES	YES	YES	YES
区域控制变量	YES	YES	YES	YES
区域固定效应	YES	YES	YES	YES
观测值	10773	10894	10652	10652
调整后 R^2	0.3773	0.3385	0.3802	0.3805

注：① ***、**、* 分别表示在 1%、5%、10% 水平上显著；②括号中为稳健标准误。

表 5-4　基准回归—规模—市、省、全国层面

Panel A：市层面				
变量	(1)	(2)	(3)	(4)
dad_edu	0.2767*** (0.0096)		0.2799*** (0.0096)	0.4691*** (0.0863)
fis_edu		0.7227*** (0.1002)	0.8431*** (0.0983)	1.1441*** (0.1710)
fis_edu·*dad_edu*				-0.0373** (0.0169)
观测值	13343	13629	13343	13343
调整后 R^2	0.3572	0.3135	0.3610	0.3613
Panel B：省层面				
变量	(1)	(2)	(3)	(4)
dad_edu	0.2807*** (0.0097)		0.2804*** (0.0097)	0.7152*** (0.1280)

续表

Panel B：省层面				
变量	(1)	(2)	(3)	(4)
fis_edu		0.3879** (0.1530)	0.3121** (0.1490)	0.9351*** (0.2460)
fis_edu · dad_edu				-0.0762*** (0.0223)
观测值	13582	13868	13582	13582
调整后 R^2	0.3212	0.2730	0.3214	0.3220
Panel C：全国层面				
变量	(1)	(2)	(3)	(4)
dad_edu	0.2807*** (0.0097)		0.2794*** (0.0097)	0.8741*** (0.1415)
fis_edu		0.8059*** (0.1637)	0.5759*** (0.1598)	1.2464*** (0.2337)
fis_edu · dad_edu				-0.0734*** (0.0174)
观测值	13582	13868	13582	13582
调整后 R^2	0.3212	0.2739	0.3218	0.3225
Chips 库效应	YES	YES	YES	YES
个体控制变量	YES	YES	YES	YES
城乡效应	YES	YES	YES	YES
区域控制变量	YES	YES	YES	YES

注：①***、**、*分别表示在1%、5%、10%水平上显著；②括号中为稳健标准误。

5.2.2 结构问题

为进一步探讨结构问题，表5-5汇报了各级教育阶段财政教育支出对社会代际流动性的回归结果。其中，Panel A—Panel E依次为普通高等教育、普通高中教育、普通高中教育、普通初中教育、普通小学教育、幼儿园教育的回归结果。在各Panel中，第（1）列为父代受教育年限对子代受教育年限的回归，第（2）列为财政教育支出对子代受教育年限的回归，第（3）列同时将父代受教育年限和财政教育支出纳入回归，第（4）列进一步加入财政教育支出与父代受教育年限的交互项。回归结果显示，各级教育阶段财政教育支出对子代受教育年限的回归系数都在1%水平上显著为正，表明各级财政教育支出均对子代受教育水平有显著正向影响，验证了本书的假设9。在加入财政教育支出与父代受教育年限的交互项后，各级教育的交互项系数都在1%水平上显著为负，意味着各级教育阶段财政教育支出都能够降低子代受教育水平对父代受教育水平的依赖程度，从而降低代际传递，改善社会代际流动性，验证了本书的假设10。进一步从改善程度来看，普通高等教育、普通高中教育、普通高中教育、普通初中教育、普通小学教育、幼儿园教育交互项系数的绝对值分别为0.0547、0.0661、0.0859、0.0920、0.0334，因此，就作用大小而言，小学教育财政教育支出对社会代际流动性的改善程度最大，初中教育次之，高中教育再次，高等教育第四，幼儿园教育最末。这与本书在理论部分所得结论基本一致。从教育阶段划分来看，以义务教育为代表的基础教育不仅是个体人力资本积累的开端，同时也是高等教育的基础阶段。可以进一步使用由基础教育人力资本转化为高等教育人力资本的概率性来理解这一基础性作用：子代需要通过基础教育才能获得受高等教育的机会，同时高等教育是一种选拔性教育，只有在人力资本积累达到一定程度时才能进入，而这一积累正是由基础教育决定的。从政府层面来看，随着教育阶段的提升，其公共物品属性和正外部性特征呈现下降态势。根据市场失灵理论，公共物品属性和正外部性特征越大，市场作用就越小，政府作用越大。因此，在基础教育阶段，财政教育支出对社会代际流动性的改善作用更大，验证了本书的假设11。

表5-5　　基准回归—结构

Panel A：普通高等教育				
变量	(1)	(2)	(3)	(4)
dad_edu	0.2807*** (0.0097)		0.2773*** (0.0097)	0.6265*** (0.0742)
fis_edu		0.7503*** (0.0765)	0.6117*** (0.0748)	1.1010*** (0.1317)
fis_edu · dad_edu				-0.0547*** (0.0115)
观测值	13582	13868	13582	13582
调整后 R^2	0.3212	0.2777	0.3246	0.3255

续表

Panel B：普通高中教育				
变量	(1)	(2)	(3)	(4)
dad_edu	0.2807*** (0.0097)		0.2805*** (0.0097)	0.6510*** (0.1066)
fis_edu		0.3372** (0.1472)	0.2349 (0.1442)	0.7409*** (0.2075)
fis_edu · *dad_edu*				-0.0661*** (0.0188)
观测值	13582	13868	13582	13582
调整后 R^2	0.3212	0.2730	0.3214	0.3219
Panel C：普通初中教育				
变量	(1)	(2)	(3)	(4)
dad_edu	0.2807*** (0.0097)		0.2801*** (0.0097)	0.8412*** (0.1849)
fis_edu		0.5670*** (0.1927)	0.3370* (0.1878)	1.0545*** (0.3142)
fis_edu · *dad_edu*				-0.0859*** (0.0282)
观测值	13582	13868	13582	13582
调整后 R^2	0.3212	0.2731	0.3214	0.3218
Panel D：普通小学教育				
变量	(1)	(2)	(3)	(4)
dad_edu	0.2807*** (0.0090)		0.2808*** (0.0097)	0.9249*** (0.2121)
fis_edu		0.5675*** (0.1627)	0.4823*** (0.1581)	0.6913*** (0.2846)
fis_edu · *dad_edu*				-0.0920*** (0.0302)
观测值	13582	13868	13582	13582
调整后 R^2	0.3212	0.2690	0.3200	0.3209

续表

Panel E：幼儿园教育				
变量	(1)	(2)	(3)	(4)
dad_edu	0.2807***		0.2808***	0.4019***
	(0.0090)		(0.0090)	(0.0460)
fis_edu		0.1418**	0.1522***	0.4309***
		(0.0584)	(0.0582)	(0.1240)
fis_edu · *dad_edu*				-0.0334***
				(0.0124)
Chips 库效应	YES	YES	YES	YES
个体控制变量	YES	YES	YES	YES
城乡效应	YES	YES	YES	YES
区域控制变量	YES	YES	YES	YES
观测值	13582	13868	13582	13582
调整后 R^2	0.3212	0.2730	0.3216	0.3219

注：① ***、**、* 分别表示在 1%、5%、10% 水平上显著；②括号中为稳健标准误。

综上所述，在结构问题方面，各级教育阶段财政教育支出均有助于降低代际传递，改善代际流动性，相比之下，以义务教育为代表的基础教育作用要大于高等教育。至此，本书的假设 9—假设 11 得以验证。

5.2.3 责任分担问题

为进一步探讨责任分担问题，表 5-6 分政府层级汇报了各级政府财政教育支出对社会代际流动性的回归结果。其中，Panel A、Panel B、Panel C、Panel E 依次为其他变量均保持不变的情况下中央本级、省本级、市本级、县本级的回归结果，宏观区域控制变量全部使用省域层面的指标，目的在于尽可能控制其他因素，以便于后续进行各级政府交互项系数大小的比较。同时，为保证回归的科学性，本书也在市本级和县本级回归中进一步使用相应层级的控制变量，回归结果汇报于 Panel D 和 Panel F 中。在各 Panel 中，第（1）列为父代受教育年限对子代受教育年限的回归，第（2）列是财政教育支出对子代受教育年限的回归，第（3）列同时将父代受教育年限和财政教育支出纳入回归，第（4）列进一步加入财政教育支出与父代受教育年限的交互项。

表 5-6　　基准回归—责任分担

Panel A：中央本级				
变量	(1)	(2)	(3)	(4)
dad_edu	0.2807*** (0.0097)		0.2810*** (0.0097)	0.3173*** (0.0196)
fis_edu		0.1804*** (0.0201)	0.1733*** (0.0196)	0.2665*** (0.0480)
fis_edu · *dad_edu*				-0.0120** (0.0056)
观测值	13582	13868	13582	13582
调整后 R^2	0.3212	0.2769	0.3252	0.3254
Panel B：省本级				
变量	(1)	(2)	(3)	(4)
dad_edu	0.2807*** (0.0097)		0.2778*** (0.0097)	0.4256*** (0.0436)
fis_edu		0.5189*** (0.0748)	0.3671*** (0.0733)	0.7511*** (0.1373)
fis_edu · *dad_edu*				-0.0438*** (0.0125)
观测值	13582	13868	13582	13582
调整后 R^2	0.3212	0.2751	0.3225	0.3230
Panel C：市本级（省控）				
变量	(1)	(2)	(3)	(4)
dad_edu	0.2807*** (0.0097)		0.2715*** (0.0096)	0.3030*** (0.0241)
fis_edu		0.5435*** (0.0283)	0.5123*** (0.0276)	0.5910*** (0.0628)
fis_edu · *dad_edu*				-0.0098 (0.0070)
观测值	13582	13629	13343	13343
调整后 R^2	0.3212	0.2960	0.3417	0.3418

续表

Panel D：市本级（市控）				
变量	(1)	(2)	(3)	(4)
dad_edu	0.2676*** (0.0095)		0.2674*** (0.0095)	0.3034*** (0.0239)
fis_edu		0.2323*** (0.0373)	0.2257*** (0.0366)	0.3162*** (0.0674)
fis_edu · dad_edu				-0.0112 (0.0069)
观测值	13343	13629	13343	13343
调整后 R^2	0.3462	0.3035	0.3482	0.3483
Panel E：县本级（省控）				
变量	(1)	(2)	(3)	(4)
dad_edu	0.2807*** (0.0097)		0.2793*** (0.0098)	0.4022*** (0.0745)
fis_edu		0.7924*** (0.0522)	0.7910*** (0.0519)	1.0046*** (0.1419)
fis_edu · dad_edu				-0.0252* (0.0150)
观测值	13582	13416	13136	13136
调整后 R^2	0.3212	0.2906	0.3387	0.3388
Panel F：县本级（县控）				
变量	(1)	(2)	(3)	(4)
dad_edu	0.2768*** (0.0104)		0.2745*** (0.0104)	0.4781*** (0.0793)
fis_edu		0.7489*** (0.0601)	0.6890*** (0.0583)	1.0409*** (0.1490)
fis_edu · dad_edu				-0.0419*** (0.0160)
观测值	10775	10895	10654	10654
调整后 R^2	0.3259	0.2862	0.3355	0.3358
Chips 库效应	YES	YES	YES	YES
个体控制变量	YES	YES	YES	YES
城乡效应	YES	YES	YES	YES
区域控制变量	YES	YES	YES	YES

注：①***、**、*分别表示在1%、5%、10%水平上显著；②括号中为稳健标准误。

回归结果显示，各级政府财政教育支出对子代受教育年限的回归系数都在1%水平上显著为正，表明各级政府的财政教育支出均对子代受教育水平有显著正向影响。在加入财政教育支出与父代受教育年限的交互项后，中央本级、省本级、县本级的交互项系数分别在5%、1%、10%[①]水平上显著为负，而市本级无论是使用省域控制变量还是市域控制变量，交互项系数都不显著，这意味着中央本级、省本级、县本级这三级政府的财政教育支出能够降低子代受教育水平对父代受教育水平的依赖程度，从而降低代际传递，改善社会代际流动性，而市本级的作用相对有限。进一步从改善程度来看，交互项系数的绝对值大小在一定程度上能够反映改善程度的强弱，可以看到，中央本级、省本级、县本级交互项系数的绝对值分别为0.0120、0.0438、0.0252[②]，因此就作用大小而言，省本级政府对社会代际流动性的改善程度最大，县本级政府次之，中央政府再次，而市本级政府作用最有限。这与本书提出的假设12相一致：上级政府财政教育支出改善社会代际流动性的作用可能更大，但这一作用会受到由上级政府支出造成的效率损失的限制，因此在这两个条件的共同制约下，作为衔接中央政府和基层政府的省级政府以及具体执行的县级政府作用更大。这一结果也与我国公共教育领域财政事权与支出责任划分有关。根据1993年《中国教育改革和发展纲要》（中发〔1993〕3号）、1998年《面向21世纪教育振兴计划》以及1999年《关于深化教育改革全面推进素质教育的决定》（中发〔1999〕9号），20世纪90年代末以来，我国财政教育体制逐步形成“地方负责，分级管理”的模式。其中，县级政府是发展基础教育的主体，省级政府是发展高等教育的主体。在这之中，为保障教育事业均衡发展，中央政府和省级政府又承担了大部分均衡地区间教育发展的责任，而对于地市级政府来说，基本仅承担督导、监管以及少部分均衡地区教育发展的责任。因此，在改善社会代际流动性的作用上，省级政府和县级政府作为教育发展的主体，其作用更大；相对而言，中央政府的作用较为间接，可能更多通过均衡教育发展来改善社会代际流动性。

综上所述，在责任分担问题方面，除市本级外其他各级政府的财政教育支出均有助于降低代际传递、改善代际流动性，相比之下，省级政府和县级政府的作用更大。至此，假设12得以验证。

---

① 使用县域控制变量后，县本级交互项系数在1%水平上显著为负。

② 即使是使用县域控制变量，县本级交互项系数的绝对值为0.0419，依然略小于省本级政府。

5.3　稳健性检验

5.3.1　内生性问题

通常情况下，模型在估计过程中可能会面临三种内生性问题：一是互为因果，即自变量和因变量存在相互影响、互为因果的关系。本书模型中，被解释变量是子代受教育年限，解释变量是父代受教育年限、宏观区域层面的财政教育支出以及两者的交互项。一般来说，子代特征难以影响父代特征，微观个体也难以直接影响宏观整体，因此存在双向因果关系的可能性较小。二是遗漏变量，即模型中遗漏了影响被解释变量且与现有解释变量相关的其他变量。本书虽然从微观个体和宏观区域两个层面控制了影响子代受教育年限的相关变量，但仍然可能存在遗漏。三是选择性偏误，即样本选择并不完全是随机的。本书由于个体样本数据缺失等问题，在回归中自动进行了剔除和筛选，因此也可能存在样本选择偏差问题。

针对上述三个可能存在的内生性问题，本书分别使用 Heckman 两阶段法和工具变量法进行处理。需要说明的是，由于结构问题和责任分担问题实则是规模问题的进一步细化，且其核心问题在于比较各教育阶段、各级政府财政教育支出对社会代际流动性的作用大小；而在内生性检验过程中，由于加入了其他变量或是使用了工具变量组，难以保证除财政教育支出外其他变量不变，因此本书主要关注使用工具变量后交互项系数的正负是否发生显著变化，即财政教育支出对社会代际流动性的影响是否具有内生性问题。

(1) Heckman 两阶段法

本书使用 Heckman 两阶段法处理由样本选择性偏误导致的内生性问题。其基本原理在于，通过找到产生选择性偏误的潜在机制，并在原回归中对其进行控制，以纠正偏误。第一阶段，本书将拥有完整受教育年限数据的父子对（即父代和子代的数据）都完整标记为 1，其余则标记为 0，据此构建数据完整性分类变量（*complete*）。完成上述整理后，利用 Probit 模型估计下列三式：

$$Pr(complete = 1) = \sum \lambda_i X_{it} + \sum \delta_i fix_{it} + \varepsilon_{it} \tag{5-2}$$

$$Pr(complete = 1) = \sum \lambda_i Y_{it} + \sum \delta_i fix_{it} + \varepsilon_{it} \tag{5-3}$$

$$Pr(complete = 1) = \sum \lambda_i Z_{it} + \sum \delta_i fix_{it} + \varepsilon_{it} \qquad (5-4)$$

其中，X_{it}、Y_{it}、Z_{it}分别表示上文所述县域、市域、省域控制变量，fix_{it}表示系列其他控制变量，包括微观个体控制变量、CHIPS 库效应、城乡效应等，ε_{it}表示随机扰动项。在此基础上，可测算得到县级、市级、省级回归下的逆米尔斯比率（Inverse Mill's Ratio，IMR），变量符号分别表示为 *lambda_county*、*lambda_city*、*lambda_province*。第二阶段，在各回归模型中分别加入对应的逆米尔斯比率，即可充分控制样本选择效应所造成的估计偏误，具体回归结果如表 5 -7 所示。

表5 -7 中（1）—（4）列分别汇报了县级、市级、省级和全国层面的回归结果，可以发现，逆米尔斯比率的估计系数在县级层面显著（1% 水平），表明确实存在较为明显的样本选择偏误问题。但在加入逆米尔斯比率后，（1）—（4）列回归中，父代受教育年限和财政教育支出的回归系数依然在1% 水平上显著为正，两者交互项的回归系数至少在 5% 水平上显著为负，这意味着在考虑了样本选择偏误后，财政教育支出能够改善社会代际流动性的性质不变，证明了基准回归结果的稳健性。

表 5 -7　　Heckman 两阶段法检验结果

变量	(1) 县	(2) 市	(3) 省	(4) 全国
dad_edu	0.4795 *** (0.0794)	0.4589 *** (0.0828)	0.7161 *** (0.1280)	0.8756 *** (0.1415)
fis_edu	1.0423 *** (0.1491)	0.7985 *** (0.1563)	0.9502 *** (0.2473)	1.2621 *** (0.2345)
fis_edu · *dad_edu*	-0.0421 *** (0.0160)	-0.0372 ** (0.0162)	-0.0764 *** (0.0223)	-0.0737 *** (0.0174)
lambda_county	-3.1046 *** (0.7652)			
lambda_city		-0.7968 (0.5545)		
lambda_province			0.4564 (0.5790)	0.5212 (0.5764)
观测值	10654	13343	13582	13582
调整后 R^2	0.3367	0.3491	0.3220	0.3226

续表

变量	(1) 县	(2) 市	(3) 省	(4) 全国
Chips 库效应	YES	YES	YES	YES
个体控制变量	YES	YES	YES	YES
城乡效应	YES	YES	YES	YES
区域控制变量	YES	YES	YES	YES

注：① ***、**、* 分别表示在 1%、5%、10% 水平上显著；②括号中为稳健标准误。

(2) 工具变量法

本书使用工具变量法处理由遗漏变量导致的内生性问题。根据 Angrist 和 Pischke（2009），理想的工具变量应满足两个原则：一是相关性原则，即与解释变量高度相关；二是外生性原则，即与扰动项不相关，仅能通过解释变量影响被解释变量。根据既有研究，历史变量和地理变量能很好地满足上述两个条件，基于此，本书分别在县级、市级、省级层面各选取了两个工具变量：

一是周边其他地区财政教育支出的平均水平（*IV_ fis_edu_around*），其中县级层面即本市除本县外其他县域的均值，市级层面即本省除本市外其他地级市的均值，省级层面按东、中、西、东北划分，为本区域除本省外其他省份的均值。选择该工具变量的理由在于：实际情况中，同一行政区划或同一区域往往处于相同或相近的教育政策环境，从而具有类似的财政教育支出水平，同时周边地区的这一支出对本地区子代受教育水平的作用有限，只能通过影响本地区的支出水平产生作用，因此理论上该工具变量满足相关性原则和外生性原则。具体使用周边地区人均财政教育支出对数值的均值衡量。

二是周边其他地区财政收入的平均水平（*IV_ fis_inc_around*），计算方法同上。选择理由在于：一般来说，属于同一行政区划或同一区域的地区往往处于相同或相近的发展环境，从而具有类似的财政收入水平，地方政府在制定各类支出预算时又会参考其财政收入，故满足相关性原则；同时周边地区的财政收入对本地区个体的作用有限，只能通过影响本地区财政收入和财政教育支出发生作用，故满足外生性原则。具体使用周边地区人均财政收入对数值的均值衡量。

表 5-8 的 Panel A 和 Panel B 汇报了上述工具变量相关检验结果与回归结果，其中，前者为县级和市级层面的回归，后者为省级和全国层面的回归，(1)、(3) 列为一阶段回归，(2)、(4) 列为两阶段回归。一阶段回归结果显

示，无论在哪一层面，两个工具变量的回归系数都在1%水平上显著为正，这表明周边地区的财政教育支出水平和财政收入水平都与本地区财政教育支出水平呈显著正相关关系，这与上述分析相一致。两阶段回归中，Anderson LM检验值分别为2097.936、3994.793、5203.525、2697.298（从前往后分别为县级、市级、省级、全国，下同），p－value均小于0.1，表明工具变量通过了弱识别检验。Cragg－Donald Wald F检验的统计值分别为689.469、1429.464、2808.635、1120.663，显著大于Stock－Yogo－10%的统计临界值16.87、16.87、13.43、13.43，说明工具变量不存在弱工具变量问题。Sargan检验的统计值分别是6.685、4.102、2.315、0.002，与之对应的p值分别为0.0354、0.1286、0.1282、0.9634，除县级层面外，其余p值均大于0.1，说明这一工具变量组在一定程度上能够满足外生性假定。两阶段回归结果显示，无论在哪一层面，父代受教育年限和财政教育支出的回归系数依然在1%水平上显著为正，两者交互项的回归系数在1%水平上依然显著为负，这意味着在使用了工具变量之后，财政教育支出改善社会代际流动性的性质不变，证明了基准结果的稳健性。需要指出的是，两阶段最小二乘法（2SLS）所估计的交互项系数绝对值均大于基准回归，说明内生性问题的存在会在一定程度上低估财政教育支出对社会代际流动性的影响程度。同时，本书进一步使用广义矩估计（GMM）与有限信息极大似然估计（LIML）方法对模型重新进行了估计，结果与两阶段最小二乘法基本一致，表明原有结论依然稳健。具体结果详见附表7和附表8。

表5－8　　工具变量回归结果

Panel A				
变量	(1) 县—First Stage	(2) 县—2SLS	(3) 市—First Stage	(4) 市—2SLS
dad_edu		0.8540*** (0.1518)		0.7851*** (0.1264)
fis_edu		2.4543*** (0.3102)		1.0439*** (0.2199)
fis_edu·*dad_edu*		－0.1202*** (0.0311)		－0.1014*** (0.0249)
Ⅳ_*fis_edu_around*	0.3404*** (0.0140)		0.4838*** (0.0164)	

续表

Panel A				
变量	(1) 县—First Stage	(2) 县—2SLS	(3) 市—First Stage	(4) 市—2SLS
Ⅳ_*fis_inc_around*	0.1357*** (0.0072)		0.0222** (0.0107)	
Anderson LM (p - value)		2097.936 (0.0000)		3994.793 (0.0000)
Cragg - Donald Wald F		689.469		1429.464
Stock - Yogo - 10%		16.87		16.87
Sargan Test (p - value)		6.685 (0.0354)		4.102 (0.1286)
观测值	8896	8710	14187	13217
调整后 R^2	0.4246	0.2849	0.5974	0.3125

Panel B				
变量	(1) 省—First Stage	(2) 省—2SLS	(3) 全国—First Stage	(4) 全国—2SLS
dad_edu		0.9781*** (0.2098)		1.2240*** (0.2724)
fis_edu		2.5900*** (0.3478)		3.2914*** (0.3763)
fis_edu · *dad_edu*		-0.1219*** (0.0368)		-0.1164*** (0.0336)
Ⅳ_*fis_edu_around*	0.0298*** (0.0105)		0.0737*** (0.0090)	
Ⅳ_*fis_inc_around*	0.2271*** (0.0098)		0.1669*** (0.0052)	
Anderson LM (p - value)		5203.525 (0.0000)		2697.298 (0.0000)
Cragg - Donald Wald F		2808.635		1120.663
Stock - Yogo - 10%		13.43		13.43
Sargan Test (p - value)		2.315 (0.1282)		0.002 (0.9634)
观测值	14610	13582	14610	13582
调整后 R^2	0.8810	0.2943	0.8465	0.2914

续表

Panel C				
变量	(1) 省—First Stage	(2) 省—2SLS	(3) 全国—First Stage	(4) 全国—2SLS
dad_edu		1.0020*** (0.1951)		1.2747*** (0.2539)
fis_edu		2.0409*** (0.4331)		2.0515*** (0.3916)
fis_edu · *dad_edu*		-0.1253*** (0.0340)		-0.1222*** (0.0313)
Ⅳ_*fis_edu_around*	0.2408*** (0.0147)		0.0505*** (0.0122)	
Ⅳ_*fis_inc_around*	0.1229*** (0.0133)		0.0594*** (0.0098)	
Ⅳ_*fis_inc_52*	0.3421*** (0.0023)		0.3021*** (0.0037)	
Anderson LM (p-value)		4816.261 (0.0000)		4043.844 (0.0000)
Cragg-Donald Wald F		1946.153		1486.757
Stock-Yogo-10%		16.87		16.87
Sargan Test (p-value)		2.039 (0.3608)		2.212 (0.3308)
观测值	13548	12600	13548	12600
调整后 R^2	0.9025	0.2980	0.9523	0.2975
Chips 库效应	YES	YES	YES	YES
个体控制变量	YES	YES	YES	YES
城乡效应	YES	YES	YES	YES
区域控制变量	YES	YES	YES	YES

注：①***、**、*分别表示在1%、5%、10%水平上显著；②括号中为稳健标准误。

更进一步地，既有研究表明，历史变量也能很好地满足工具变量的两个原则，但由于难以获取到县级和市级层面的相关数据，因此在上述工具变量选取当中未将其纳入在内。但幸运的是，省级层面可以获得较早年份的财政收入数据，为此本书在上述两个工具变量的基础上，进一步在省级和全国层面加入第三个工具变量进行检验，即本地区 1952—1982 年人均财政收入均值（Ⅳ_*fis_inc_52*），回归结果汇报于表 5 - 8 的 Panel C 中。一阶段回归结果显示，三个工具变量的回归系数都在 1% 水平上显著为正。两阶段回归中，Anderson LM、Cragg - Donald Wald F、Sargan 检验的统计值以及 p - value 分别表明工具变量通过了弱识别检验、弱工具变量检验、过度识别检验，具体识别方法同上。两阶段回归结果也显示，两个解释变量的回归系数依然在 1% 水平上显著为正，交互项系数在 1% 水平上依然显著为负，证明了基准结果的稳健性。

5.3.2　其他稳健性检验

除内生性问题之外，本书还进行了其他一系列检验，以验证结论的稳健性。

（1）替换解释变量指标

在上述的基准回归中，本书使用了人均财政教育支出衡量地区的财政教育支出水平，为进一步验证所得结论是否会因核心解释变量的不同而发生变化，此处使用地区财政教育支出的对数值进行替代，回归结果汇报于表 5 - 9。

其中，Panel A 为规模问题的回归结果，（1）—（4）列依次为县级、市级、省级和全国层面。可以看到，父代受教育年限和财政教育支出的系数在 1% 水平上显著为正，两者交互项系数也在 3 个回归中显著（至少在 10% 水平）为负，这意味着财政教育支出规模改善社会代际流动性的结论基本稳健。

Panel B 为结构问题的回归结果，（1）—（5）列依次为普通高等教育、普通高中教育、普通初中教育、普通小学教育、幼儿园教育。可以看到，父代受教育年限和各级教育阶段财政教育支出的系数都在 1% 水平上显著为正，两者交互项系数也在 3 个回归中显著（至少在 10% 水平）为负。从效应大小来看，初中教育和小学教育交互项系数的绝对值分别为 0.0344 和 0.0455，高等教育为 0.0338，这意味着，在改善社会代际流动性方面，依然是以义务教育为代表的基础教育较强，证明了基准回归的稳健性。更进一步地，由于《中国教育经费统计年鉴》公布了各省各级教育生均财政教育支出数据，因此本书又进一步使用该数据对结构问题进行了检验，回归结果汇报于表 5 - 9 的 Panel D 中，可以看到，各级教育交互项系数均在 1% 水平上显著为负，义务教育的影响效应更大。

Panel C 为责任分担问题的回归结果，（1）—（4）列依次为中央本级、省本级、市本级、县本级。可以看到，父代受教育年限和各级教育阶段财政教育支出的系数都在1%水平上显著为正，两者交互项系数也至少在10%水平上显著为负。从效应大小来看，省本级和县本级交互项系数的绝对值分别为0.0393和0.0408，大于其他两级政府。这意味着，在改善社会代际流动性方面，依然是县本级和省本级政府的作用较强，证明了基准回归的稳健性。

表5-9　稳健性检验1—替换解释变量

Panel A：规模

变量	(1) 县	(2) 市	(3) 省	(4) 全国
dad_edu	0.6333*** (0.1335)	0.5525*** (0.1109)	0.5504** (0.2759)	0.8285*** (0.2863)
fis_edu	0.7518*** (0.1942)	1.7235*** (0.1253)	1.1319*** (0.1895)	1.3249*** (0.1970)
fis_edu · *dad_edu*	-0.0408*** (0.0149)	-0.0240** (0.0099)	-0.0182 (0.0186)	-0.0368* (0.0192)
观测值	10472	13343	13582	13582
调整后 R^2	0.3674	0.3585	0.3204	0.3204

Panel B：结构

变量	(1) 高等教育	(2) 高中	(3) 初中	(4) 小学	(5) 幼儿园
dad_edu	0.5839*** (0.2247)	0.7228*** (0.1897)	0.7563*** (0.2556)	0.9252*** (0.2665)	0.4695** (0.1862)
fis_edu	1.0206*** (0.1438)	0.5963*** (0.2178)	0.4204** (0.1662)	0.4680*** (0.1691)	0.7029*** (0.1518)
fis_edu · *dad_edu*	-0.0338** (0.0143)	-0.0242 (0.0180)	-0.0344* (0.0192)	-0.0455** (0.0194)	-0.0162 (0.0170)
观测值	13582	13582	13582	13582	13582
调整后 R^2	0.3185	0.3231	0.3074	0.3073	0.3140

Panel C：责任分担

变量	(1) 中央本级	(2) 省本级	(3) 市本级	(4) 县本级
dad_edu	0.4007*** (0.0681)	0.7524*** (0.1873)	0.3958*** (0.0517)	0.6333*** (0.1335)

续表

Panel C：责任分担				
变量	(1) 中央本级	(2) 省本级	(3) 市本级	(4) 县本级
fis_edu	0.2586 *** (0.0481)	0.9461 *** (0.1490)	0.6102 *** (0.0533)	0.7518 *** (0.1942)
fis_edu · *dad_edu*	-0.0101 * (0.0058)	-0.0393 ** (0.0155)	-0.0132 ** (0.0055)	-0.0408 *** (0.0149)
观测值	13582	13582	13343	10472
调整后 R^2	0.3214	0.3213	0.3418	0.3674

Panel D：结构—生均					
变量	(1) 高等教育	(2) 高中	(3) 初中	(4) 小学	(5) 幼儿园
dad_edu	1.1610 *** (0.2408)	0.8662 *** (0.1482)	1.2207 *** (0.1706)	1.0993 *** (0.1586)	0.4579 *** (0.0651)
fis_edu	0.2884 (0.2977)	1.3567 *** (0.2199)	2.3079 *** (0.2279)	2.3259 *** (0.2224)	0.4953 *** (0.1246)
fis_edu · *dad_edu*	-0.0977 *** (0.0266)	-0.0713 *** (0.0179)	-0.1167 *** (0.0210)	-0.1075 *** (0.0207)	-0.0336 *** (0.0122)
观测值	13582	13582	13582	13582	13582
调整后 R^2	0.3220	0.3232	0.3292	0.3296	0.3223
Chips 库效应	YES	YES	YES	YES	YES
个体控制变量	YES	YES	YES	YES	YES
城乡效应	YES	YES	YES	YES	YES
区域控制变量	YES	YES	YES	YES	YES

注：① ***、**、* 分别表示在 1%、5%、10% 水平上显著；②括号中为稳健标准误。

（2）替换被解释变量指标

在基准回归中，本书出于数据科学性和客观性考虑，最终选择使用个体的受教育程度来衡量代际传递性。而在经典的代际流动性文献中，也有相当一部分研究采用了个体收入。为进一步验证本书结论是否会因个体变量的不同而发生变化，此处使用个体收入替代前文的受教育年限进行回归，结果汇报于表 5-10。个体收入的处理方式同本书第 4 章，表 5-10 所有回归的被解释变量都为子代收入。

其中，Panel A 为规模问题的回归结果，（1）—（4）列依次为县级、市级、省级和全国层面。可以看到，父代收入和财政教育支出的系数至少在10%水平上显著为正，两者交互项系数也在3个回归中显著（至少在10%水平）为负，这意味着，即便使用个体的收入来衡量代际传递，财政教育支出规模改善社会代际流动性的结论也基本稳健。

Panel B 为结构问题的回归结果，（1）—（5）列依次为普通高等教育、普通高中教育、普通初中教育、普通小学教育、幼儿园教育。可以看到，父代收入和各级教育阶段财政教育支出的系数都至少在5%水平上显著为正，两者交互项系数也显著（至少在5%水平）为负。从效应大小来看，各级教育交互项系数绝对值分别为0.0382、0.0649、0.1352、0.0576、0.0251，这意味着，在改善代际收入流动性方面，依然是以义务教育为代表的基础教育作用较强，证明了基准回归的稳健性。

Panel C 为责任分担问题的回归结果，（1）—（4）列依次为中央本级、省本级、市本级、县本级。可以看到，除市本级外，父代收入和各级政府财政教育支出的系数都至少在5%水平上显著为正，两者交互项系数也至少在10%水平上显著为负。从效应大小来看，县本级和省本级交互项系数的绝对值分别为0.0229和0.0380，大于中央本级的0.0109。这意味着，对于改善代际收入流动性，依然是县本级和省本级政府的作用较强，证明了基准回归的稳健性。

表5-10　稳健性检验2—替换被解释变量

Panel A：规模				
变量	(1) 县	(2) 市	(3) 省	(4) 全国
dad_income	0.3046*** (0.0704)	0.2980*** (0.0712)	0.7352*** (0.1176)	0.6930*** (0.1464)
fis_edu	0.2021** (0.0969)	0.2624*** (0.0975)	0.4082*** (0.1489)	0.2710* (0.1540)
fis_edu · dad_income	-0.0229* (0.0135)	-0.0207 (0.0133)	-0.0882*** (0.0202)	-0.0569*** (0.0178)
观测值	3047	3190	5250	5250
调整后 R^2	0.7883	0.7929	0.7601	0.7595

续表

Panel B：结构					
变量	(1) 高等教育	(2) 高中	(3) 初中	(4) 小学	(5) 幼儿园
dad_income	0.3215 *** (0.0388)	0.5941 *** (0.0987)	1.1147 *** (0.1857)	0.4729 *** (0.0726)	0.6348 *** (0.1769)
fis_edu	0.3718 *** (0.0907)	0.5524 *** (0.1358)	0.6966 *** (0.2036)	0.4206 ** (0.1907)	0.1676 ** (0.0835)
fis_edu · *dad_income*	-0.0382 *** (0.0113)	-0.0649 *** (0.0175)	-0.1352 *** (0.0284)	-0.0576 ** (0.0252)	-0.0251 ** (0.0105)
观测值	5250	5250	5250	5250	5250
调整后 R^2	0.7592	0.7596	0.7601	0.7597	0.7589

Panel C：责任分担				
变量	(1) 中央本级	(2) 省本级	(3) 市本级	(4) 县本级
dad_income	0.2571 *** (0.0255)	0.3605 *** (0.0419)	0.2548 *** (0.0241)	0.3046 *** (0.0704)
fis_edu	0.1347 *** (0.0488)	0.2476 *** (0.0864)	0.0257 (0.0415)	0.2021 ** (0.0969)
fis_edu · *dad_income*	-0.0109 * (0.0059)	-0.0380 *** (0.0112)	-0.0072 (0.0053)	-0.0229 * (0.0135)
观测值	5250	5250	5149	3047
调整后 R^2	0.7608	0.7594	0.7618	0.7883
Chips 库效应	YES	YES	YES	YES
个体控制变量	YES	YES	YES	YES
城乡效应	YES	YES	YES	YES
区域控制变量	YES	YES	YES	YES

注：① ***、**、* 分别表示在 1%、5%、10% 水平上显著；②括号中为稳健标准误。

(3) 替换回归方法

本书使用受教育年限代表个体特征，从数据属性来看，它属于离散变量，因此可进一步使用负二项回归模型或泊松回归模型进行估计。而选择泊松或负二项的依据在于被解释变量的方差与期望，若方差小于指标期望（均值），则拒绝负二项回归，选择泊松回归模型；反之，若方差大于指标期望，则拒绝泊松回归模型，选择负二项回归。此处，子代受教育年限的均值为10.9343，方差为10.2087，均值大于方差，因此使用泊松回归模型，具体回归结果汇报于表5-11。其中，Panel A、Panel B、Panel C 分别为规模问题、结构问题、责任分担问题的回归结果，各 Panel 中每列设置同上。可以发现，使用泊松回归模型后，所有核心解释变量的系数均在1%水平上显著，父代受教育年限和财政教育支出为正，交互项系数为负。在结构问题方面，高等、高中、初中、小学、幼儿园的交互项系数绝对值分别为0.0075、0.0098、0.0138、0.0124、0.0045，效应大小与基准回归所得结论完全一致。责任分担方面，县本级和省本级交互项系数的绝对值分别为0.0083和0.0067，大于其他两级政府，与基准回归保持一致。上述结果意味着，使用泊松回归模型后，财政教育支出改善社会代际流动性的结论基本稳健，以义务教育为代表的基础教育作用较强，县级和省级政府的作用较强。

表5-11　　稳健性检验3—替换回归方法

Panel A：规模

变量	(1) 县	(2) 市	(3) 省	(4) 全国
dad_edu	0.0659*** (0.0097)	0.0655*** (0.0092)	0.0892*** (0.0148)	0.1071*** (0.0169)
fis_edu	0.1295*** (0.0183)	0.1082*** (0.0171)	0.1200*** (0.0283)	0.1461*** (0.0277)
fis_edu · *dad_edu*	-0.0083*** (0.0020)	-0.0080*** (0.0018)	-0.0112*** (0.0026)	-0.0101*** (0.0021)
观测值	10654	13343	13582	13582
Pseudo R^2	0.0586	0.0613	0.0563	0.0565

Panel B：结构

变量	(1) 高等教育	(2) 高中	(3) 初中	(4) 小学	(5) 幼儿园
dad_edu	0.0731*** (0.0087)	0.0801*** (0.0123)	0.1155*** (0.0217)	0.1119*** (0.0228)	0.0419*** (0.0052)
fis_edu	0.1242*** (0.0151)	0.1017*** (0.0245)	0.1478*** (0.0370)	0.0924*** (0.0325)	0.0522*** (0.0138)
fis_edu · *dad_edu*	-0.0075*** (0.0014)	-0.0098*** (0.0022)	-0.0138*** (0.0033)	-0.0124*** (0.0032)	-0.0045*** (0.0014)
观测值	13582	13582	13582	13582	13582
Pseudo R^2	0.0571	0.0564	0.0563	0.0562	0.0562

续表

Panel C：责任分担				
变量	(1) 中央本级	(2) 省本级	(3) 市本级	(4) 县本级
dad_edu	0.0319*** (0.0021)	0.0478*** (0.0050)	0.0356*** (0.0029)	0.0659*** (0.0097)
fis_edu	0.0338*** (0.0054)	0.0918*** (0.0156)	0.0482*** (0.0079)	0.1295*** (0.0183)
fis_edu · *dad_edu*	-0.0021*** (0.0006)	-0.0067*** (0.0014)	-0.0035*** (0.0008)	-0.0083*** (0.0020)
观测值	13582	13582	13343	10654
Pseudo R^2	0.0570	0.0565	0.0612	0.0586
Chips 库效应	YES	YES	YES	YES
个体控制变量	YES	YES	YES	YES
城乡效应	YES	YES	YES	YES
区域控制变量	YES	YES	YES	YES

注：①***、**、*分别表示在 1%、5%、10% 水平上显著；②括号中为稳健标准误。

(4) 加入其他控制变量

从地区来看，可能存在一些因素会随 CHIPS 调查年份的变化而影响财政教育支出对社会代际流动性的作用。为充分控制这一问题，此处进一步在回归中加入地区与 CHIPS 库的交乘固定效应，以排除上述因素可能产生的影响，回归结果汇报于表 5-12。需要说明的是，由于本书使用的财政教育支出变量是多年求平均后的均值，并不涉及年份变化，实际上属于截面数据。因此，在控制地区固定效应时，为避免财政教育支出变量无法估计，县级层面使用市固定效应，市级层面使用省固定效应，但在省级和全国层面无法加入地区固定效应，故此处仅在县级和市级层面进行了回归。结果显示，无论在县级还是市级层面，父代受教育年限和财政教育支出的估计系数均在 1% 水平上显著为正，两者交互项系数在 5% 水平上显著为负，与已有结论保持一致，体现了结论的稳健性。

表 5-12　　稳健性检验 4—加入其他控制变量

变量	(1) 县	(2) 县	(3) 市	(4) 市
dad_edu	0.2688*** (0.0108)	0.4539*** (0.0865)	0.2792*** (0.0096)	0.4668*** (0.0865)
fis_edu	0.6581*** (0.1510)	0.9737*** (0.2083)	0.8949*** (0.1001)	1.1935*** (0.1731)
fis_edu · *dad_edu*		-0.0382** (0.0176)		-0.0370** (0.0170)
个体控制变量	YES	YES	YES	YES
城乡效应	YES	YES	YES	YES
区域控制变量	YES	YES	YES	YES
地区 · Chips 库	YES	YES	YES	YES
观测值	10651	10651	13343	13343
调整后 R^2	0.3881	0.3884	0.3637	0.3639

注：①***、**、*分别表示在1%、5%、10%水平上显著；②括号中为稳健标准误。

5.4　异质性讨论

在基准回归中，本书从整体上探讨了财政教育支出的规模、结构以及责任分担对社会代际流动性的影响，但由于涉及微观个体和宏观区域，而每个个体和区域又具有不同的特征，这些特征很可能会使上述影响产生差异。因此，在基准回归之后，本书进一步从宏观和微观两个角度入手，探讨财政教育支出对社会代际流动性的异质性影响。

5.4.1　宏观区域层面

本书旨在探讨财政教育支出对社会代际流动性的影响，而核心解释变量财政教育支出属于宏观区域范畴，因此，区域异质性可能是导致上述影响异质性的因素之一。早在2013年，时任国务院总理李克强就指出："中国发展不平衡的矛盾突出，最大差距是城乡差距和区域差距，缩小这两大差距是实现现代化的必然要求和战略选择。"① 2017年，党的十九大报告也指出，在中

① 李克强同志于2013年1月8日在会见法国经济和财政部长时的讲话。

国特色社会主义新时代，我国社会主要矛盾已转变为人民日益增长的美好生活需要同不平衡不充分的发展之间的问题，要实施“乡村振兴战略”与“区域协调发展战略”，建设现代化经济体系。可见，当前城乡差异与区域差异已成为我国经济发展中客观存在的、不可忽视的问题，基于此，本书将分别从城乡差异和区域差异两方面进行异质性讨论。

（1）城乡异质性

城乡二元结构是我国在社会经济发展中以自然地理空间差异为起点、因户籍制度、产业结构、政策差异等形成的城镇、农村发展不对等现象，这一不对等是我国发展中固有的、不可回避的客观事实。为探讨财政教育支出对社会代际流动影响的城乡异质性，本书根据 CHIPS 对城镇、农村的划分，将样本划分为城镇家庭和农村家庭，并设置虚拟变量 $dummy\_rural$，$dummy\_rural=1$ 代表农村家庭。在基本回归模型（5－1）的基础上，本书进一步引入了上述虚拟变量与原交互项的三重交互项（$fis\_edu \cdot dad\_edu \cdot dummy\_rural$），并对模型进行重新估计，回归结果汇报于表 5－13，所有回归被解释变量均为子代受教育年限。

Panel A 汇报了规模问题的回归结果，（1）—（4）列依次为县级、市级、省级和全国层面。可以发现，财政教育支出与父代受教育年限的交互项系数依然显著（1% 水平）为负，这与前文结论保持一致。农村家庭三重交互项系数也都在 1% 水平上显著为负，表明财政教育支出规模对代际流动性的改善作用在农村家庭中更强。Panel B 和 Panel C 分别汇报了结构问题和责任分担问题的回归结果，与上述结果类似，无论是从交互项系数的正负还是大小来看，都与前文所得结论保持一致，即义务教育为代表的基础教育作用较强，县本级和省本级政府的作用较强。三重交互项系数也都在 1% 水平上显著为负，表明各级教育、各级政府财政教育支出对代际流动性的改善作用都在农村家庭更强。可能的原因在于：长久以来，由于城乡二元结构的存在，我国公共教育领域城乡差距不断加大：一方面，农村公共教育机构相对较少，基础设施建设不完善，师资力量和教学设备相对不足，导致教育发展程度落后于城镇，部分边远地区甚至出现“无学可上”的现象。另一方面，城乡差距的一个突出体现在于城乡居民可支配收入差异不断加大，因而农村家庭可能普遍面临较强的预算约束，难以对子代进行充足的人力资本投资；同时，农村家庭的教育观念可能也相对落后，重视程度相对较低，因此，对子代进行人力资本投资的意愿也相对较低。而旨在提供公共教育服务的财政支出，一方面可以通过完善教育基础设施建设、均衡教学资源等方式增加公共教育机构数量，改善办学条件；另一方面，也可以通过缓解农村家庭面临的预算约束，降低教育成本，弥补农村子代人力资本投资的不足，改善代际流动。而对于城镇家庭，本就拥有良好的教育发展环境，居民的预算约束也相对较弱，因而财政教育支出产生的边际效应较小。

表 5－13　宏观区域异质性—城乡

Panel A：规模

变量	(1) 县	(2) 市	(3) 省	(4) 全国
dad_edu	0.7484*** (0.0821)	0.8146*** (0.0853)	1.1455*** (0.1321)	1.3950*** (0.1484)
fis_edu	1.4538*** (0.1542)	1.3109*** (0.1609)	1.4687*** (0.2520)	1.7486*** (0.2384)
fis_edu · *dad_edu*	−0.0696*** (0.0166)	−0.0800*** (0.0166)	−0.1218*** (0.0230)	−0.1167*** (0.0182)
fis_edu · *dad_edu* · *dummy_rural*	−0.0354*** (0.0016)	−0.0380*** (0.0012)	−0.0413*** (0.0011)	−0.0291*** (0.0008)
观测值	10654	13343	13582	13582
调整后 R^2	0.3296	0.3410	0.3124	0.3135

Panel B：结构

变量	(1) 高等教育	(2) 高中	(3) 初中	(4) 小学	(5) 幼儿园
dad_edu	1.0003*** (0.0794)	1.0289*** (0.1100)	1.4011*** (0.1906)	1.3414*** (0.2133)	0.6687*** (0.0473)
fis_edu	1.5408*** (0.1362)	1.2722*** (0.2126)	1.6630*** (0.3203)	1.2107*** (0.2881)	0.9601*** (0.1283)
fis_edu · *dad_edu*	−0.0873*** (0.0123)	−0.1032*** (0.0195)	−0.1453*** (0.0291)	−0.1270*** (0.0304)	−0.0611*** (0.0129)
fis_edu · *dad_edu* · *dummy_rural*	−0.0356*** (0.0010)	−0.0418*** (0.0011)	−0.0362*** (0.0010)	−0.0339*** (0.0009)	−0.0630*** (0.0017)
观测值	13582	13582	13582	13582	13582
调整后 R^2	0.3150	0.3124	0.3127	0.3129	0.3106

续表

Panel C：责任分担				
变量	(1) 中央本级	(2) 省本级	(3) 市本级	(4) 县本级
dad_edu	0.4808*** (0.0208)	0.7276*** (0.0477)	0.4697*** (0.0254)	0.7484*** (0.0821)
fis_edu	0.6058*** (0.0532)	1.4019*** (0.1471)	0.6745*** (0.0723)	1.4538*** (0.1542)
fis_edu · *dad_edu*	-0.0157** (0.0061)	-0.0851*** (0.0138)	-0.0257*** (0.0074)	-0.0696*** (0.0166)
fis_edu · *dad_edu* · *dummy_rural*	-0.0584*** (0.0018)	-0.0649*** (0.0018)	-0.0498*** (0.0018)	-0.0354*** (0.0016)
观测值	13582	13582	13343	10654
调整后 R^2	0.2989	0.3085	0.3326	0.3296
Chips 库效应	YES	YES	YES	YES
个体控制变量	YES	YES	YES	YES
城乡效应	NO	NO	NO	NO
区域控制变量	YES	YES	YES	YES

注：①***、**、*分别表示在1%、5%、10%水平上显著；②括号中为稳健标准误。

(2) 区位异质性

我国地域辽阔，在历史发展过程中由于各类自然因素和社会因素，逐步形成了地区差异，尤其是自改革开放以来，在“先富带动后富”政策的指导下，东部地区利用自有的地理优势率先实施对外开放战略，在引领中国经济腾飞的同时也在一定程度上加剧了区域发展的不均衡。因此，地区差异也是我国发展中固有的、不可回避的客观事实。为探讨财政教育支出对社会代际流动影响的区位异质性，本书根据国家统计局对我国的区域划分①，将本书样本所涉地区划分为东、中、西、东北，并设置虚拟变量 *dummy_east*、*dummy_west*、*dummy_middle*，三者等于 1 分别代表该样本处于东部、西部、中部地

① 根据国家统计局的分类，东部地区包括北京、天津、河北、上海、江苏、浙江、福建、山东、广东和海南；中部地区包括山西、安徽、江西、河南、湖北和湖南；西部地区包括内蒙古、广西、重庆、四川、贵州、云南、西藏、陕西、甘肃、青海、宁夏和新疆；东北地区包括辽宁、吉林和黑龙江。详见 http://www.stats.gov.cn/ztjc/zthd/sjtjr/dejtjkfr/tjkp/201106/t20110613_71947.htm。

区。在基本回归模型（6－1）的基础上，本书进一步引入了上述三个虚拟变量与原交互项的三重交互项（*fis_edu*·*dad_edu*·*dummy_east*、*fis_edu*·*dad_edu*·*dummy_west*、*fis_edu*·*dad_edu*·*dummy_middle*），并对模型进行重新估计，回归结果汇报于表5－14。

表5－14　　宏观区域异质性—区位

Panel A：规模

变量	(1) 县	(2) 市	(3) 省	(4) 全国
dad_edu	0.4730*** (0.0815)	0.3474*** (0.0876)	0.7432*** (0.1459)	0.8493*** (0.1507)
fis_edu	1.0086*** (0.1493)	0.7278*** (0.1570)	0.9315*** (0.2478)	1.2755*** (0.2401)
fis_edu·*dad_edu*	−0.0400** (0.0169)	−0.0148 (0.0174)	−0.0796*** (0.0255)	−0.0706*** (0.0186)
fis_edu·*dad_edu*·*dummy_east*	−0.0005 (0.0032)	−0.0035 (0.0025)	−0.0004 (0.0025)	0.0004 (0.0017)
fis_edu·*dad_edu*·*dummy_west*	0.0032 (0.0032)	0.0052** (0.0026)	0.0002 (0.0028)	0.0022 (0.0019)
fis_edu·*dad_edu*·*dummy_middle*	−0.0026 (0.0031)	0.0004 (0.0025)	−0.0035 (0.0024)	−0.0008 (0.0017)
观测值	10654	13343	13582	13582
调整后 R^2	0.3365	0.3501	0.3223	0.3229

Panel B：结构

变量	(1) 高等教育	(2) 高中	(3) 初中	(4) 小学	(5) 幼儿园
dad_edu	0.4148*** (0.0480)	0.7493*** (0.1309)	0.8534*** (0.2052)	1.1800*** (0.2326)	0.4148*** (0.0480)
fis_edu	1.1816*** (0.1395)	0.6805*** (0.2095)	1.0809*** (0.3186)	0.5949** (0.2870)	0.4268*** (0.1242)
fis_edu·*dad_edu*	−0.0609*** (0.0129)	−0.0817*** (0.0233)	−0.0867*** (0.0313)	−0.1264*** (0.0331)	−0.0337** (0.0136)
fis_edu·*dad_edu*·*dummy_east*	0.0053** (0.0021)	0.0005 (0.0027)	−0.0001 (0.0021)	0.0005 (0.0020)	−0.0010 (0.0040)

续表

Panel B：结构					
变量	(1) 高等教育	(2) 高中	(3) 初中	(4) 小学	(5) 幼儿园
fis_edu · *dad_edu* · *dummy_west*	0.0054** (0.0023)	-0.0014 (0.0028)	0.0007 (0.0024)	-0.0013 (0.0020)	-0.0007 (0.0040)
fis_edu · *dad_edu* · *dummy_middle*	0.0014 (0.0021)	-0.0047* (0.0025)	-0.0026 (0.0021)	-0.0049** (0.0020)	-0.0074* (0.0039)
观测值	13582	13582	13582	13582	13582
调整后 R^2	0.3262	0.3223	0.3221	0.3224	0.3224

Panel C：责任分担				
变量	(1) 中央本级	(2) 省本级	(3) 市本级	(4) 县本级
dad_edu	0.3235*** (0.0202)	0.4155*** (0.0482)	0.2804*** (0.0262)	0.4730*** (0.0815)
fis_edu	0.2963*** (0.0520)	0.8049*** (0.1352)	0.5515*** (0.0666)	1.0086*** (0.1493)
fis_edu · *dad_edu*	-0.0183*** (0.0068)	-0.0430*** (0.0142)	-0.0067 (0.0085)	-0.0400** (0.0169)
fis_edu · *dad_edu* · *dummy_east*	0.0086** (0.0038)	0.0033 (0.0036)	0.0019 (0.0038)	-0.0005 (0.0032)
fis_edu · *dad_edu* · *dummy_west*	0.0029 (0.0040)	0.0078* (0.0044)	0.0138*** (0.0041)	0.0032 (0.0032)
fis_edu · *dad_edu* · *dummy_middle*	0.2963*** (0.0002)	-0.0016 (0.0039)	0.0015 (0.0039)	-0.0026 (0.0031)
观测值	13582	13582	13343	10654
调整后 R^2	0.3258	0.3235	0.3428	0.3365
Chips 库效应	YES	YES	YES	YES
个体控制变量	YES	YES	YES	YES
城乡效应	YES	YES	YES	YES
区域控制变量	YES	YES	YES	YES

注：① ***、**、* 分别表示在 1%、5%、10% 水平上显著；②括号中为稳健标准误。

Panel A、Panel B、Panel C 分别汇报了规模、结构、责任分担三个问题的回归结果，可以发现，除市级和市本级之外，财政教育支出与父代受教育年限的交互项系数都至少在5%水平上显著为负，即财政教育支出有助于改善社会代际流动性；结构问题和责任分担问题中涉及的各系数绝对值大小关系也与基准回归保持一致，即义务教育为代表的基础教育作用较强，县本级和省本级政府的作用较强。但各地区三重交互项系数产生了差异，我们一一来看：

首先，在规模问题上，除市级层面西部地区外，其余回归三重交互项系数都不显著，而市级层面的二重交互项（即财政教育支出×父代受教育年限）系数本就不显著，因此可以认为，在规模问题上，财政教育支出对代际流动性的影响没有体现出明显的区位异质性。

其次，在结构问题中，除初中教育外，其余教育阶段的三重交互项系数均在中部地区显著为负①，这意味着分教育阶段来看，中部地区财政教育支出对社会代际流动性的改善效应较强，可能的原因在于中部地区的教育发展潜力相对较大。从经济发展程度来看，中部地区属于欠发达地区，低于东部地区但高于西部地区。对于东部地区而言，由于社会发展程度较高，所以无论是教育发展程度还是父代收入都相对较高，教育观念和社会风气也相对更为先进，因此，在教育事业本就发展良好的情况下，财政教育支出的作用相对有限。对于西部地区而言，虽然财政教育支出能发挥一定的积极作用，但由于其发展程度较为落后，财政教育支出的作用可能更多体现在初级阶段，即公共教育相关基础设施的建设；同时，财政教育支出虽能在一定程度上弥补家庭对子代人力资本投资的不足，但父代收入较低，依然面临较强的预算约束，从这一方面来说，财政教育支出撬动家庭教育支出的能力有限。而对于中部地区而言，无论是教育发展还是居民收入都处于中游水平，具有一定基础同时发展潜力也较大，因此财政教育支出的作用相对较大。

最后，在责任分担问题中，中央本级的三重交互项系数在东部地区和中部地区显著为正，意味着中央本级财政教育支出对代际流动性的改善作用在东部和中部地区较小，而在西部和东北部地区作用较大。这可能与我国公共教育领域政府间财政事权与支出责任划分相关，中央政府主要承担均衡各地区教育发展均衡的职责，设立专项补助资金扶持农村地区、民族地区、贫困

---

① 需要指出的是，在高等教育阶段，三重回归系数在东部地区和西部地区显著为正，因此严格来说应是在中部和东北部地区财政教育支出对社会代际流动性的效应更强。但在本书样本中，东北部地区仅包含辽宁省，故而可以近似认为在中部地区这一效应也更强。

地区，因而对教育发展较为落后的西部地区和东北部地区作用更大。省本级和市本级的三重交互项系数在西部地区显著为正，意味着这两级政府财政教育支出对代际流动性的改善作用在西部较小。这与上述中央本级的结论正好相反，但也在一定程度上表明西部地区省市两级政府的作用力度相对较弱，尤其是本应发挥主要作用的省级政府，同时兼具教育发展和教育均衡的责任。这也给了我们些许启示：相对落后地区要更好地发展教育事业，仅靠中央政府的均衡性补助是难以维系和不可持续的，关键还是要发挥省级政府的作用。县本级的三重交互项系数在各个地区都不显著，意味着县本级财政教育支出对代际流动性的影响未有明显的区位异质性。

综上所述，在宏观区域层面，财政教育支出对社会代际流动性的改善作用会因城乡和区位产生异质性。其中，城乡方面，财政教育支出对于农村家庭作用更大。区位方面，从规模来看，财政教育支出未体现出明显的异质性影响；从结构来看，财政教育支出对中部地区作用更大；从责任分担来看，中央本级支出对西部和东北部地区作用更大，但省市两级政府支出对西部地区作用更小，县本级支出未体现出明显的异质性影响。

5.4.2 个体微观层面

从理论上讲，社会代际流动性由子代特征对父代特征的依赖程度决定，依赖程度越高，流动性就越小。因此，在个体微观层面，财政教育支出对社会代际流动性的异质性影响可以分两个层面来讨论，一是基于父代特征，二是基于子代特征。

（1）基于父代特征

由于子代在受教育时期尚未进入劳动力市场，没有经济来源且主要依靠父母抚养，故而受教育水平在很大程度上与其父代特征相关。既有研究也表明，以教育为代表的人力资本是影响代际流动性的关键因素：一方面，父代可以通过其收入影响子代的人力资本投资，进而影响子代（Becker 和 Tomes，1986；Lucas 和 Kerr，2013）；另一方面，父代可以通过自身的受教育程度影响子代，一般而言，受教育程度越高的父代越重视对子代的教育（Björklund 和 Salvances，2011；Piopiunik，2014）。因此，财政教育支出对代际流动性的作用可能也会因父代收入高低和学历背景的不同而有所差异。本书一一来验证。

①父代收入异质性

理论上，父代收入越高，越有能力增加对子代的人力资本投资，提升其受教育程度；收入越低，则越易受到预算约束，难以对子代进行有效的人力资本投资。因此对于前者，财政教育支出的作用可能更倾向于“锦上添花”，边际效应较小，而对于后者更倾向于“雪中送炭”，边际效应更大。为验证这一异质性，本书根据父代收入将样本划分为高收入、中收入、低收入家庭，并设置虚拟变量 *dummy_low_inc* 和 *dummy_medi_inc*，*dummy_low_inc* = 1 代表低收入家庭，*dummy_medi_inc* = 1 代表中收入家庭。在基本回归模型（5 - 1）的基础上，本书进一步引入了上述两个虚拟变量与原交互项的三重交互项（*fis_edu* · *dad_edu* · *dummy_low_inc*、*fis_edu* · *dad_edu* · *dummy_medi_inc*），并对模型进行重新估计，回归结果汇报于表 5 - 15。

表 5 - 15　　　　微观个体异质性—父代收入

Panel A：规模

变量	(1) 县	(2) 市	(3) 省	(4) 全国
dad_edu	0.8249 *** (0.1042)	0.6326 *** (0.1122)	1.1028 *** (0.1685)	1.2494 *** (0.1824)
fis_edu	1.6036 *** (0.2052)	0.9475 *** (0.2170)	1.5075 *** (0.3514)	1.5305 *** (0.3249)
fis_edu · *dad_edu*	-0.1037 *** (0.0206)	-0.0644 *** (0.0216)	-0.1376 *** (0.0292)	-0.1151 *** (0.0223)
fis_edu · *dad_edu* · *dummy_low_inc*	-0.0110 *** (0.0021)	-0.0094 *** (0.0018)	-0.0121 *** (0.0016)	-0.0084 *** (0.0011)
fis_edu · *dad_edu* · *dummy_medi_inc*	-0.0057 *** (0.0020)	-0.0047 *** (0.0016)	-0.0053 *** (0.0014)	-0.0037 *** (0.0010)
观测值	5732	7642	7774	7774
调整后 R^2	0.3461	0.3380	0.3110	0.3112

Panel B：结构

变量	(1) 高等教育	(2) 高中	(3) 初中	(4) 小学	(5) 幼儿园
dad_edu	0.8367 *** (0.0959)	0.9247 *** (0.1409)	1.2758 *** (0.2481)	1.4925 *** (0.2877)	0.5527 *** (0.0631)
fis_edu	1.3189 *** (0.1768)	1.0462 *** (0.3063)	1.4206 *** (0.4610)	1.6365 *** (0.4096)	0.7817 *** (0.1790)

续表

Panel B：结构					
变量	(1) 高等教育	(2) 高中	(3) 初中	(4) 小学	(5) 幼儿园
fis_edu · dad_edu	−0.0816*** (0.0147)	−0.1083*** (0.0247)	−0.1465*** (0.0377)	−0.1678*** (0.0408)	−0.0658*** (0.0169)
fis_edu · dad_edu · dummy_low_inc	−0.0098*** (0.0015)	−0.0123*** (0.0016)	−0.0105*** (0.0014)	−0.0099*** (0.0013)	−0.0179*** (0.0025)
fis_edu · dad_edu · dummy_medi_inc	−0.0045*** (0.0012)	−0.0053*** (0.0014)	−0.0046*** (0.0012)	−0.0043*** (0.0012)	−0.0073*** (0.0022)
观测值	7774	7774	7774	7774	7774
调整后 R^2	0.3136	0.3106	0.3103	0.3109	0.3104

Panel C：责任分担				
变量	(1) 中央本级	(2) 省本级	(3) 市本级	(4) 县本级
dad_edu	0.3769*** (0.0260)	0.5866*** (0.0582)	0.3632*** (0.0343)	0.8249*** (0.1042)
fis_edu	0.4127*** (0.0701)	1.1093*** (0.1896)	0.3135*** (0.0992)	1.6036*** (0.2052)
fis_edu · dad_edu	−0.0222*** (0.0074)	−0.0805*** (0.0163)	−0.0199** (0.0094)	−0.1037*** (0.0206)
fis_edu · dad_edu · dummy_low_inc	−0.0143*** (0.0028)	−0.0187*** (0.0027)	−0.0112*** (0.0027)	−0.0110*** (0.0021)
fis_edu · dad_edu · dummy_medi_inc	−0.0056** (0.0023)	−0.0080*** (0.0023)	−0.0048** (0.0022)	−0.0057*** (0.0020)
观测值	7774	7774	7642	5732
调整后 R^2	0.3117	0.3114	0.3356	0.3461
Chips 库效应	YES	YES	YES	YES
个体控制变量	YES	YES	YES	YES
城乡效应	YES	YES	YES	YES
区域控制变量	YES	YES	YES	YES

注：① ***、**、* 分别表示在 1%、5%、10% 水平上显著；②括号中为稳健标准误。

Panel A 汇报了规模问题的回归结果，（1）—（4）列依次为县级、市级、省级和全国层面。可以发现，财政教育支出与父代受教育年限的交互项系数依然显著（1%水平）为负，这与前文结论保持一致。低收入家庭和中收入家庭三重交互项系数也都在1%水平上显著为负，表明财政教育支出规模对代际流动性的改善作用在非高收入家庭中更强；进一步从效应大小来看，低收入家庭三重交互项的系数绝对值分别为0.0110、0.0094、0.0121、0.0084，均大于中收入家庭，这意味着父代收入越低，财政教育支出对社会代际流动性的改善作用越强。Panel B 和 Panel C 分别汇报了结构问题和责任分担问题的回归结果，与上述结果类似，无论是从财政教育支出与父代受教育年限交互项系数的正负还是大小来看，都与前文所得结论保持一致，即义务教育为代表的基础教育作用较强，县本级和省本级政府的作用较强。两个三重交互项系数也都在1%水平上显著为负，并且低收入家庭系数绝对值均大于中收入家庭。上述结论与本书所作预期相一致，可能的原因在于，低收入家庭普遍面临较强的预算约束，并且收入越低，约束越强，故父代难以对子代进行充足的人力资本投资。而旨在提供公共教育服务的财政支出通过学费减免、奖助政策等恰好可以弥补这一空缺，缓解低收入家庭面临的预算约束，与父代人力资本投资形成互补，进而提升子代受教育水平，改善代际流动。而对于高收入家庭，本就有能力为子代提供充足的人力资本投资，因此，财政教育支出的这一互补效应不那么明显，改善代际流动性的效应也相对较弱。

②父代学历异质性

理论上，父代学历越高，越重视对子代的教育培养，进而提升其受教育水平；学历越低，越易受到认知限制，进而可能从观念上就产生对教育的不重视或抵触心理。这一观点是有现实依据的：在我国未普及义务教育之前，部分地区，尤其是农村边远地区充斥着“读书无用论”“女子无才便是德”等论调，显然是教育观念上存在问题。因此，对于后者，财政教育支出更可能通过一种政策传达，提高父代对教育的重视程度，进而更大程度地改善代际流动性。为验证这一异质性，本书根据父代受教育年限将样本划分为高学历家庭和低学历家庭，并设置虚拟变量 $dummy\_low\_edu$，$dummy\_low\_edu = 1$ 代表低学历家庭，在基本回归模型（5-1）的基础上，本书进一步引入了上述虚拟变量与原交互项的三重交互项（$fis\_edu \cdot dad\_edu \cdot dummy\_low\_edu$），并对模型进行重新估计，回归结果汇报于表5-16。

表5-16 微观个体异质性—父代学历

Panel A：规模

变量	(1) 县	(2) 市	(3) 省	(4) 全国
dad_edu	0.4813*** (0.0790)	0.4648*** (0.0826)	0.7276*** (0.1277)	0.8834*** (0.1412)
fis_edu	1.0851*** (0.1481)	0.8363*** (0.1560)	0.9902*** (0.2454)	1.2771*** (0.2333)
fis_edu · *dad_edu*	-0.0458*** (0.0159)	-0.0404** (0.0162)	-0.0811*** (0.0223)	-0.0764*** (0.0173)
fis_edu · *dad_edu* · *dummy_low_edu*	-0.0062*** (0.0018)	-0.0039** (0.0016)	-0.0051*** (0.0014)	-0.0035*** (0.0010)
观测值	10654	13343	13582	13582
调整后 R^2	0.3366	0.3493	0.3226	0.3232

Panel B：结构

变量	(1) 高等教育	(2) 高中	(3) 初中	(4) 小学	(5) 幼儿园
dad_edu	0.6338*** (0.0741)	0.6684*** (0.1064)	0.8679*** (0.1846)	0.9119*** (0.2121)	0.3997*** (0.0459)
fis_edu	1.1265*** (0.1318)	0.7969*** (0.2070)	1.1157*** (0.3137)	0.7153** (0.2843)	0.4802*** (0.1248)
fis_edu · *dad_edu*	-0.0579*** (0.0115)	-0.0720*** (0.0188)	-0.0923*** (0.0281)	-0.0923*** (0.0302)	-0.0367*** (0.0124)
fis_edu · *dad_edu* · *dummy_low_edu*	-0.0040*** (0.0012)	-0.0052*** (0.0014)	-0.0045*** (0.0012)	-0.0040*** (0.0011)	-0.0073*** (0.0022)
观测值	13582	13582	13582	13582	13582
调整后 R^2	0.3260	0.3226	0.3225	0.3224	0.3225

Panel C：责任分担

变量	(1) 中央本级	(2) 省本级	(3) 市本级	(4) 县本级
dad_edu	0.3175*** (0.0196)	0.4305*** (0.0435)	0.3061*** (0.0238)	0.4813*** (0.0790)
fis_edu	0.3218*** (0.0516)	0.8222*** (0.1382)	0.3664*** (0.0706)	1.0851*** (0.1481)

续表

Panel C：责任分担				
变量	(1) 中央本级	(2) 省本级	(3) 市本级	(4) 县本级
fis_edu · dad_edu	-0.0162*** (0.0058)	-0.0497*** (0.0125)	-0.0152** (0.0071)	-0.0458*** (0.0159)
fis_edu · dad_edu · dummy_low_edu	-0.0074*** (0.0024)	-0.0082*** (0.0024)	-0.0059** (0.0024)	-0.0062*** (0.0018)
Chips 库效应	YES	YES	YES	YES
个体控制变量	YES	YES	YES	YES
城乡效应	YES	YES	YES	YES
区域控制变量	YES	YES	YES	YES
观测值	13582	13582	13343	10654
调整后 R^2	0.3259	0.3236	0.3486	0.3366

注：①***、**、*分别表示在1%、5%、10%水平上显著；②括号中为稳健标准误。

Panel A、Panel B、Panel C 分别汇报了规模、结构、责任分担三个问题的回归结果，可以发现，财政教育支出与父代受教育年限的交互项系数显著为负（除市级和市本级为5%水平，其余都为1%水平），即财政教育支出有助于改善社会代际流动性；结构问题和责任分担问题中涉及的各系数绝对值大小关系也与基准回归保持一致，即义务教育为代表的基础教育作用较强，县本级和省本级政府的作用较强。低学历家庭三重交互项系数也基本都在1%水平上显著为负，表明财政教育支出对代际流动性的改善作用在低学历家庭中更强。上述结论与本书所作预期相一致，可能的原因在于，低学历父代受到一定的认知限制，对子代进行教育培养的意愿和能力都较弱，故难以对子代进行充足的人力资本投资。而财政教育支出一方面可通过传达教育政策的强制性（如实施九年义务教育），督促父代履行子代接受教育的义务；另一方面，也能在潜移默化中改善社会风气，树立“科教兴国”理念；同时，作为子代人力资本投资的重要组成部分，财政教育支出也可弥补家庭人力资本的空缺，提升子代受教育水平，改善代际流动。而对于高学历家庭，其对子代教育的重视程度本就较高，因此，财政教育支出产生的边际效应就相对较弱。

(2) 基于子代特征

财政教育支出对代际流动性的影响不仅因父代特征的不同而有所差异，并且也会因子代特征的不同产生异质性，故此处，本书基于性别和出生年代两个角度进一步探讨由子代特征产生的异质性影响。

①子代性别异质性

在我国传统的父权制宗族制度下，男性由于在体力等方面具有天然优势，被视为拥有更多生存优势和劳动优势，家庭对其的养育回报率更高，日渐形成“男尊女卑”的观念。受这一传统思想的影响，20 世纪末我国部分地区仍然存在“重男轻女”的现象，尤其是部分穷困的农村地区和边远地区，在资源相对匮乏的情况下，家庭会倾向于将有限资源分配给男性后代。因此，财政教育支出对代际流动性可能会因子代性别产生异质性影响。为验证这一异质性，本书根据子代性别将子代样本划分为男性样本和女性样本，并设置虚拟变量 $dummy\_sex$，$dummy\_sex=1$ 代表男性子代，在基本回归模型（5－1）的基础上，本书进一步引入了上述虚拟变量与原交互项的三重交互项（$fis\_edu \cdot dad\_edu \cdot dummy\_sex$），并对模型进行重新估计，回归结果汇报于表 5－17。

表 5－17　　　　微观个体异质性—子代性别

Panel A：规模				
变量	(1) 县	(2) 市	(3) 省	(4) 全国
dad_edu	0.4911*** (0.0800)	0.4804*** (0.0836)	0.7440*** (0.1291)	0.9076*** (0.1430)
fis_edu	1.0571*** (0.1500)	0.8326*** (0.1570)	0.9615*** (0.2469)	1.2672*** (0.2344)
fis_edu · dad_edu	−0.0372** (0.0161)	−0.0343** (0.0163)	−0.0745*** (0.0225)	−0.0728*** (0.0176)
fis_edu · dad_edu · dummy_sex	−0.0113*** (0.0013)	−0.0114*** (0.0011)	−0.0107*** (0.0010)	−0.0076*** (0.0007)
观测值	10654	13343	13582	13582
调整后 R^2	0.3360	0.3490	0.3218	0.3224

续表

Panel B：结构					
变量	(1) 高等教育	(2) 高中	(3) 初中	(4) 小学	(5) 幼儿园
dad_edu	0.6470 *** (0.0751)	0.6747 *** (0.1074)	0.8844 *** (0.1864)	0.9564 *** (0.2115)	0.4145 *** (0.0465)
fis_edu	1.1201 *** (0.1325)	0.7669 *** (0.2081)	1.0942 *** (0.3152)	0.7287 ** (0.2840)	0.4527 *** (0.1248)
fis_edu · *dad_edu*	-0.0521 *** (0.0117)	-0.0635 *** (0.0190)	-0.0865 *** (0.0284)	-0.0909 *** (0.0301)	-0.0269 ** (0.0125)
fis_edu · *dad_edu* · *dummy_sex*	-0.0092 *** (0.0008)	-0.0108 *** (0.0010)	-0.0094 *** (0.0008)	-0.0088 *** (0.0008)	-0.0158 *** (0.0015)
观测值	13582	13582	13582	13582	13582
调整后 R^2	0.3251	0.3217	0.3217	0.3217	0.3212

Panel C：责任分担				
变量	(1) 中央本级	(2) 省本级	(3) 市本级	(4) 县本级
dad_edu	0.3232 *** (0.0197)	0.4394 *** (0.0443)	0.3126 *** (0.0241)	0.4911 *** (0.0800)
fis_edu	0.2795 *** (0.0480)	0.7746 *** (0.1388)	0.3356 *** (0.0678)	1.0571 *** (0.1500)
fis_edu · *dad_edu*	-0.0052 (0.0057)	-0.0374 *** (0.0127)	-0.0042 (0.0070)	-0.0372 ** (0.0161)
fis_edu · *dad_edu* · *dummy_sex*	-0.0138 *** (0.0015)	-0.0167 *** (0.0015)	-0.0159 *** (0.0015)	-0.0113 *** (0.0013)
观测值	13582	13582	13343	10654
调整后 R^2	0.3230	0.3223	0.3480	0.3360
Chips 库效应	YES	YES	YES	YES
个体控制变量	YES	YES	YES	YES
城乡效应	YES	YES	YES	YES
区域控制变量	YES	YES	YES	YES

注：① ***、**、* 分别表示在 1%、5%、10% 水平上显著；②括号中为稳健标准误。

Panel A、Panel B、Panel C 分别汇报了规模、结构、责任分担三个问题的回归结果，可以发现，除责任分担问题中的中央本级和市本级外，其余财政教育支出与父代受教育年限的交互项系数都显著为负（至少在5%水平），财政教育支出改善社会代际流动性的结论基本稳健；结构问题和责任分担问题中涉及的各系数绝对值大小关系也与基准回归保持一致，即义务教育为代表的基础教育作用较强，县本级和省本级政府的作用较强。男性样本三重交互项系数在所有回归中都在1%水平上显著为负（包括上述二重交互项系数不显著的中央本级和市本级），这意味着，相较于女性子代，财政教育支出对代际流动性的改善作用在男性子代中更强。上述结论与本书所作预期一致，可能的原因在于：第一，家庭对男女子代的教育理念确实有所差别，当财政教育支出使公共教育服务水平提升或是教育成本降低，父代可能优先选择让男性子代接受教育，或者是将更多的人力资本投资于男性，进而更大程度上改善其代际流动；第二，男性可能在某些能影响其受教育水平的先天条件方面优于女性，如智力、逻辑思维能力等，因此，当财政教育支出使其获得更多人力资本投资时，资本转化率和回报率更高，代际流动性的改善程度也更大。

②子代出生年代异质性

根据本书第 4 章对我国社会代际流动性的测算，无论是使用个体受教育水平还是收入或社会地位指标，从变化趋势上看，近年来代际流动性都有减弱的趋势。尤其是代际教育流动性，不论是在时间趋势（即按年份排列）还是在代群效应（即按子代出生年代排列）方面，几乎都呈现持续减弱的态势。代际流动性自身的这一变化趋势可能也是导致财政教育支出对其产生异质性影响的因素。为进一步验证这一异质性，本书根据出生年份将子代样本划分为“80 后”样本和“90 后”样本，并设置虚拟变量 *dummy_80year*，*dummy_80year* = 1 代表出生于 1980 年之后、1990 年之前的子代样本，在基本回归模型（5 - 1）的基础上，本书进一步引入了上述虚拟变量与原交互项的三重交互项（*fis_edu* · *dad_edu* · *dummy_80year*），并对模型进行重新估计，回归结果汇报于表 5 - 18。

表 5 - 18　　微观个体异质性—子代出生年代

Panel A：规模				
变量	(1) 县	(2) 市	(3) 省	(4) 全国
dad_edu	0.4829 *** (0.0796)	0.4607 *** (0.0830)	0.7172 *** (0.1287)	0.8782 *** (0.1428)

续表

Panel A：规模				
变量	(1) 县	(2) 市	(3) 省	(4) 全国
fis_edu	1.0503 *** (0.1493)	0.8072 *** (0.1564)	0.9434 *** (0.2467)	1.2601 *** (0.2345)
fis_edu · dad_edu	-0.0384 ** (0.0161)	-0.0345 ** (0.0163)	-0.0730 *** (0.0225)	-0.0713 *** (0.0175)
fis_edu · dad_edu · dummy_80year	-0.0058 *** (0.0021)	-0.0039 ** (0.0018)	-0.0046 *** (0.0016)	-0.0034 *** (0.0012)
观测值	10654	13343	13582	13582
调整后 R^2	0.3363	0.3492	0.3223	0.3229

Panel B：结构					
变量	(1) 高等教育	(2) 高中	(3) 初中	(4) 小学	(5) 幼儿园
dad_edu	0.6286 *** (0.0749)	0.6523 *** (0.1072)	0.8444 *** (0.1860)	0.9265 *** (0.2130)	0.4008 *** (0.0462)
fis_edu	1.1072 *** (0.1325)	0.7508 *** (0.2081)	1.0650 *** (0.3152)	0.6917 ** (0.2851)	0.4295 *** (0.1243)
fis_edu · dad_edu	-0.0518 *** (0.0116)	-0.0628 *** (0.0190)	-0.0831 *** (0.0284)	-0.0892 *** (0.0303)	-0.0296 ** (0.0126)
fis_edu · dad_edu · dummy_80year	-0.0041 *** (0.0014)	-0.0045 *** (0.0017)	-0.0042 *** (0.0014)	-0.0039 *** (0.0014)	-0.0045 * (0.0025)
观测值	13582	13582	13582	13582	13582
调整后 R^2	0.3259	0.3223	0.3222	0.3221	0.3221

Panel C：责任分担				
变量	(1) 中央本级	(2) 省本级	(3) 市本级	(4) 县本级
dad_edu	0.3182 *** (0.0197)	0.4275 *** (0.0440)	0.3033 *** (0.0239)	0.4829 *** (0.0796)
fis_edu	0.2675 *** (0.0481)	0.7615 *** (0.1382)	0.3157 *** (0.0675)	1.0503 *** (0.1493)
fis_edu · dad_edu	-0.0090 (0.0058)	-0.0398 *** (0.0127)	-0.0115 (0.0070)	-0.0384 ** (0.0161)

续表

Panel C：责任分担				
变量	(1) 中央本级	(2) 省本级	(3) 市本级	(4) 县本级
fis_edu · *dad_edu* · *dummy_80year*	-0.0042* (0.0023)	-0.0060** (0.0026)	0.0005 (0.0024)	-0.0058*** (0.0021)
观测值	13582	13582	13343	10654
调整后 R^2	0.3255	0.3232	0.3483	0.3363
Chips 库效应	YES	YES	YES	YES
个体控制变量	YES	YES	YES	YES
城乡效应	YES	YES	YES	YES
区域控制变量	YES	YES	YES	YES

注：① ***、**、* 分别表示在 1%、5%、10% 水平上显著；②括号中为稳健标准误。

Panel A、Panel B、Panel C 分别汇报了规模、结构、责任分担三个问题的回归结果，可以发现，除责任分担问题中的中央本级和市本级外，其余财政教育支出与父代受教育年限的交互项系数都显著为负（至少在 5% 水平），财政教育支出改善社会代际流动性的结论基本稳健；结构问题和责任分担问题中涉及的各系数绝对值大小关系也与基准回归保持一致，即义务教育为代表的基础教育作用较强，县本级和省本级政府的作用较强。除责任分担问题中的市本级外，“80 后”样本三重交互项系数在所有回归中都至少在 10% 水平上显著为负，这意味着，相较于“90 后”子代，财政教育支出对代际流动性的改善作用在“80 后”子代中更强。可能的原因在于：在较早年份，我国社会经济发展水平仍处于较低水平，人民可支配收入较低，同时普遍对教育的重视程度不够，因而难以对子代进行充足的人力资本投资。在这种情况下，财政教育支出作为子代人力资本投资的重要组成部分，能在较大程度上减弱家庭对子代的影响，即产生的边际效应较大。而随着经济的不断增长和社会的持续进步，一方面，人民生活水平日渐提高，父代进行人力资本投资的能力持续加强；另一方面，随着改革的不断深化，改革红利短期内难以释放，人们对教育的重视程度与日俱增，各个阶层的父代越来越倾向于通过子女教育来体现其优势（Chen，2010），让子代“赢在起跑线”。因此在这种情况下，财政教育支出可能只是“锦上添花”，对代际流动性产生的边际作用较小。

需要说明的是，由于本书子代样本均出生于1981—1993年，故“80后”样本实则多于“90后”样本，为剔除因样本划分差异过大而可能对结果产生的影响，本书进一步以子代出生年份的中间值1987年为界，同样设置虚拟变量三重交互项进行回归，所得结果同上，即出生较早的子代，财政教育支出对其代际流动性的改善作用更强，详见附录表7。

综上所述，在微观个体层面，财政教育支出对社会代际流动性的改善作用会因父代特征和子代特征产生异质性，对于低收入和低学历家庭作用更大，对于男性子代和“80后”子代作用更大。

5.5 本章小结

本章主要分规模、结构、责任分担三个问题，实证检验了财政教育支出对社会代际流动性的影响效应。计量模型设定方面，以子代特征为被解释变量，父代特征、财政教育支出为解释变量，并加入两者的交互项作为核心解释变量。个体特征变量方面，选择父代和子代的受教育年限，即使用代际教育流动性作为衡量社会代际流动性的代理变量。宏观解释变量方面，首先，在规模问题中，为全面衡量财政教育支出规模对社会代际流动性的影响，本书分别以县、市、省、全国为单位进行了数据的搜集。因此，在所有关于规模问题的回归当中，均包含四个层面的实证检验。其次，在结构问题当中，本书将教育阶段分为普通高等教育、普通高中教育、普通初中教育、普通小学教育、幼儿园教育，因此，在所有关于结构问题的回归当中，均包含上述五个教育阶段的实证检验。最后，在责任分担问题中，本书将政府层级分为中央本级、省本级、市本级和县本级，因此，在所有关于责任分担问题的回归当中，均包含这四级政府的实证检验。

基准回归发现，在控制了众多因素之后（包括CHIPS库效应、城乡效应、个体控制变量、区域控制变量等）：第一，规模问题层面，子代受教育水平正向依赖于父代受教育水平，地区财政教育支出也会对子代受教育水平产生正向作用，同时也会降低上述父代对子代的影响，从而削弱代际传递，改善社会代际流动性。第二，结构问题层面，各级教育阶段财政教育支出均有助于降低代际传递，改善代际流动性，相比之下，以义务教育为代表的基础教育作用要大于高等教育（具体从大到小依次为小学、初中、高中、高校、幼儿园）。第三，责任分担层面，除市本级外其他各级政府的财政教育支出均有助于降低代际传递、改善代际流动性，相比之下，省级政府和县级政府的作用更大。

稳健性检验发现：第一，使用 Heckman 两阶段法处理由样本选择性偏误导致的内生性问题，结果显示，财政教育支出能够改善社会代际流动性的性质不变，结论稳健。第二，使用工具变量法处理由遗漏变量导致的内生性问题，选择的工具变量组为周边其他地区财政教育支出的平均水平、周边其他地区财政收入的平均水平以及本地区 1952—1982 年人均财政收入均值，结果显示两个解释变量以及交互项系数的正负性和显著性均未发生变化，证明了基准结果的稳健性。第三，替换解释变量为地区财政教育支出的对数值、替换被解释变量为个体收入、替换回归方法为泊松回归、加入地区与 CHIPS 库的交乘固定效应后，财政教育支出改善社会代际流动性的结论基本稳健，依然是以义务教育为代表的基础教育作用较强，县级和省级政府的作用较强。

异质性讨论发现：第一，城乡异质性方面，无论是规模、结构还是责任分担，财政教育支出对代际流动性的改善作用都在农村家庭更强。第二，区位异质性方面，规模问题未体现出明显的异质性；分教育阶段看，除初中外，各级教育阶段财政教育支出对社会代际流动性的改善效应均在中部地区较强；分政府层级看，中央本级的作用在西部和东北部地区作用较大，省本级和市本级作用则在西部较小。第三，父代特征异质性方面，无论是规模、结构还是责任分担问题，财政教育支出对代际流动性的改善作用均在低收入家庭和低学历家庭中更强。第四，子代特征异质性方面，上述改善作用均在男性子代中更强，在“80 后”子代中更强。

第6章 财政教育支出对社会代际流动性影响的传导机制检验

根据前文的理论分析和基本回归结果，本书发现财政教育支出有助于改善社会代际流动性，具体来看，在结构方面以义务教育为代表的基础教育作用较强，在政府间责任分担方面又以县级和省级政府为主要力量。进一步结合异质性讨论，本书发现财政教育支出可能通过某些渠道改善代际流动性，而这些渠道不仅包含宏观层面的因素，并且也可能通过影响父代和子代个体，作用于代际流动性。为此，结合理论分析部分提出的假设4—假设8，本书将传导机制总结为三类，分别为宏观层面、家庭层面（主要指父代）、个体层面（主要指子代），具体传导机理和示意如图6－1所示，其中，宏观层面包括①、②两个渠道，家庭层面包括③、④两个渠道，个人层面包括⑤、⑥两个渠道。

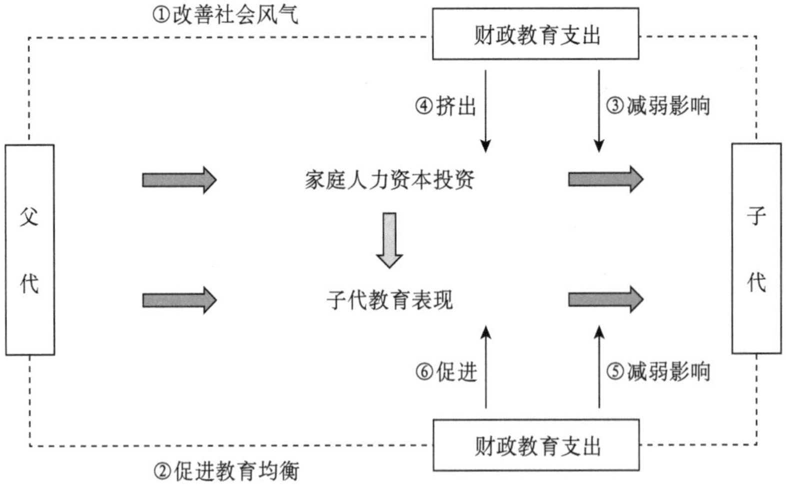

图6－1 传导机理

6.1　宏观层面

从宏观来看，财政教育支出由于属于政府的公共支出，因而可能会在宏观层面产生一定的影响。一方面，财政教育支出可能通过改善社会风气、提高社会对教育的重视程度，从而改善代际流动。另一方面，财政教育支出可能通过促进教育均衡、提供更多教育机会，从而改善代际流动。

6.1.1　改善社会风气

社会风气是影响教育环境的重要因素。一方面，从宏观来看，一个国家或地区社会风气越好，社会文明程度就会越高，政府越注重社会发展、民生建设以及公共服务供给，因而越倾向于提供更多、更优质的公共教育服务。另一方面，从微观来看，社会风气也会影响家庭决策，如果一个地区社会风气越好，居民信奉“知识改变命运”，就会越重视教育，越有意愿对子代进行人力资本投资；相反，如果社会风气较差，居民具有一定的“赌徒心理”，对教育的重视程度可能就会相对偏弱。因此，可能的社会风气改善效应来自：财政教育支出通过直接提高公共教育服务水平，或是间接向社会传递政策信号，进而改善社会风气、提高居民对教育的重视程度，减弱父代对子代的影响。

在识别方法上，由于本书核心解释变量是财政教育支出与父代受教育年限的交互性，更准确地说是调节效应项，因而难以使用普通的中介效应模型进行检验。为此，本书借鉴温忠麟等（2006）的做法，使用有中介的调节效应模型进行机制识别，模型示意如图 6－2 所示。假设自变量为 X，因变量为 Y，变量 U 与自变量 X 的交互项 UX 可以影响 Y，则 U 为关于 $X \to Y$ 的调节变量；同时，交互项 UX 又可以通过 M 影响 Y，从这个角度来看，U 为有中介的调节变量，中介变量为 M，即调节变量 U 通过中介变量 M 调节 X 与 Y 的关系。具体检验模型设置如下：

$$Y = \alpha_0 + \alpha_1 \cdot X + \alpha_2 \cdot U + \alpha_3 \cdot U \cdot X + \alpha_4 \cdot Control + \mu \quad (6-1)$$

$$M = \beta_0 + \beta_1 \cdot X + \beta_2 \cdot U + \beta_3 \cdot U \cdot X + \beta_4 \cdot Control + \mu \quad (6-2)$$

$$Y = \gamma_0 + \gamma_1 \cdot X + \gamma_2 \cdot U + \gamma_3 \cdot U \cdot X + \gamma_4 \cdot M + \gamma_5 \cdot Control + \mu \quad (6-3)$$

其中，式（6－1）意在验证调节效应，也是本书的基准回归，若系数 α_3 显著，则证明调节效应（调节变量为 U）存在；式（6-2）和式（6-3）意在检验中介效应，若 β_3、γ_4 显著，且 γ_3 相对于 α_3 绝对值显著变小，则可证明存在中介变量效应（中介变量为 M），具体中介效应占比为 $\gamma_4 \cdot \beta_3 / \alpha_3$。此处，因变量 Y 为子代受教育年限 *son_edu*，自变量 X 为父代受教育年限 *dad_edu*，调节变量 U 为财政教育支出 *fis_edu*，中介变量 M 为社会风气 *society*。本书使用地区人均彩票销售额作为该地区社会风气的代理变量，数值越大，则代表该地区居民"赌徒心理"越强，进而社会风气相对较差，对教育的重视程度可能相对较弱，数据来源于中华人民共和国财政部网站。

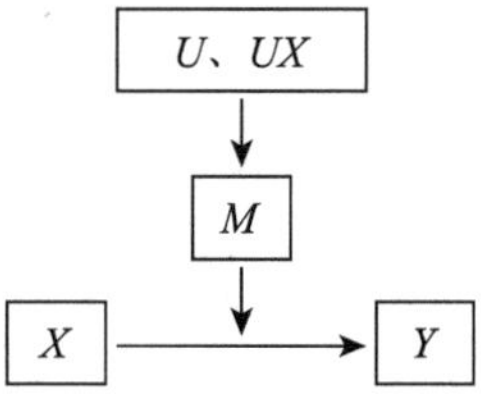

图 6-2　有中介的调节效应

表 6-1 汇报了有中介的调节效应检验结果，其中 Panel A 为规模问题，(1)—(3)、(4)—(6)、(7)—(9)、(10)—(12) 分别为县级、市级、省级、全国层面对上述三式的回归结果。可以看到，四个层面中有两个证实了存在有中介的调节变量效应：首先，在省级层面，回归（7）财政教育支出与父代受教育年限交互项系数在 1% 水平上显著为负，印证了调节效应存在，即财政教育支出能够负向调节父代受教育水平对子代的影响；回归（8）交互项系数在 1% 水平上显著为负，意味着调节效应项与中介变量呈现负向变动关系，即财政教育支出和父代受教育年限的交互项越大，中介变量 *society* 数值越小，社会风气越好，这与我们在前文预测的相一致；回归（9）中介变量系数在 1% 水平上显著为正，且交互项系数的绝对值从回归（7）中的 0.0762 下降到 0.0638，印证了部分中介变量效应的存在。其次，在全国层面，同省级层面一致，回归（10）和回归（11）交互项系数在 1% 水平上显著，回归（12）中介变量系数在 1% 水平上显著为正，且交互项系数的绝对值从回归（10）中的 0.0734 下降到 0.0587，印证了部分中介变量效应的存在。至此可得结论：财政教育支出规模能够通过改善社会风气进而促进代际流动性。

表 6－1 **机制检验—宏观—社会风气**

Panel A：规模

变量	(1) 县 *son_edu*	(2) 县 *society*	(3) 县 *son_edu*	(4) 市 *son_edu*	(5) 市 *society*	(6) 市 *son_edu*	(7) 省 *son_edu*	(8) 省 *society*	(9) 省 *son_edu*	(10) 全国 *son_edu*	(11) 全国 *society*	(12) 全国 *son_edu*
dad_edu	0.4781***	−0.0825***	0.4869***	0.5411***	−0.0223*	0.5472***	0.7152***	0.1178***	0.6449***	0.8741***	0.2330***	0.7559***
	(0.0793)	(0.0131)	(0.0795)	(0.0822)	(0.0116)	(0.0824)	(0.1280)	(0.0087)	(0.1289)	(0.1415)	(0.0134)	(0.1443)
fis_edu	1.0409***	0.2929***	1.0104***	1.1484***	0.4066***	1.0653***	0.9351***	1.2810***	0.0494	1.2464***	1.4501***	0.4832*
	(0.1490)	(0.0236)	(0.1508)	(0.1499)	(0.0199)	(0.1525)	(0.2460)	(0.0163)	(0.2859)	(0.2337)	(0.0220)	(0.2849)
fis_edu · *dad_edu*	−0.0419***	0.0191***	−0.0439***	−0.0526***	0.0059**	−0.0542***	−0.0762***	−0.0208***	−0.0638***	−0.0734***	−0.0290***	−0.0587***
	(0.0160)	(0.0027)	(0.0160)	(0.0161)	(0.0023)	(0.0161)	(0.0223)	(0.0015)	(0.0225)	(0.0174)	(0.0017)	(0.0177)
society			0.1064			0.2115***			0.6923***			0.5229***
			(0.0677)			(0.0668)			(0.1126)			(0.1121)
观测值	10654	11088	10654	13343	14021	13343	13582	14265	13582	13582	14265	13582
调整后 R^2	0.3358	0.3105	0.3360	0.3450	0.4277	0.3455	0.3220	0.8003	0.3238	0.3225	0.7985	0.3236

Panel B：结构

变量	(1) 高等 *son_edu*	(2) 高等 *society*	(3) 高等 *son_edu*	(4) 高中 *son_edu*	(5) 高中 *society*	(6) 高中 *son_edu*	(7) 初中 *son_edu*	(8) 初中 *society*	(9) 初中 *son_edu*	(10) 小学 *son_edu*	(11) 小学 *society*	(12) 小学 *son_edu*	(13) 幼儿园 *son_edu*	(14) 幼儿园 *society*	(15) 幼儿园 *son_edu*
dad_edu	0.6265***	0.0863***	0.6117***	0.6510***	0.0430***	0.6255***	0.8412***	0.2358***	0.7005***	0.9249***	0.1214***	0.9039***	0.4019***	0.0568***	0.3740***
	(0.0742)	(0.0065)	(0.0748)	(0.1066)	(0.0065)	(0.1067)	(0.1849)	(0.0160)	(0.1870)	(0.2121)	(0.0192)	(0.2120)	(0.0460)	(0.0032)	(0.0463)
fis_edu	1.1010***	0.5806***	0.9974***	0.7409***	0.9406***	0.1539	1.0545***	1.6182***	−0.0528	0.6913**	0.3192***	0.2551	0.4309***	0.3865***	0.2379*
	(0.1317)	(0.0123)	(0.1454)	(0.2075)	(0.0132)	(0.2293)	(0.3142)	(0.0284)	(0.3620)	(0.2846)	(0.0284)	(0.2925)	(0.1240)	(0.0088)	(0.1297)
fis_edu · *dad_edu*	−0.0547***	−0.0139***	−0.0523***	−0.0661***	−0.0078***	−0.0615***	−0.0859***	−0.0363***	−0.0641**	−0.0920***	−0.0172***	−0.0892***	−0.0334***	−0.0156***	−0.0258**
	(0.0115)	(0.0010)	(0.0116)	(0.0188)	(0.0011)	(0.0188)	(0.0282)	(0.0025)	(0.0285)	(0.0302)	(0.0027)	(0.0302)	(0.0124)	(0.0008)	(0.0125)
society			0.1758*			0.6295***			0.6784***			0.5885***			0.5071***
			(0.1030)			(0.1025)			(0.1091)			(0.0919)			(0.0941)
观测值	13582	14265	13582	13582	14265	13582	13582	14265	13582	13582	14265	13582	13582	14265	13582
调整后 R^2	0.3255	0.7586	0.3256	0.3219	0.7563	0.3238	0.3218	0.7840	0.3237	0.3217	0.5970	0.3238	0.3219	0.7149	0.3234

续表

变量	(1) 中央本级 son_edu	(2) 中央本级 society	(3) 中央本级 son_edu	(4) 省本级 son_edu	(5) 省本级 society	(6) 省本级 son_edu	(7) 市本级 son_edu	(8) 市本级 society	(9) 市本级 son_edu	(10) 县本级 son_edu	(11) 县本级 society	(12) 县本级 son_edu
Panel C：责任分担												
dad_edu	0. 3138***	-0. 0066***	0. 3162***	0. 4144***	0. 0358***	0. 4003***	0. 3262***	-0. 0061**	0. 3278***	0. 4781***	-0. 0825***	0. 4869***
	(0. 0193)	(0. 0016)	(0. 0193)	(0. 0433)	(0. 0030)	(0. 0435)	(0. 0236)	(0. 0027)	(0. 0237)	(0. 0793)	(0. 0131)	(0. 0795)
fis_edu	0. 2651***	0. 0758***	0. 2415***	0. 7936***	0. 5025***	0. 5803***	0. 4953***	0. 1485***	0. 4567***	1. 0409***	0. 2929***	1. 0104***
	(0. 0479)	(0. 0043)	(0. 0483)	(0. 1346)	(0. 0095)	(0. 1431)	(0. 0637)	(0. 0075)	(0. 0645)	(0. 1490)	(0. 0236)	(0. 1508)
fis_edu · dad_edu	-0. 0106*	0. 0029***	-0. 0116**	-0. 0403***	-0. 0112***	-0. 0359***	-0. 0175**	0. 0036***	-0. 0185***	-0. 0419***	0. 0191***	-0. 0439***
	(0. 0054)	(0. 0004)	(0. 0054)	(0. 0124)	(0. 0009)	(0. 0124)	(0. 0068)	(0. 0008)	(0. 0069)	(0. 0160)	(0. 0027)	(0. 0160)
society			0. 3127***			0. 4218***			0. 2628***			0. 1064
			(0. 0897)			(0. 0952)			(0. 0641)			(0. 0677)
观测值	13582	14265	13582	13582	14265	13582	13343	14021	13343	10654	11088	10654
调整后 R^2	0. 3253	0. 6892	0. 3259	0. 3228	0. 7232	0. 3238	0. 3447	0. 3777	0. 3456	0. 3358	0. 3105	0. 3360
Chips 库效应	YES	YES	YES	YES	YES	YES	YES	YES	YES	YES	YES	YES
个体控制变量	YES	YES	YES	YES	YES	YES	YES	YES	YES	YES	YES	YES
城乡效应	YES	YES	YES	YES	YES	YES	YES	YES	YES	YES	YES	YES
区域控制变量	YES	YES	YES	YES	YES	YES	YES	YES	YES	YES	YES	YES

注：① ***、**、* 分别表示在 1%、5%、10% 水平上显著；②括号中为稳健标准误。

Panel B 为结构问题，（1）—（3）、（4）—（6）、（7）—（9）、（10）—（12）、（13）—（15）分别为高等教育、高中教育、初中教育、小学教育、幼儿园阶段上述三式的回归结果。可以看到，五个教育阶段都证实了存在有中介的调节变量效应：高等教育阶段，回归（1）财政教育支出与父代受教育年限交互项系数在1%水平上显著为负，印证了调节效应存在；回归（2）交互项系数在1%水平上显著为负，意味着调节效应项与中介变量呈现负向变动关系；回归（3）中介变量系数在10%水平上显著为正，且交互项系数的绝对值从回归（1）中的0.0547下降到0.0523，印证了部分中介变量效应的存在。与此类似，在其他教育阶段，回归（4）、（7）、（10）、（13）的交互项系数在1%水平上显著为负，回归（5）、（8）、（11）、（14）的交互项系数也在1%水平上显著为负，回归（6）、（9）、（12）、（15）中介变量系数在1%水平上显著为正，且交互项系数的绝对值从回归（4）、（7）、（10）、（13）中的0.0661、0.0859、0.0920、0.0334下降到0.0615、0.0641、0.0892、0.0258，且回归（7）和回归（13）中交互项的显著性水平从1%下降到5%，印证了部分中介变量效应的存在。从中介效应大小来看，各教育阶段中介效应占比分别为4.46%、7.43%、28.67%、23.68%、11.00%，表明基础教育通过改善社会风气进而促进社会代际流动性的中介效应较强。至此可得结论：各级教育阶段财政教育支出都能够通过改善社会风气进而促进代际流动性，其中基础教育的中介效应较强。

Panel C 为责任分担问题，（1）—（3）、（4）—（6）、（7）—（9）、（10）—（12）分别为中央本级、省本级、市本级、县本级对上述三式的回归结果。可以看到，仅省本级支出证实了存在有中介的调节变量效应：回归（4）交互项系数在1%水平上显著为负，印证了调节效应存在，回归（5）交互项系数在1%水平上显著为负，意味着调节效应项与中介变量呈现负向变动关系；回归（6）中介变量系数在1%水平上显著为正，且交互项系数的绝对值从回归（4）中的0.0403下降到0.0359，印证了部分中介变量效应的存在。至此可得结论：省级政府财政教育支出能够通过改善社会风气进而促进代际流动性。

综上所述，财政教育支出通过改善社会风气，进而减弱父代对子代的影响，加强代际流动。本书的假设8得以验证。

6.1.2　促进教育均衡

教育对于社会代际流动性可能是一把“双刃剑”：一方面，若教育机会均等，那么社会底层的后代可以通过教育获得更多向上流动的渠道，摆脱原有社会地位的影响；另一方面，若教育系统内部本身就存在阶层分化，那么教育将具有明显的自我实现和阶层再生产的特征，进而成为加强代际传递、固化社会阶层的利器。可见，教育能否改善、在多大程度上改善社会代际流动，关键在于机会均等的实现程度，而政府作为追求收入平等和机会均等政策目标的载体，在实现教育机会均等的过程中应扮演重要的角色。因此，可能的教育均衡促进效应来自：财政教育支出通过提供更多公共教育服务，进而促进教育均衡发展，社会各阶层的个体都能有较为平等的受教育机会，进而减弱父代对子代的影响。

为识别这一机制，此处本书采取分样本回归的方法进行验证，具体使用各地区城乡教育经费的差异系数指标，将高于其中位数的地区划为不均衡地区，低于其中位数的地区划为均衡地区。差异系数的计算公式如下，数据来源于《中国教育经费统计年鉴》。

$$差异系数=\frac{\frac{城镇普通初中生均教育经费}{农村普通初中生均教育经费}\times 3+\frac{城镇普通小学生均教育经费}{农村普通小学生均教育经费}\times 6}{9} \quad (6-4)$$

表6－2汇报了分样本回归结果，其中Panel A为规模问题，（1）—（2）、（3）—（4）、（5）—（6）、（7）—（8）分别为县级、市级、省级、全国层面的回归结果。可以看到，无论在哪一层面，交互项系数都仅在不均衡地区显著（1%水平）为负，而在均衡地区不显著。这意味着，财政教育支出对社会代际流动性的改善在教育不均衡地区作用更大，而在均衡地区无明显作用，进一步表明财政教育支出可以通过提升地区教育发展的均衡度，进而改善代际流动性。Panel B和Panel C分别为结构问题和责任分担问题的回归结果，同规模问题，除责任分担中的市本级外，其余回归交互项系数均仅在不均衡地区显著（至少5%水平）为负，而在均衡地区不显著；从系数大小来看，同基准回归所得结论保持一致，结构方面，财政教育支出对代际流动性的影响依然是以义务教育为代表的基础教育作用较强，责任分担方面，依然是县级政府和省级政府发挥主要作用。

综上可得：财政教育支出能够通过促进地区教育均衡进而促进代际流动性。本书的假设8得以验证。

表 6-2　机制检验—宏观—教育均衡

Panel A：规模

变量	(1) 县 不均衡	(2) 县 均衡	(3) 市 不均衡	(4) 市 均衡	(5) 省 不均衡	(6) 省 均衡	(7) 全国 不均衡	(8) 全国 均衡
dad_edu	0.5084***	0.5649***	0.4740***	0.2861	0.8446***	0.4631	0.9626***	0.6722
	(0.0983)	(0.1755)	(0.1031)	(0.1751)	(0.1595)	(0.3147)	(0.1685)	(0.4841)
fis_edu	1.1306***	1.1092***	0.8922***	0.4170	2.6434***	0.0107	2.3221***	0.4611
	(0.1781)	(0.3031)	(0.1905)	(0.3332)	(0.3440)	(0.5936)	(0.3115)	(0.6691)
fis_edu · *dad_edu*	-0.0518***	-0.0577	-0.0414**	-0.0006	-0.1004***	-0.0279	-0.0852***	-0.0460
	(0.0193)	(0.0367)	(0.0196)	(0.0355)	(0.0272)	(0.0564)	(0.0202)	(0.0611)
观测值	5207	5447	7089	6254	7252	6330	7252	6330
调整后 R^2	0.3716	0.3089	0.3735	0.3207	0.3344	0.3117	0.3334	0.3117

Panel B：结构

变量	(1) 高等 不均衡	(2) 高等 均衡	(3) 高中 不均衡	(4) 高中 均衡	(5) 初中 不均衡	(6) 初中 均衡	(7) 小学 不均衡	(8) 小学 均衡	(9) 幼儿园 不均衡	(10) 幼儿园 均衡
dad_edu	0.6438***	0.6529***	0.6869***	0.6177**	0.9758***	0.1555	0.8686***	0.7066*	0.4837***	0.3267***
	(0.0928)	(0.2365)	(0.1385)	(0.2921)	(0.2258)	(0.4797)	(0.2715)	(0.4239)	(0.0755)	(0.0651)
fis_edu	1.1865***	0.8963**	2.0250***	0.7045	2.2122***	-0.3831	1.5172***	-0.2548	1.6046***	-0.0071
	(0.1695)	(0.3966)	(0.3558)	(0.5472)	(0.4083)	(0.7791)	(0.3678)	(0.6479)	(0.2048)	(0.1918)
fis_edu · *dad_edu*	-0.0579***	-0.0575	-0.0735***	-0.0574	-0.1079***	0.0235	-0.0857**	-0.0577	-0.0580***	-0.0056
	(0.0137)	(0.0391)	(0.0237)	(0.0538)	(0.0339)	(0.0745)	(0.0381)	(0.0613)	(0.0195)	(0.0186)
观测值	7252	6330	7252	6330	7252	6330	7252	6330	7252	6330
调整后 R^2	0.3335	0.3127	0.3314	0.3118	0.3314	0.3117	0.3303	0.3120	0.3370	0.3117

续表

Panel C：责任分担								
变量	（1）中央本级不均衡	（2）中央本级均衡	（3）省本级不均衡	（4）省本级均衡	（5）市本级不均衡	（6）市本级均衡	（7）县本级不均衡	（8）县本级均衡
dad_edu	0.3827***	0.3212***	0.4782***	0.2904***	0.2974***	0.2758***	0.5088***	0.5550***
	(0.0391)	(0.0245)	(0.0550)	(0.1098)	(0.0319)	(0.0435)	(0.0983)	(0.1762)
fis_edu	0.6903***	0.1622**	1.6766***	-0.1645	0.3099***	0.1979	1.1278***	1.0326***
	(0.1047)	(0.0735)	(0.1745)	(0.3500)	(0.0847)	(0.1323)	(0.1816)	(0.3129)
fis_edu · *dad_edu*	-0.0329***	-0.0070	-0.0621***	0.0055	-0.0118	0.0020	-0.0519***	-0.0556
	(0.0097)	(0.0090)	(0.0146)	(0.0346)	(0.0084)	(0.0147)	(0.0193)	(0.0368)
观测值	7252	6330	7252	6330	7089	6254	5207	5447
调整后 R^2	0.3346	0.3132	0.3392	0.3117	0.3717	0.3213	0.3716	0.3090
Chips 库效应	YES	YES	YES	YES	YES	YES	YES	YES
个体控制变量	YES	YES	YES	YES	YES	YES	YES	YES
城乡效应	YES	YES	YES	YES	YES	YES	YES	YES
区域控制变量	YES	YES	YES	YES	YES	YES	YES	YES

注：①***、**、*分别表示在1%、5%、10%水平上显著；②括号中为稳健标准误。

6.2　家庭层面

从家庭来看，由于代际传递来源于子代特征对父代特征的依赖程度，并且子代在受教育时期尚未进入劳动力市场，没有经济来源且主要依靠父母抚养，故而受教育水平在很大程度上与其父代行为紧密相关，从这个角度来看，财政教育支出可能会通过影响父代行为，进而改善社会代际流动性。

在前文的异质性讨论部分，本书发现，父代收入越低，财政教育支出对社会代际流动性的改善作用越强。可能的原因在于，低收入家庭普遍面临较强的预算约束，故难以对子代进行充足的人力资本投资，而财政教育支出恰好可以弥补这一空缺，与父代人力资本投资形成互补，进而降低父代对子代的影响。可见，在这一过程中，财政教育支出可能会对家庭对子代的人力资本投资产生影响，而这一影响又可以进一步分为两种：一是相对效应，由于财政教育支出与家庭教育支出共同构成了对子代的人力资本投资，因此，财政教育支出水平越高，家庭教育支出对子代受教育水平的影响可能相对越低，进而代际流动性越强；二是绝对效应，即财政教育支出通过直接“挤出”家庭教育支出，从而降低父代对子代的影响。

6.2.1　相对效应：减弱家庭教育支出影响

相对效应是指财政教育支出通过降低家庭教育支出对子代的相对影响，进而减弱子代对父代的依赖程度，促进代际流动。假设在一个不存在政府部门的简单经济模型中，由于没有相关的政策干预，子代受教育水平很大程度上会与父代受教育水平相关，而这一相关性可能是通过父代对子代的人力资本投资进行传递的。一方面，父代受教育水平越高，对子代教育的重视程度就越高，越有意愿对子代进行人力资本投资；另一方面，父代受教育水平越高，收入水平通常也越高，越有能力对子代进行人力资本投资，进而子代受教育水平也越高。加入政府部门后，政府的财政教育支出将与家庭的教育支出共同构成对子代的人力资本投资，此时若政府支出作用越大，则家庭支出作用就相对越小，子代对父代的依赖程度就会被减弱。

从上文描述的传导机制来看，首先，父代受教育水平通过家庭教育支出影响子代受教育水平。在这一条传导路径上，父代受教育水平是自变量 X，子代受教育水平是因变量 Y，家庭教育支出是中介变量 M。其次，财政教育支出的作用在于减弱家庭教育支出对子代的影响，进而降低子代对父代的依赖程度。在这一条路径上，财政教育支出是调节变量 U，它调节了中介变量 M 和因变量 Y 的关系。在这种关系下，M 被称为有调节的中介变量。相关示意如图 6－3 所示。

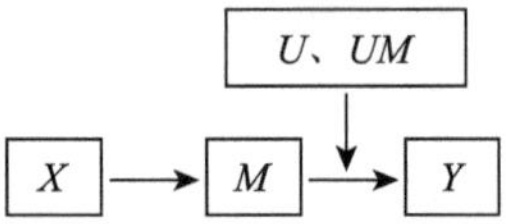

图 6－3　有调节的中介效应

进一步地，为识别这一机制，本书借鉴温忠麟等（2006）的做法，使用有调节的中介效应模型进行机制识别，具体检验模型设置如下：

$$Y=\alpha_0+\alpha_1\cdot X+\alpha_2\cdot U+\alpha_3\cdot Control+\mu \tag{6-5}$$

$$M=\beta_0+\beta_1\cdot X+\beta_2\cdot U+\beta_3\cdot Control+\mu \tag{6-6}$$

$$Y=\gamma_0+\gamma_1\cdot X+\gamma_2\cdot U+\gamma_3\cdot M+\gamma_4\cdot Control+\mu \tag{6-7}$$

$$Y=\varphi_0+\varphi_1\cdot X+\varphi_2\cdot U+\varphi_3\cdot M+\varphi_4\cdot U\cdot M+\varphi_5\cdot Control+\mu \tag{6-8}$$

其中，式（6－5）—式（6－7）意在检验中介效应，若 α_1、β_1、γ_3 显著，且 γ_1 不显著或者相对于 α_1 系数绝对值显著变小，则证明存在中介变量效应，即 M 为 $X\rightarrow Y$ 的中介变量。式（6－8）意在检验调节效应，若交互项系数 φ_4 显著，则证明调节变量 U 可以调节 $M\rightarrow Y$。此处，因变量 Y 为子代受教育年限 *son_edu*，自变量 X 为父代受教育年限 *dad_edu*，中介变量 M 为家庭教育支出 *fami_edu*，调节变量 U 为财政教育支出 *fis_edu*。由于现有微观数据库都未涉及个体受教育时期家庭对其的教育支出，因此本书使用 1995—2013 年各地区城、乡居民人均现金消费性支出中的教育文化娱乐服务支出均值（取对数）代替，两者分别对应城镇样本和农村样本。数据来源于各年度《中国统计年鉴》。

表 6－3 汇报了相对效应的检验结果。其中 Panel A1 和 Panel A2 为规模问题，（1）—（4）、（5）—（8）、（9）—（12）、（13）—（15）分别为县级、市级、省级、全国层面对上述四式的回归结果。可以看到，四个层面中都证实了存在有调节的中介变量效应。以县级为例，回归（1）中父代受教育年限系数（α_1）在 1% 水平上显著为正，意味着子代受教育水平正向依赖于父代；回归（2）中父代受教育年限系数（β_1）在 1% 水平上显著为正，意味着中介变量与自变量呈正相关关系，即父代受教育水平越高，家庭教育支出越高，这与前文的预测相一致；回归（3）中，中介变量家庭教育支出系数（γ_3）在 1% 水平上显著为正，且父代受教育年限系数从回归（1）中的 0.2745 下降至

0. 2665，至此证明了中介变量效应的存在，即父代受教育水平通过正向影响家庭教育支出，从而正向影响子代受教育水平。回归（4）中，财政教育支出与家庭教育支出交互项系数（φ_4）在 1% 水平上显著为负，证明了调节效应的存在，即财政教育支出能够减弱家庭教育支出对子代受教育年限的正向效应。与县级类似，在市、省、全国层面，所有回归中父代受教育年限系数（α_1、β_1）都在 1% 水平上显著为正，回归（7）、（11）、（15）中介变量家庭教育支出系数（γ_3）都在 1% 水平上显著为正，且父代受教育年限系数分别从回归（5）、(9)、(13）中的 0. 2699、0. 2804、0. 2794 下降至 0. 2652、0. 2773、0. 2770，证明了中介变量效应的存在；回归（8）、（12）、（16）中，财政教育支出与家庭教育支出交互项系数（φ_4）在至少 5% 水平上显著为负，证明了调节效应的存在。结合上述中介变量效应和调节效应可得：从规模来看，财政教育支出可以通过减弱家庭教育支出对子代的正向影响，进而减弱子代对父代的依赖程度。

Panel B1 和 Panel B2 为结构问题，（1）—（4）、（5）—（8）、（9）—(12)、(13）—（16）、(17）—（20）分别为高等教育、高中教育、初中教育、小学教育、幼儿园阶段对上述四式的回归结果。可以看到，除幼儿园外，各教育阶段的回归都证实了存在有调节的中介变量效应。具体来看，回归（1)、(5)、(9)、(13)、(17）中父代受教育年限系数（α_1）均在 1% 水平上显著为正，意味着子代受教育水平正向依赖于父代；回归（2)、(6)、(10)、(14)、(18）中父代受教育年限系数（β_1）均在 1% 水平上显著为正，意味着中介变量与自变量呈正相关关系，即父代受教育水平越高，家庭教育支出越高；回归(3)、(7)、(11)、(15)、(19）中，中介变量家庭教育支出系数（γ_3）均在 1% 水平上显著为正，且父代受教育年限系数从回归（1)、(5)、(9)、(13)、(17）中的 0. 2773、0. 2850、0. 2801、0. 2808、0. 2809 下降至 0. 2756、0. 2774、0. 2772、0. 2766、0. 2771，至此证明了中介变量效应的存在，即父代受教育水平通过正向影响家庭教育支出，从而正向影响子代受教育水平。回归（4)、(8)、(12)、(16)、(20）中，除幼儿园教育外，其他各级财政教育支出与家庭教育支出交互项系数（φ_4）在至少在 10% 水平上显著为负，证明了调节效应的存在，即各级教育阶段财政教育支出能够减弱家庭教育支出对子代受教育年限的正向效应；进一步从系数大小来看，各级教育阶段交互项系数绝对值分别为 0. 0892、0. 1134、0. 2457、0. 3003、0. 0468（不显著），这意味着以义务教育为代表的基础教育财政支出对家庭教育支出作用于子代受教育年限的正向效应减弱力度最大。结合上述中介变量效应和调节效应可得：从结构来看，

表 6-3　　机制检验—家庭—相对效应

Panel A1：规模

变量	（1）县 son_edu	（2）县 fami_edu	（3）县 son_edu	（4）县 son_edu	（5）市 son_edu	（6）市 fami_edu	（7）市 son_edu	（8）市 son_edu
dad_edu	0.2745***	0.0124***	0.2665***	0.2677***	0.2699***	0.0060***	0.2652***	0.2662***
	(0.0104)	(0.0012)	(0.0106)	(0.0106)	(0.0095)	(0.0009)	(0.0096)	(0.0096)
fis_edu	0.6890***	0.2842***	0.5747***	1.9554***	0.4993***	0.1628***	0.4769***	2.2436***
	(0.0583)	(0.0073)	(0.0648)	(0.3981)	(0.0725)	(0.0071)	(0.0749)	(0.3892)
fami_edu			0.3935***	1.5178***			0.2998***	1.7726***
			(0.0893)	(0.3309)			(0.0855)	(0.3330)
fis_edu · fami_edu				-0.2235***				-0.2811***
				(0.0629)				(0.0609)
观测值	10654	10937	10504	10504	13343	13821	13144	13144
调整后 R^2	0.3355	0.7873	0.3398	0.3405	0.3488	0.8591	0.3523	0.3534

Panel A2：规模

变量	（9）省 son_edu	（10）省 fami_edu	（11）省 son_edu	（12）省 fami_edu	（13）全国 son_edu	（14）全国 fami_edu	（15）全国 son_edu	（16）全国 fami_edu
dad_edu	0.2804***	0.0066***	0.2773***	0.2768***	0.2794***	0.0065***	0.2770***	0.2778***
	(0.0097)	(0.0008)	(0.0097)	(0.0098)	(0.0097)	(0.0009)	(0.0097)	(0.0098)
fis_edu	0.3121**	0.7658***	-0.2643*	0.4351	0.5759***	0.6144***	0.0334	1.1034**
	(0.1490)	(0.0055)	(0.1577)	(0.5427)	(0.1598)	(0.0050)	(0.1671)	(0.5155)

续表

Panel A2：规模

变量	（9）省 *son_edu*	（10）省 *fami_edu*	（11）省 *son_edu*	（12）省 *fami_edu*	（13）全国 *son_edu*	（14）全国 *fami_edu*	（15）全国 *son_edu*	（16）全国 *fami_edu*
fami_edu			1.4688*** (0.1269)	2.2432*** (0.4667)			1.3988*** (0.1253)	2.6350*** (0.5525)
fis_edu · *fami_edu*				−0.1715** (0.0829)				−0.1555** (0.0687)
观测值	13582	14065	13383	13383	13582	14065	13383	13383
调整后 R^2	0.3214	0.8880	0.3307	0.3311	0.3218	0.8763	0.3305	0.3308

Panel B1：结构

变量	（1）高等 *son_edu*	（2）高等 *fami_edu*	（3）高等 *son_edu*	（4）高等 *son_edu*	（5）高中 *son_edu*	（6）高中 *fami_edu*	（7）高中 *son_edu*	（8）高中 *son_edu*	（9）初中 *son_edu*	（10）初中 *fami_edu*
dad_edu	0.2773*** (0.0097)	0.0046*** (0.0008)	0.2756*** (0.0097)	0.2763*** (0.0097)	0.2805*** (0.0097)	0.0052*** (0.0008)	0.2774*** (0.0097)	0.2778*** (0.0097)	0.2801*** (0.0097)	0.0055*** (0.0009)
fis_edu	0.6117*** (0.0748)	0.4138*** (0.0032)	0.2832*** (0.0824)	0.8810*** (0.3127)	0.2349 (0.1442)	0.6781*** (0.0041)	−0.5180*** (0.1593)	0.1557 (0.4424)	0.3370* (0.1878)	0.9742*** (0.0086)
fami_edu			1.2176*** (0.1313)	1.7277*** (0.2805)			1.5745*** (0.1316)	2.2116*** (0.3996)		
fis_edu · *fami_edu*				−0.0892** (0.0442)				−0.1134* (0.0681)		
观测值	13582	14065	13383	13383	13582	14065	13383	13383	13582	14065
调整后 R^2	0.3246	0.8878	0.3311	0.3313	0.3214	0.9029	0.3311	0.3312	0.3214	0.8818

续表

Panel B2：结构

变量	（11）初中 son_edu	（12）初中 son_edu	（13）小学 son_edu	（14）小学 fami_edu	（15）小学 son_edu	（16）小学 son_edu	（17）幼儿园 son_edu	（18）幼儿园 fami_edu	（19）幼儿园 son_edu	（20）幼儿园 son_edu
dad_edu	0.2772***	0.2780***	0.2808***	0.0142***	0.2766***	0.2774***	0.2809***	0.0155***	0.2771***	0.2775***
	(0.0098)	(0.0098)	(0.0097)	(0.0010)	(0.0097)	(0.0097)	(0.0097)	(0.0011)	(0.0097)	(0.0097)
fis_edu	−0.1337	1.4540**	0.0523	0.7065***	−0.1836	1.4784**	0.1224**	0.2376***	0.0894	0.3840
	(0.1948)	(0.7070)	(0.1913)	(0.0103)	(0.1954)	(0.6561)	(0.0557)	(0.0049)	(0.0558)	(0.2691)
fami_edu	1.4224***	3.0273***			1.4210***	3.5796***			1.3369***	1.5223***
	(0.1234)	(0.6762)			(0.1218)	(0.8197)			(0.1131)	(0.1948)
fis_edu · fami_edu		−0.2457**				−0.3003***				−0.0468
		(0.1028)				(0.1134)				(0.0410)
观测值	13383	13383	13582	14065	13383	13383	13582	14065	13383	13383
调整后 R^2	0.3306	0.3308	0.3212	0.8302	0.3306	0.3309	0.3211	0.8000	0.3305	0.3306

Panel C1：责任分担

变量	（1）中央本级 son_edu	（2）中央本级 fami_edu	（3）中央本级 son_edu	（4）中央本级 son_edu	（5）省本级 son_edu	（6）省本级 fami_edu	（7）省本级 son_edu	（8）省本级 son_edu
dad_edu	0.2810***	0.0116***	0.2774***	0.2766***	0.2775***	0.0057***	0.2761***	0.2765***
	(0.0097)	(0.0009)	(0.0097)	(0.0098)	(0.0097)	(0.0009)	(0.0098)	(0.0098)
fis_edu	0.1733***	0.1367***	0.0973***	−0.1264	0.3552***	0.4261***	−0.0776	0.5571
	(0.0196)	(0.0014)	(0.0213)	(0.1161)	(0.0616)	(0.0030)	(0.0721)	(0.3445)
fami_edu			1.1763***	1.0753***			1.4128***	1.6866***
			(0.1288)	(0.1398)			(0.1304)	(0.1893)
fis_edu · fami_edu				0.0389*				−0.0935*
				(0.0199)				(0.0487)

续表

Panel C1：责任分担								
变量	（1）中央本级 *son_edu*	（2）中央本级 *fami_edu*	（3）中央本级 *son_edu*	（4）中央本级 *son_edu*	（5）省本级 *son_edu*	（6）省本级 *fami_edu*	（7）省本级 *son_edu*	（8）省本级 *son_edu*
观测值	13582	14065	13383	13383	13582	14065	13383	13383
调整后 R^2	0. 3252	0. 8348	0. 3316	0. 3318	0. 3229	0. 8788	0. 3311	0. 3313

Panel C2：责任分担								
变量	（9）市本级 *son_edu*	（10）市本级 *fami_edu*	（11）市本级 *son_edu*	（12）市本级 *son_edu*	（13）县本级 *son_edu*	（14）县本级 *fami_edu*	（15）县本级 *son_edu*	（16）县本级 *son_edu*
dad_edu	0. 2674 *** （0. 0095）	0. 0052 *** （0. 0009）	0. 2621 *** （0. 0096）	0. 2626 *** （0. 0096）	0. 2745 *** （0. 0104）	0. 0124 *** （0. 0012）	0. 2665 *** （0. 0106）	0. 2677 *** （0. 0106）
fis_edu	0. 2257 *** （0. 0366）	0. 0152 *** （0. 0036）	0. 2248 *** （0. 0370）	0. 7689 *** （0. 1687）	0. 6890 *** （0. 0583）	0. 2842 *** （0. 0073）	0. 5747 *** （0. 0648）	1. 9554 *** （0. 3981）
fami_edu			0. 3882 *** （0. 0838）	0. 7097 *** （0. 1320）			0. 3935 *** （0. 0893）	1. 5178 *** （0. 3309）
fis_edu · *fami_edu*				−0. 0875 *** （0. 0268）				−0. 2235 *** （0. 0629）
观测值	13343	13821	13144	13144	10654	10937	10504	10504
调整后 R^2	0. 3482	0. 8537	0. 3521	0. 3525	0. 3355	0. 7873	0. 3398	0. 3405
Chips 库效应	YES	YES	YES	YES	YES	YES	YES	YES
个体控制变量	YES	YES	YES	YES	YES	YES	YES	YES
城乡效应	YES	YES	YES	YES	YES	YES	YES	YES
区域控制变量	YES	YES	YES	YES	YES	YES	YES	YES

注：①***、**、*分别表示在1%、5%、10%水平上显著；②若无特别说明，括号中为稳健标准误。

各级教育阶段财政教育支出可以通过减弱家庭教育支出对子代的正向影响，进而减弱子代对父代的依赖程度，其中基础教育作用力度较大。

Panel C1 和 Panel C2 为责任分担问题，（1）—（4）、（5）—（8）、（9）—（12）、（13）—（16）分别为中央本级、省本级、市本级、县本级对上述四式的回归结果。可以看到，除中央本级外，各级政府的回归都证实了存在有调节的中介变量效应。同上述分析过程一致，各回归中父代受教育年限系数（α_1、β_1）均在 1% 水平上显著为正，回归（3）、（7）、（11）、（15）中介变量家庭教育支出系数（γ_3）均在 1% 水平上显著为正，且父代受教育年限系数分别从回归（1）、（5）、（9）、（13）中的 0.2810、0.2775、0.2674、0.2745 下降至 0.2774、0.2765、0.2626、0.2677，证明了中介变量效应的存在；回归（4）、（8）、（12）、（16）中，除中央本级外，其余回归财政教育支出与家庭教育支出交互项系数（φ_4）均至少在 10% 水平上显著为负，证明了调节效应的存在；进一步从系数大小来看，各级政府交互项系数绝对值分别为 0.0389（不显著为负）、0.0935、0.0875、0.2235，这意味着县级和省级政府财政教育支出对家庭教育支出作用于子代受教育年限的正向效应减弱力度较大。此处还有一个意料之外的结果，是中央本级回归中，交互项系数在 10% 水平上显著为正，这表明财政教育支出不仅没有减弱家庭教育支出对子代的正向影响，反而增强了这一效应。可能的原因在于：中央政府的支出在更大程度上起到了提高社会对教育重视程度的作用，在这一影响下，财政教育支出会更多地撬动家庭教育支出，从而加强其对子代的影响。综合上述中介变量效应和调节效应可得：从责任分担来看，地方各级政府财政教育支出可以通过减弱家庭教育支出对子代的正向影响，进而减弱子代对父代的依赖程度，其中县级和省级政府作用力度较大。

综上所述，财政教育支出可以通过减弱家庭教育支出对子代的影响，进而减弱代际传递，加强代际流动。本书的假设 4 得以验证。

6.2.2 绝对效应：挤出家庭教育支出

绝对效应是指财政教育支出通过直接“挤出”家庭教育支出，从而降低父代对子代的影响。在一个没有政府部门的简单经济模型中，父代学历水平越低，通常其收入水平也相对较低，面临的预算约束越强，对子代的人力资本投资越少。加入政府部门后，政府的财政教育支出将与家庭的教育支出共同构成对子代的人力资本投资，这时，前者除了能够降低后者对子代的相对影响（即前文验证的相对效应）外，还可能在一定程度上直接替代或挤出家庭教育支出。这一挤出可能对于低收入家庭来说尤为显著，因为家庭本身面临较强的预算约束，当财政教育支出足以替代家庭原有对子代的人力资本投资，家庭可能更倾向于将原有的教育支出用作他用，而家庭教育支出作为传递父代特征的重要途径将在这一过程中逐步减弱，从而减弱父代对子代的影响。与此同时，家庭教育支出会因父代教育背景差异而具有较大的异质性，而财政教育支出对每个个体具有均等性，因此从这个角度来看，财政教育支出对家庭教育支出的替代性有助于减弱父代对子代的影响。

为识别这一机制，此处使用有中介的调节效应模型进行检验。与上述相对效应不同，绝对效应是财政教育支出通过直接挤出家庭教育支出来减弱父代对子代的影响，在这一过程中，自变量 X 为父代变量，因变量 Y 为子代变量，财政教育支出 U 是 $X \rightarrow Y$ 关系的调节变量，而这一调节作用通过中介变量 M——即家庭教育支出发生作用，因此财政教育支出 U 是有中介的调节变量。具体检验模型见式（6－1）—式（6－3）。同样，若系数 α_3 显著，则证明调节效应（调节变量为 U）存在；若 β_3、γ_4 显著，且 γ_3 相对于 α_3 绝对值显著变小，则可证明存在中介变量效应（中介变量为 M），具体中介效应占比为 $\gamma_4 \cdot \beta_3/\alpha_3$。家庭教育支出代理变量及数据来源同上。

表 6－4 汇报了绝对效应的检验结果，其中 Panel A 为规模问题，（1）—（3）、（4）—（6）、（7）—（9）、（10）—（12）分别为县级、市级、省级、全国层面对上述三式的回归结果。可以看到，四个层面中有两个证实了存在有中介的调节变量效应：首先，在省级层面，回归（7）财政教育支出与父代受教育年限交互项系数在 1% 水平上显著为负，印证了调节效应存在，即财政教育支出能够负向调节父代受教育水平对子代的影响；回归（8）交互项系数在 1% 水平上显著为负，意味着调节效应项与中介变量呈现负向变动关系，这与我们在前文预测的相一致，即财政教育支出可能会挤出家庭教育支出，也可以理解为财政教育支出降低了父代受教育水平对家庭教育支出的正向影响；回归（9）中介变量系数在 1% 水平上显著为正，且交互项系数的绝对值从回归（7）中的 0.0762 下降到 0.0738，印证了部分中介变量效应的存在。其次，在全国层面，同省级层面一致，回归（10）和回归（11）交互项系数在 1% 水平上显著，回归（12）中介变量系数在 1% 水平上显著为正，且交互项系数的绝对值从回归（10）中的 0.0734 下降到 0.0666，印证了部分中介变量效应的存在。至此可得结论：财政教育支出规模能够通过直接挤出家庭教育支出，进而促进代际流动性。

表 6-4　　机制检验—家庭—绝对效应

Panel A：规模

变量	(1) 县 son_edu	(2) 县 fami_edu	(3) 县 son_edu	(4) 市 son_edu	(5) 市 fami_edu	(6) 市 son_edu	(7) 省 son_edu	(8) 省 fami_edu	(9) 省 son_edu	(10) 全国 son_edu	(11) 全国 fami_edu	(12) 全国 son_edu
dad_edu	0.4781***	-0.0714***	0.5315***	0.4588***	-0.0470***	0.5074***	0.7152***	0.0314***	0.6978***	0.8741***	0.0704***	0.8164***
	(0.0793)	(0.0093)	(0.0791)	(0.0828)	(0.0069)	(0.0839)	(0.1280)	(0.0084)	(0.1278)	(0.1415)	(0.0093)	(0.1416)
fis_edu	1.0409***	0.1386***	1.0279***	0.8026***	0.0758***	0.8658***	0.9351***	0.4633***	0.3426	1.2464***	0.4937***	0.6526***
	(0.1490)	(0.0184)	(0.1497)	(0.1561)	(0.0138)	(0.1585)	(0.2460)	(0.0192)	(0.2548)	(0.2337)	(0.0191)	(0.2429)
fis_edu · dad_edu	-0.0419***	0.0173***	-0.0546***	-0.0372**	0.0104***	-0.0477***	-0.0762***	-0.0053***	-0.0738***	-0.0734***	-0.0086***	-0.0666***
	(0.0160)	(0.0020)	(0.0160)	(0.0162)	(0.0014)	(0.0164)	(0.0223)	(0.0015)	(0.0222)	(0.0174)	(0.0012)	(0.0174)
fami_edu			0.4165***			0.3125***			1.4583***			1.3753***
			(0.0895)			(0.0856)			(0.1270)			(0.1256)
观测值	10654	10937	10504	13343	13821	13144	13582	14065	13383	13582	14065	13383
调整后 R^2	0.3358	0.7888	0.3404	0.3490	0.8596	0.3527	0.3220	0.9331	0.3312	0.3225	0.9319	0.3311

Panel B：结构

变量	(1) 高等 son_edu	(2) 高等 fami_edu	(3) 高等 son_edu	(4) 高中 son_edu	(5) 高中 fami_edu	(6) 高中 son_edu	(7) 初中 son_edu	(8) 初中 fami_edu	(9) 初中 son_edu	(10) 小学 son_edu	(11) 小学 fami_edu	(12) 小学 son_edu	(13) 幼儿园 son_edu	(14) 幼儿园 fami_edu	(15) 幼儿园 son_edu
dad_edu	0.6265***	0.0936***	0.5379***	0.6510***	0.0145**	0.6422***	0.8412***	0.0419***	0.8141***	0.9249***	-0.1517***	1.1341***	0.4019***	-0.0171***	0.4311***
	(0.0742)	(0.0040)	(0.0751)	(0.1066)	(0.0066)	(0.1063)	(0.1849)	(0.0135)	(0.1847)	(0.2121)	(0.0151)	(0.2130)	(0.0460)	(0.0032)	(0.0460)
fis_edu	1.1010***	0.4053***	0.6682***	0.7409***	0.5177***	-0.0169	1.0545***	0.4157***	0.5561*	0.6913**	0.0876***	0.6555**	0.4309***	0.0218**	0.4290***
	(0.1317)	(0.0075)	(0.1412)	(0.2075)	(0.0167)	(0.2204)	(0.3142)	(0.0297)	(0.3219)	(0.2846)	(0.0234)	(0.2863)	(0.1240)	(0.0096)	(0.1244)
fis_edu · dad_edu	-0.0547***	-0.0147***	-0.0411***	-0.0661***	-0.0024**	-0.0651***	-0.0859***	-0.0063***	-0.0822***	-0.0920***	0.0219***	-0.1225***	-0.0334***	0.0051***	-0.0426***
	(0.0115)	(0.0006)	(0.0116)	(0.0188)	(0.0012)	(0.0188)	(0.0282)	(0.0021)	(0.0281)	(0.0302)	(0.0022)	(0.0303)	(0.0124)	(0.0009)	(0.0124)
fami_edu			1.1551***			1.5670***			1.4136***			1.4590***			1.4051***
			(0.1327)			(0.1315)			(0.1235)			(0.1218)			(0.1211)
观测值	13582	14065	13383	13582	14065	13383	13582	14065	13383	13582	14065	13383	13582	14065	13383
调整后 R^2	0.3255	0.9399	0.3316	0.3219	0.9375	0.3316	0.3218	0.9289	0.3309	0.3217	0.9274	0.3314	0.3219	0.9267	0.3312

续表

Panel C：责任分担												
变量	(1) 中央本级 *son_edu*	(2) 中央本级 *fami_edu*	(3) 中央本级 *son_edu*	(4) 省本级 *son_edu*	(5) 省本级 *fami_edu*	(6) 省本级 *son_edu*	(7) 市本级 *son_edu*	(8) 市本级 *fami_edu*	(9) 市本级 *son_edu*	(10) 县本级 *son_edu*	(11) 县本级 *fami_edu*	(12) 县本级 *son_edu*
dad_edu	0.3173*** (0.0196)	0.0092*** (0.0009)	0.3044*** (0.0198)	0.4256*** (0.0436)	0.0413*** (0.0023)	0.3804*** (0.0441)	0.3034*** (0.0239)	-0.0053*** (0.0020)	0.3097*** (0.0240)	0.4781*** (0.0793)	-0.0714*** (0.0093)	0.5315*** (0.0791)
fis_edu	0.2665*** (0.0480)	0.0855*** (0.0027)	0.1672*** (0.0490)	0.7511*** (0.1373)	0.3858*** (0.0078)	0.2710* (0.1466)	0.3162*** (0.0674)	-0.0117* (0.0062)	0.3454*** (0.0681)	1.0409*** (0.1490)	0.1386*** (0.0184)	1.0279*** (0.1497)
fis_edu · *dad_edu*	-0.0120** (0.0056)	-0.0025*** (0.0003)	-0.0089 (0.0057)	-0.0438*** (0.0125)	-0.0125*** (0.0007)	-0.0307** (0.0126)	-0.0112 (0.0069)	0.0033*** (0.0006)	-0.0149** (0.0070)	-0.0419*** (0.0160)	0.0173*** (0.0020)	-0.0546*** (0.0160)
fami_edu			1.1636*** (0.1287)			1.3761*** (0.1328)			0.3935*** (0.0839)			0.4165*** (0.0895)
观测值	13582	14065	13383	13582	14065	13383	13343	13821	13144	10654	10937	10504
调整后 R^2	0.3254	0.9366	0.3317	0.3230	0.9406	0.3308	0.3483	0.8539	0.3523	0.3358	0.7888	0.3404
Chips 库效应	YES	YES	YES	YES	YES	YES	YES	YES	YES	YES	YES	YES
个体控制变量	YES	YES	YES	YES	YES	YES	YES	YES	YES	YES	YES	YES
城乡效应	YES	YES	YES	YES	YES	YES	YES	YES	YES	YES	YES	YES
区域控制变量	YES	YES	YES	YES	YES	YES	YES	YES	YES	YES	YES	YES

注：① ***、**、* 分别表示在 1%、5%、10% 水平上显著；②括号中为稳健标准误。

Panel B 为结构问题，（1）—（3）、（4）—（6）、（7）—（9）、（10）—（12）、（13）—（15）分别为高等教育、高中教育、初中教育、小学教育、幼儿园阶段上述三式的回归结果。可以看到，高等教育、高中教育、初中教育三个阶段证实了存在有中介的调节变量效应：回归（1）、（4）、（7）中，财政教育支出与父代受教育年限交互项系数在1%水平上显著为负，印证了调节效应存在。回归（2）、（5）、（8）中，交互项系数至少在5%水平上显著为负，意味着调节效应项与中介变量呈现负向变动关系。回归（3）、（6）、（9）中，中介变量系数在1%水平上显著为正，且交互项系数的绝对值分别从回归（1）、（4）、（7）中的0.0547、0.0661、0.0859下降到0.0411、0.0651、0.0822，印证了部分中介变量效应的存在；从中介效应大小来看，各教育阶段中介效应占比分别为31.04%、5.69%、10.37%，高等教育的该中介效应明显较大。而对于小学教育和幼儿园教育来说，这一中介效应并不显著，主要原因在于财政教育支出并非挤出、而是增加了家庭教育支出，这一点可以从回归（11）和回归（14）中交互项系数显著（1%水平）为正得以证明，即财政教育支出加强了父代受教育水平对家庭教育支出的正向影响。至此可得结论：从结构来看，高等教育阶段财政教育支出可以通过挤出家庭教育支出改善代际流动性，而基础教育阶段该中介效应不明显。造成上述差别的原因在于财政教育支出对家庭教育支出的替代性会因教育阶段的不同而有所差异，而这可能与父代“干预”子代教育的有效性相关。通常来说，随着教育阶段的提升，父代对子代教育的干预程度逐渐下降。在基础教育、尤其是义务教育和幼儿园阶段，由于较少涉及统一的升学考试，并且子代入学主要由学区划片决定，父代又通常有“让孩子赢在起跑线”的观念，因而父代可以通过购买学区房、增加择校费、接受课外补习等方式对子代教育进行干预。在这种情况下，财政教育支出可能会被视为一个政策信号，而进一步加强父代对子代教育的重视程度。而在较高的教育阶段，由于我国设有全国统一的中考制度、高考制度以及研究生考试制度，因而在择校等方面，相对于基础教育，父代的可干预程度较低，在这种情况下，财政教育支出在更大程度上和家庭教育支出呈现替代效应。例如，高等教育学生奖助学金的存在，更可能会减少家庭对子代的学费支出和生活费支出，而非继续增加，因为高等教育的入学方式和性质决定了父代的干预程度相对较小。

Panel C 为责任分担问题，（1）—（3）、（4）—（6）、（7）—（9）、（10）—（12）分别为中央本级、省本级、市本级、县本级对上述三式的回归结果。可以看到，仅中央本级和省本级支出证实了存在有中介的调节变量效应：回归（1）、（4）交互项系数至少在 5% 水平上显著为负，印证了调节效应存在，回归（2）、（5）交互项系数在 1% 水平上显著为负，意味着调节效应项与中介变量呈现负向变动关系；回归（3）、（6）中介变量系数在 1% 水平上显著为正，且中央本级交互项系数从显著为正变为不显著，省本级交互项系数从回归（4）中的 0.0438 下降到 0.0307，分别印证了完全中介效应和部分中介变量效应的存在。至此可得结论：中央和省级政府的财政教育支出能够通过挤出家庭教育支出，进而促进代际流动性。本书的假设 5 得以验证。可能的原因有二：第一，在中央和省级政府教育支出中，高等教育占比相对较大，结合对上述结构问题的分析，高等教育阶段财政教育支出对家庭教育支出的挤出程度更大；第二，中央和省级政府还主要承担均衡地区教育发展的作用，根据本书前文的分析，由于低收入家庭本身面临较强的预算约束，因此这一挤出可能对于低收入家庭来说更为显著。因此，中央和省级政府支出的挤出效应更大。

综上可得结论：财政教育支出可能会挤出家庭教育支出，进而减弱代际传递，加强代际流动。至此，本书的假设 5 得以验证。

6.3　个人层面

从个体来看，子代受教育水平除了受父代和政府人力资本投资的影响外，与个体教育表现也息息相关，故财政教育支出也可能通过影响个体教育表现，进而减弱父代对子代的影响。一方面，财政教育支出可以通过减弱个体教育表现对子代受教育水平的相对影响，进而促进代际流动性，本书称之为“相对效应”；另一方面，也可以通过直接改变个体教育表现，进而促进代际流动性，本书称之为“绝对效应”。

6.3.1　相对效应：减弱个体教育表现影响

相对效应是指财政教育支出通过减弱个体教育表现对子代的相对影响，进而减弱子代对父代的依赖程度，促进代际流动。假设在一个不存在政府部门的简单经济模型中，由于没有相关的政策干预，子代受教育水平很大程度上会与父代受教育水平相关，而这一相关性可能是通过影响子代教育表现进行传递的。一方面，父代受教育水平越高，对子代的人力资本投资通常也越多，进而子代的教育表现和受教育水平也越高；另一方面，父代受教育水平越高，在一定程度上代表父代的先天遗传越好，这一先天遗传也有很大概率遗传至子代，进而子代的教育表现和受教育水平也越高。加入政府部门后，政府的财政教育支出可能会增加整个地区的受教育机会，此时子代即使未有充足的人力资本投资和较好的遗传基因，未有较好的教育表现，也有可能因机会变多而接受教育。从这一角度来看，财政教育支出的作用在于减弱个体教育表现对子代受教育水平的影响，进而改善代际流动。

从上文描述的传导机制来看，首先，父代受教育水平通过人力资本投资或先天遗传影响子代教育表现，进而影响受教育水平。在这一条传导路径上，父代受教育水平是自变量 X，子代受教育水平是因变量 Y，子代教育表现是中介变量 M。其次，财政教育支出的作用在于减弱子代教育表现对子代的影响，进而降低子代对父代的依赖程度。在这条路径上，财政教育支出是调节变量 U，它调节了中介变量 M 和因变量 Y 的关系。在这种关系下，M 被称为有调节的中介变量。本书同样使用有调节的中介效应模型进行机制识别，具体检验模型设置如式（6-5）—式（6-8）所示。若 α_1、β_1、γ_3 显著，且 γ_1 不显著或者相对于 α_1 系数绝对值显著变小，则证明存在中介变量效应；若交互项系数 φ_4 显著，则证明调节变量 U 可以调节 $M \to Y$。此处本书使用子代的高考成绩作为受父代人力资本投资和先天遗传影响的子代教育表现的代理变量。这是由于高考成绩一方面和子代先天遗传有直接关联，另一方面也体现了父代人力资本投资的成果。

表 6-5 汇报了相对效应的检验结果。其中 Panel A1 和 Panel A2 为规模问题，（1）—（4）、（5）—（8）、（9）—（12）、（13）—（15）分别为县级、市级、省级、全国层面对上述四式的回归结果。可以看到，四个层面中都证实了存在有调节的中介变量效应。以县级为例，回归（1）中父代受教育年限系数（α_1）在 1% 水平上显著为正，意味着子代受教育水平正向依赖于父代；回归（2）中父代受教育年限系数（β_1）在 1% 水平上显著为正，意味着中介变量与自变量呈正相关关系，即父代受教育水平越高，子代高考成绩越高，这与前文的预测相一致；回归（3）中，中介变量家庭教育支出系数（γ_3）在 1% 水平上显著为正，且父代受教育年限系数从回归（1）中的 0.1128 下降至 0.0980，至此证明了中介变量效应的存在，即父代受教育水平通过正向影响子代高考成绩，从而正向影响子代受教育水平。回归（4）中，

财政教育支出与家庭教育支出交互项系数（φ_4）在 5% 水平上显著为负，证明了调节效应的存在，即财政教育支出能够减弱子代高考成绩对受教育年限的正向效应。与县级类似，在市、省、全国层面，所有回归中父代受教育年限系数（α_1、β_1）都在 1% 水平上显著为正，回归（7）、（11）、（15）中介变量家庭教育支出系数（γ_3）都在 1% 水平上显著为正，且父代受教育年限系数分别从回归（5）、（9）、（13）中的 0.1129、0.1096、0.1089 下降至 0.1007、0.0978、0.0979，证明了部分中介变量效应的存在；回归（8）、（12）、（16）中，财政教育支出与家庭教育支出交互项系数（φ_4）均在 1% 水平上显著为负，证明了调节效应的存在。结合上述中介变量效应和调节效应可得：从规模来看，财政教育支出可以通过减弱个体教育表现（高考成绩）对子代的相对影响，进而减弱子代对父代的依赖程度，促进代际流动。

Panel B1 和 Panel B2 为结构问题，（1）—（4）、（5）—（8）、（9）—（12）、（13）—（16）、（17）—（20）分别为高等教育、高中教育、初中教育、小学教育、幼儿园阶段对上述四式的回归结果。可以看到，各教育阶段的回归都证实了存在有调节的中介变量效应。具体来看，回归（1）、（5）、（9）、（13）、（17）中父代受教育年限系数（α_1）均在 1% 水平上显著为正，意味着子代受教育水平正向依赖于父代；回归（2）、（6）、（10）、（14）、（18）中父代受教育年限系数（β_1）均在 1% 水平上显著为正，意味着中介变量与自变量呈正相关关系，即父代受教育水平越高，子代高考成绩越高；回归（3）、（7）、（11）、（15）、（19）中，中介变量家庭教育支出系数（γ_3）均在 1% 水平上显著为正，且父代受教育年限系数从回归（1）、（5）、（9）、（13）、（17）中的 0.1068、0.1104、0.1093、0.1109、0.1109 下降至 0.0947、0.0984、0.0978、0.0989、0.0988，至此证明了中介变量效应的存在，即父代受教育水平通过正向影响子代高考成绩，从而正向影响其受教育水平。回归（4）、（8）、（12）、（16）、（20）中，各级财政教育支出与家庭教育支出交互项系数（φ_4）均在 1% 水平上显著为负，证明了调节效应的存在，即各级教育阶段财政教育支出能够减弱子代高考成绩对受教育年限的正向效应；进一步从系数大小来看，各级教育阶段交互项系数绝对值分别为 0.1025、0.2996、0.4145、0.4954、0.1186，这意味着以义务教育为代表的基础教育财政支出对高考成绩作用于子代受教育年限的正向效应减弱力度较大。结合上述中介变量效应和调节效应可得：从结构来看，各级财政教育支出可以通过减弱个体教育表现（高考成绩）对子代的相对影响，进而减弱子代对父代的依赖程度，促进代际流动，其中基础教育作用力度较大。

表 6-5　机制检验—个人—相对效应

Panel A1：规模

变量	（1）县 son_edu	（2）县 achieve	（3）县 son_edu	（4）县 son_edu	（5）市 son_edu	（6）市 achieve	（7）市 son_edu	（8）市 son_edu
dad_edu	0.1128***	0.0442***	0.0980***	0.0979***	0.1129***	0.0415***	0.1007***	0.1005***
	(0.0104)	(0.0088)	(0.0137)	(0.0137)	(0.0147)	(0.0083)	(0.0146)	(0.0146)
fis_edu	0.2580***	0.0436	0.2443***	0.6903***	0.0598	0.0151	0.0560	0.7511***
	(0.0662)	(0.0531)	(0.0639)	(0.2124)	(0.0831)	(0.0719)	(0.0819)	(0.1910)
achieve			0.3350***	0.8311***			0.2965***	1.1393***
			(0.0297)	(0.2222)			(0.0245)	(0.2016)
fis_edu · achieve				-0.0991**				-0.1599***
				(0.0435)				(0.0373)
观测值	2631	2636	2631	2631	3535	3541	3535	3535
调整后 R^2	0.1699	0.0226	0.2235	0.2251	0.1574	0.0264	0.2020	0.2066

Panel A2：规模

变量	（9）省 son_edu	（10）省 achieve	（11）省 son_edu	（12）省 achieve	（13）全国 son_edu	（14）全国 achieve	（15）全国 son_edu	（16）全国 achieve
dad_edu	0.1096***	0.0394***	0.0978***	0.0981***	0.1089***	0.0395***	0.0972***	0.0979***
	(0.0149)	(0.0083)	(0.0148)	(0.0148)	(0.0149)	(0.0083)	(0.0148)	(0.0148)
fis_edu	0.3732**	0.2249**	0.3058*	1.6793***	0.4339**	0.1624	0.3845**	1.4224***
	(0.1744)	(0.1172)	(0.1687)	(0.3059)	(0.1793)	(0.1211)	(0.1745)	(0.2594)

续表

Panel A2：规模

变量	(9) 省 son_edu	(10) 省 achieve	(11) 省 son_edu	(12) 省 achieve	(13) 全国 son_edu	(14) 全国 achieve	(15) 全国 son_edu	(16) 全国 achieve
achieve			0.2989*** (0.0246)	2.2000*** (0.3442)			0.2991*** (0.0246)	2.2654*** (0.3585)
fis_edu · achieve				-0.3285*** (0.0585)				-0.2398*** (0.0430)
观测值	3612	3619	3612	3612	3612	3619	3612	3612
调整后 R^2	0.1389	0.0331	0.1834	0.1902	0.1391	0.0326	0.1837	0.1893

Panel B1：结构

变量	(1) 高等 son_edu	(2) 高等 achieve	(3) 高等 son_edu	(4) 高等 son_edu	(5) 高中 son_edu	(6) 高中 achieve	(7) 高中 son_edu	(8) 高中 son_edu	(9) 初中 son_edu	(10) 初中 achieve
dad_edu	0.1068*** (0.0147)	0.0404*** (0.0082)	0.0947*** (0.0145)	0.0952*** (0.0145)	0.1104*** (0.0149)	0.0402*** (0.0082)	0.0984*** (0.0148)	0.0986*** (0.0148)	0.1093*** (0.0149)	0.0387*** (0.0083)
fis_edu	0.5228*** (0.0923)	-0.0212 (0.0731)	0.5286*** (0.0905)	0.9782*** (0.1557)	0.2184 (0.1701)	0.0378 (0.0246)	0.2065 (0.1659)	1.4739*** (0.2739)	0.4100* (0.2234)	0.4167*** (0.0669)
achieve			0.3006*** (0.0248)	0.9694*** (0.1868)			0.2999*** (0.0246)	2.0177*** (0.2922)		
fis_edu · achieve				-0.1025*** (0.0275)				-0.2996*** (0.0498)		
观测值	3612	3619	3612	3612	3612	3619	3612	3612	3612	3619
调整后 R^2	0.1447	0.0322	0.1898	0.1921	0.1381	0.0322	0.1830	0.1912	0.1385	0.0340

续表

Panel B2：结构

变量	（11）初中 son_edu	（12）初中 son_edu	（13）小学 son_edu	（14）小学 achieve	（15）小学 son_edu	（16）小学 son_edu	（17）幼儿园 son_edu	（18）幼儿园 achieve	（19）幼儿园 son_edu	（20）幼儿园 son_edu
dad_edu	0.0978*** (0.0148)	0.0986*** (0.0148)	0.1109*** (0.0148)	0.0402*** (0.0082)	0.0989*** (0.0147)	0.0989*** (0.0147)	0.1109*** (0.0148)	0.0403*** (0.0082)	0.0988*** (0.0147)	0.0988*** (0.0147)
fis_edu	0.2852 (0.2173)	2.0210*** (0.3897)	0.1129 (0.2071)	-0.2279* (0.1373)	0.1803 (0.2024)	2.3331*** (0.4269)	0.0113 (0.0671)	-0.1373*** (0.0462)	0.0526 (0.0651)	0.5493*** (0.1586)
achieve	0.2989*** (0.0246)	3.0373*** (0.5019)			0.3007*** (0.0246)	3.8016*** (0.5945)			0.3009*** (0.0247)	0.7288*** (0.1277)
fis_edu · achieve		-0.4145*** (0.0751)				-0.4954*** (0.0833)				-0.1168*** (0.0331)
观测值	3612	3612	3612	3619	3612	3612	3612	3619	3612	3612
调整后 R^2	0.1830	0.1893	0.1377	0.0329	0.1828	0.1922	0.1376	0.0341	0.1827	0.1854

Panel C1：责任分担

变量	（1）中央本级 son_edu	（2）中央本级 achieve	（3）中央本级 son_edu	（4）中央本级 son_edu	（5）省本级 son_edu	（6）省本级 achieve	（7）省本级 son_edu	（8）省本级 son_edu
dad_edu	0.1110*** (0.0147)	0.0402*** (0.0082)	0.0988*** (0.0146)	0.0988*** (0.0146)	0.1086*** (0.0150)	0.0396*** (0.0083)	0.0968*** (0.0149)	0.0968*** (0.0148)
fis_edu	0.1209*** (0.0270)	-0.0483** (0.0197)	0.1354*** (0.0263)	0.1690** (0.0828)	0.2023** (0.0886)	0.0535 (0.0618)	0.1861** (0.0860)	0.7876*** (0.1559)
achieve			0.3044*** (0.0249)	0.3289*** (0.0632)			0.2995*** (0.0246)	0.8040*** (0.1168)
fis_edu · achieve				-0.0076 (0.0172)				-0.1442*** (0.0310)

续表

Panel C1：责任分担								
变量	（1）中央本级 *son_edu*	（2）中央本级 *achieve*	（3）中央本级 *son_edu*	（4）中央本级 *son_edu*	（5）省本级 *son_edu*	（6）省本级 *achieve*	（7）省本级 *son_edu*	（8）省本级 *son_edu*
观测值	3612	3619	3612	3612	3612	3619	3612	3612
调整后 R^2	0. 1425	0. 0337	0. 1887	0. 1887	0. 1389	0. 0324	0. 1837	0. 1893

Panel C2：责任分担								
变量	（9）市本级 *son_edu*	（10）市本级 *achieve*	（11）市本级 *son_edu*	（12）市本级 *son_edu*	（13）县本级 *son_edu*	（14）县本级 *achieve*	（15）县本级 *son_edu*	（16）县本级 *son_edu*
dad_edu	0. 1124*** （0. 0148）	0. 0413*** （0. 0083）	0. 1003*** （0. 0146）	0. 1005*** （0. 0146）	0. 1128*** （0. 0104）	0. 0442*** （0. 0088）	0. 0980*** （0. 0137）	0. 0979*** （0. 0137）
fis_edu	0. 1067** （0. 0442）	0. 1322*** （0. 0307）	0. 0679 （0. 0424）	0. 2443** （0. 1062）	0. 2580*** （0. 0662）	0. 0436 （0. 0531）	0. 2443*** （0. 0639）	0. 6903*** （0. 2124）
achieve			0. 2944*** （0. 0245）	0. 4304*** （0. 0779）			0. 3350*** （0. 0297）	0. 8311*** （0. 2222）
fis_edu · *achieve*				-0. 0387* （0. 0200）				-0. 0991** （0. 0435）
观测值	3535	3541	3535	3535	2631	2636	2631	2631
调整后 R^2	0. 1587	0. 0306	0. 2025	0. 2035	0. 1699	0. 0226	0. 2235	0. 2251
Chips 库效应	YES	YES	YES	YES	YES	YES	YES	YES
个体控制变量	YES	YES	YES	YES	YES	YES	YES	YES
城乡效应	YES	YES	YES	YES	YES	YES	YES	YES
区域控制变量	YES	YES	YES	YES	YES	YES	YES	YES

注：①***、**、*分别表示在 1%、5%、10%水平上显著；②括号中为稳健标准误。

Panel C1 和 Panel C2 为责任分担问题，（1）—（4）、（5）—（8）、（9）—（12）、（13）—（16）分别为中央本级、省本级、市本级、县本级对上述四式的回归结果。可以看到，除中央本级外，各级政府的回归都证实了存在有调节的中介变量效应。同上述分析过程一致，各回归中父代受教育年限系数（α_1、β_1）均在1%水平上显著为正，回归（3）、（7）、（11）、（15）中介变量家庭教育支出系数（γ_3）均在1%水平上显著为正，且父代受教育年限系数分别从回归（1）、（5）、（9）、（13）中的0.1110、0.1086、0.1124、0.1128下降至0.0988、0.0968、0.1003、0.0980，证明了部分中介变量效应的存在；回归（4）、（8）、（12）、（16）中，除中央本级外，其余回归财政教育支出与家庭教育支出交互项系数（φ_4）均至少在10%水平上显著为负，证明了调节效应的存在；进一步从系数大小来看，各级政府交互项系数绝对值分别为0.0076（不显著为负）、0.1442、0.0387、0.0991，这意味着县级和省级政府财政教育支出对子代高考成绩作用于受教育年限的正向效应减弱力度较大。综合上述中介变量效应和调节效应可得：从责任分担来看，各级政府财政教育支出可以通过减弱个体教育表现（高考成绩）对子代的相对影响，进而减弱子代对父代的依赖程度，促进代际流动，其中县级和省级政府作用力度较大。

综上可得结论：财政教育支出能够减弱子代教育表现对其的影响，进而减弱代际传递，加强代际流动。至此，本书的假设6得以验证。

6.3.2 绝对效应：提高个体教育表现

绝对效应是指财政教育支出通过直接改变个体教育表现，从而降低父代对子代的影响。在一个没有政府部门的简单经济模型中，父代学历水平越低，通常其收入水平也相对较低，面临的预算约束越强，越难以对子代进行充足的人力资本投资，子代的教育表现就越差。加入政府部门后，政府的财政教育支出将与家庭的教育支出共同构成对子代的人力资本投资，此时，子代人力资本投资增加，教育表现可能就倾向于变得更好。从这一角度来看，财政教育支出直接提高了个体的教育表现，进而减弱父代对子代的影响。

为识别这一机制，此处使用有中介的调节效应模型进行检验。与上述相对效应不同，绝对效应是财政教育支出通过直接改变子代教育表现来减弱父代对子代的影响，在这一过程中，自变量 X 为父代受教育年限，因变量 Y 为子代受教育年限，财政教育支出 U 是 $X \rightarrow Y$ 关系的调节变量，而这一调节作用

通过中介变量 M——即子代教育表现发生作用实现，因此财政教育支出 U 是有中介的调节变量。具体检验模型见式（6-1）—式（6-3）。同样，若系数 α_3 显著，则证明调节效应（调节变量为 U）存在；若 β_3、γ_4 显著，且 γ_3 相对于 α_3 绝对值显著变小，则可证明存在中介变量效应（中介变量为 M），具体中介效应占比为 $\gamma_4 \cdot \beta_3/\alpha_3$。此处本书使用子代就读的高中类型 *behave* 作为教育表现的代理变量，主要原因在于：高中作为衔接义务教育和高等教育的重要阶段，一方面反映了个体义务教育阶段的成就，另一方面也在一定程度上决定了其高等教育的质量。其中，高中类型赋值如下：全国或省级重点中学为1，地区（市、区）级重点中学为2，县级及其他重点中学为3，非重点中学为4，中专、中技、职高为5，其他为6。

表6-6汇报了绝对效应的检验结果，其中 Panel A 为规模问题，(1)—(3)、(4)—(6)、(7)—(9)、(10)—(12)分别为县级、市级、省级、全国层面对上述三式的回归结果。可以看到，除市级外，其他三个层面都证实了存在有中介的调节变量效应：回归(1)、(4)、(7)、(10)财政教育支出与父代受教育年限交互项系数在1%水平上显著为负，印证了调节效应存在，即财政教育支出能够负向调节父代受教育水平对子代的影响。回归(2)、(8)、(11)交互项系数在1%水平上显著为负，意味着调节效应项与中介变量呈现负向变动关系，即财政教育支出和父代受教育水平交互项越大，*behave* 数值越小，则高中类型越好，子代的教育表现越好，这与我们在前文预测的相一致。回归(3)、(9)、(12)中介变量系数在1%水平上显著为负，意味着子代教育表现越好（*behave* 数值越小），子代受教育水平越高；交互项系数从回归(1)、(7)、(10)中显著为负变为不显著，印证了完全中介变量效应的存在。至此可得结论：从规模来看，财政教育支出可以通过提高子代的教育表现，从而降低父代对子代的影响，促进代际流动。

Panel B 为结构问题，(1)—(3)、(4)—(6)、(7)—(9)、(10)—(12)、(13)—(15)分别为高等教育、高中教育、初中教育、小学教育、幼儿园阶段上述三式的回归结果。可以看到，除幼儿园教育外，其余教育阶段均证实了存在有中介的调节变量效应：回归(1)、(4)、(7)、(10)、(13)中，财政教育支出与父代受教育年限交互项系数在1%水平上显著为负，印证了调节效应存在。回归(2)、(5)、(8)、(11)、(14)中，交互项系数至少在5%水平上显著为负，意味着调节效应项与中介变量呈现负向变动关系，即财政教育支出和父代受教育水平交互项越大，*behave* 数值越小，

表 6－6　机制检验—个人—绝对效应

Panel A：规模

变量	(1) 县 son_edu	(2) 县 behave	(3) 县 son_edu	(4) 市 son_edu	(5) 市 behave	(6) 市 son_edu	(7) 省 son_edu	(8) 省 behave	(9) 省 son_edu	(10) 全国 son_edu	(11) 全国 behave	(12) 全国 son_edu
dad_edu	0.4781***	0.1602**	0.1129	0.4588***	0.0047	-0.1072	0.7152***	0.2294**	0.1198	0.8741***	0.3774***	0.1286
	(0.0793)	(0.0671)	(0.0850)	(0.0828)	(0.0765)	(0.0941)	(0.1280)	(0.1047)	(0.1294)	(0.1415)	(0.1115)	(0.1378)
fis_edu	1.0409***	0.5502***	0.3120*	0.8026***	0.2100	-0.3496*	0.9351***	0.7081***	0.0063	1.2464***	1.0801***	0.4748*
	(0.1490)	(0.1263)	(0.1680)	(0.1561)	(0.1599)	(0.2006)	(0.2460)	(0.2085)	(0.2808)	(0.2337)	(0.1856)	(0.2530)
fis_edu ·	-0.0419***	-0.0441***	0.0033	-0.0372**	-0.0107	0.0473***	-0.0762***	-0.0494***	0.0025	-0.0734***	-0.0531***	0.0004
dad_edu	(0.0160)	(0.0132)	(0.0165)	(0.0162)	(0.0149)	(0.0182)	(0.0223)	(0.0181)	(0.0224)	(0.0174)	(0.0136)	(0.0168)
behave			-0.2352***			-0.1394***			-0.1587***			-0.1616***
			(0.0380)			(0.0316)			(0.0313)			(0.0312)
观测值	10654	3646	3639	13343	4903	4895	13582	5033	5024	13582	5033	5024
调整后 R^2	0.3358	0.0296	0.1629	0.3490	0.0183	0.1420	0.3220	0.0239	0.1384	0.3225	0.0278	0.1395

Panel B：结构

变量	(1) 高等 son_edu	(2) 高等 behave	(3) 高等 son_edu	(4) 高中 son_edu	(5) 高中 behave	(6) 高中 son_edu	(7) 初中 son_edu	(8) 初中 behave	(9) 初中 son_edu	(10) 小学 son_edu	(11) 小学 behave	(12) 小学 son_edu	(13) 幼儿园 son_edu	(14) 幼儿园 behave	(15) 幼儿园 son_edu
dad_edu	0.6265***	0.1891***	0.1254*	0.6510***	0.1429	0.0387	0.8412***	0.3505**	-0.1076	0.9249***	0.3894**	0.3977*	0.4019***	0.1109***	0.2700***
	(0.0742)	(0.0572)	(0.0741)	(0.1066)	(0.0869)	(0.1103)	(0.1849)	(0.1563)	(0.1939)	(0.2121)	(0.1686)	(0.2200)	(0.0460)	(0.0427)	(0.0528)
fis_edu	1.1010***	0.6407***	0.6809***	0.7409***	0.4780***	-0.1304	1.0545***	0.7654***	-0.7168*	0.6913**	0.9576***	0.5406	0.4309***	0.7652***	0.5660***
	(0.1317)	(0.1085)	(0.1487)	(0.2075)	(0.1773)	(0.2486)	(0.3142)	(0.2945)	(0.3994)	(0.2846)	(0.2499)	(0.3369)	(0.1240)	(0.1208)	(0.1524)
fis_edu ·	-0.0547***	-0.0376***	0.0007	-0.0661***	-0.0348**	0.0169	-0.0859***	-0.0616***	0.0370	-0.0920***	-0.0630***	-0.0375	-0.0334***	-0.0449***	-0.0373***
dad_edu	(0.0115)	(0.0086)	(0.0111)	(0.0188)	(0.0153)	(0.0193)	(0.0282)	(0.0238)	(0.0295)	(0.0302)	(0.0239)	(0.0313)	(0.0124)	(0.0112)	(0.0140)
behave			-0.1660***			-0.1583***			-0.1576***			-0.1604***			-0.1675***
			(0.0308)			(0.0313)			(0.0312)			(0.0312)			(0.0307)
观测值	13582	5033	5024	13582	5033	5024	13582	5033	5024	13582	5033	5024	13582	5033	5024
调整后 R^2	0.3255	0.0280	0.1469	0.3219	0.0231	0.1385	0.3218	0.0232	0.1389	0.3217	0.0248	0.1388	0.3219	0.0342	0.1411

续表

Panel C：责任分担												
变量	(1) 中央本级 *son_edu*	(2) 中央本级 *behave*	(3) 中央本级 *son_edu*	(4) 省本级 *son_edu*	(5) 省本级 *behave*	(6) 省本级 *son_edu*	(7) 市本级 *son_edu*	(8) 市本级 *behave*	(9) 市本级 *son_edu*	(10) 县本级 *son_edu*	(11) 县本级 *behave*	(12) 县本级 *son_edu*
dad_edu	0. 3173*** (0. 0196)	−0. 0176 (0. 0152)	0. 0978*** (0. 0236)	0. 4256*** (0. 0436)	0. 0684* (0. 0352)	0. 1284*** (0. 0440)	0. 3034*** (0. 0239)	−0. 0144 (0. 0226)	0. 0698** (0. 0308)	0. 4781*** (0. 0793)	0. 1602** (0. 0671)	0. 1129 (0. 0850)
fis_edu	0. 2665*** (0. 0480)	0. 0914** (0. 0387)	0. 0454 (0. 0577)	0. 7511*** (0. 1373)	0. 6033*** (0. 1114)	0. 2154 (0. 1477)	0. 3162*** (0. 0674)	0. 3095*** (0. 0746)	−0. 0712 (0. 0962)	1. 0409*** (0. 1490)	0. 5502*** (0. 1263)	0. 3120* (0. 1680)
fis_edu · *dad_edu*	−0. 0120** (0. 0056)	−0. 0113*** (0. 0040)	0. 0117* (0. 0061)	−0. 0438*** (0. 0125)	−0. 0357*** (0. 0097)	0. 0010 (0. 0120)	−0. 0112 (0. 0069)	−0. 0111* (0. 0064)	0. 0190** (0. 0082)	−0. 0419*** (0. 0160)	−0. 0441*** (0. 0132)	0. 0033 (0. 0165)
behave			−0. 1565*** (0. 0311)			−0. 1612*** (0. 0313)			−0. 1421*** (0. 0313)			−0. 2352*** (0. 0380)
观测值	13582	5033	5024	13582	5033	5024	13343	4903	4895	10654	3646	3639
调整后 R^2	0. 3254	0. 0231	0. 1449	0. 3230	0. 0273	0. 1393	0. 3483	0. 0252	0. 1425	0. 3358	0. 0296	0. 1629
Chips 库效应	YES	YES	YES	YES	YES	YES	YES	YES	YES	YES	YES	YES
个体控制变量	YES	YES	YES	YES	YES	YES	YES	YES	YES	YES	YES	YES
城乡效应	YES	YES	YES	YES	YES	YES	YES	YES	YES	YES	YES	YES
区域控制变量	YES	YES	YES	YES	YES	YES	YES	YES	YES	YES	YES	YES

注：①***、**、*分别表示在 1%、5%、10% 水平上显著；②括号中为稳健标准误。

则高中类型越好，子代的教育表现越好。回归（3）、（6）、（9）、（12）中，中介变量系数在1%水平上显著为负，且交互项系数从回归（1）、（4）、（7）、（10）中显著为负变为不显著，印证了完全中介变量效应的存在。至此可得结论：从结构来看，各级教育阶段财政教育支出可以通过提高子代的教育表现，从而降低父代对子代的影响，促进代际流动。

Panel C为责任分担问题，（1）—（3）、（4）—（6）、（7）—（9）、（10）—（12）分别为中央本级、省本级、市本级、县本级对上述三式的回归结果。可以看到，省本级和县本级证实了存在有中介的调节变量效应：回归（1）、（4）、（7）、（10）财政教育支出与父代受教育年限交互项系数在1%水平上显著为负，印证了调节效应存在。回归（2）、（5）、（8）、（11）交互项系数均至少在10%水平上显著为负，意味着调节效应项与中介变量呈现负向变动关系，即财政教育支出和父代受教育水平交互项越大，*behave*数值越小，则高中类型越好，子代的教育表现越好。回归（6）、（12）中介变量系数在1%水平上显著为负，且交互项系数从回归（4）、（10）中显著为负变为不显著，印证了完全中介变量效应的存在。至此可得结论：从责任分担来看，省级和县级政府财政教育支出可以通过提高子代的教育表现，从而降低父代对子代的影响，促进代际流动。

综上可得结论：财政教育支出可以通过提高子代教育表现，进而减弱代际传递，加强代际流动。至此，本书的假设7得以验证。

6.4 本章小结

本章使用有调节的中介效应模型、有中介的调节效应模型，同时辅之以分样本回归等方法，从宏观、家庭（主要指父代）、个体（主要指子代）三个维度探讨了财政教育支出改善代际流动性的渠道。结果发现：

首先，宏观层面。一方面，财政教育支出可能通过改善社会风气，加强代际流动；另一方面，财政教育支出可能通过促进教育均衡，改善代际流动。其中，都以基础教育和省级政府的改善和促进力度较大。

其次，家庭层面。财政教育支出可能会影响家庭对子代的人力资本投资，而这一影响又可以进一步分为两种：一是相对效应，即财政教育支出通过降低家庭教育支出对子代的相对影响，进而减弱子代对父代的依赖程度，促进代际流动，其中以基础教育、省级政府和县级政府减弱力度较大，中央政府支出反而增强了这一影响；二是绝对效应，即财政教育支出通过直接“挤出”家庭教育支出，从而降低父代对子代的影响，其中，以高等教育、中央政府和省级政府的挤出作用较大。

最后，个体层面。财政教育支出也可能通过影响个体教育表现，进而减弱父代对子代的影响。一是相对效应，即财政教育支出通过减弱个体教育表现对子代的相对影响，进而减弱子代对父代的依赖程度，促进代际流动，其中以基础教育、省级和县级政府减弱力度较大；二是绝对效应，即财政教育支出通过直接改变个体某些教育表现，从而降低父代对子代的影响，其中，各教育阶段均体现出完全中介效应，省级和县级政府的作用力度较大。

第7章　结论、政策启示与展望

7.1　本书结论

教育关乎国计民生，惠及千家万户，财政教育支出作为一项公共支出，势必会对家庭微观主体产生影响，进而影响其后代一生的际遇与发展。本书在分析财政教育支出和社会代际流动现状的基础上，利用科学的研究方法，基于规模、结构、责任分担三个维度，深入探讨了财政教育支出对社会代际流动性的影响效应以及背后的作用机制，得到以下结论。

7.1.1　社会代际流动性近年有所减弱

本书使用1988年、1995年、1999年、2002年、2007年和2013年中国家庭收入调查（CHIPS），从经济地位、教育、社会地位三个角度分析了我国各年度社会代际流动性及变化趋势。结果显示：父代社会阶层和子代社会阶层确实存在显著的正向相关性，总体来看，相较于其他国家，我国社会代际流动性还尚未进入令人警惕的低位，但从时间变化趋势来看，近年来代际流动性有减弱的趋势。

从收入角度来看，第一，代际收入流动性先持续改善，近年来又有所减弱。第二，低收入人群的流动性要高于高收入人群，而且整体社会代际收入流动性的改善主要来自低收入人群。第三，城镇的代际收入流动性同样呈现出先加强后减弱的变化趋势，目前整体呈减弱态势，农村则是持续改善，2013年后有所减弱；从两者的相对位置来看，2002年以前城镇流动性高于农村，2002年以后则发生逆转。第四，“60后”“70后”“80后”的代际收入流动性持续改善。

从教育和社会地位角度来看，第一，代际流动性逐步减弱。第二，低受教育人群的代际流动性高于高受教育人群，两者的流动性差异有进一步加大的趋势，而且社会整体代际教育流动性的减弱主要来自高受教育人群。第三，城乡代际教育、社会地位流动性都在逐步减弱，但总体而言农村流动性高于城镇。第四，“60 后”“70 后”“80 后”的代际教育流动性持续减弱，代际社会地位流动性先加强后减弱，总体呈减弱态势。

通过对比收入、教育、社会地位代际流动性的变动趋势和异质性，可以发现：第一，在代际收入流动性改善的过程中，我国教育、社会地位代际流动性却在减弱；第二，近年来，代际收入、教育、社会地位流动性都有减弱的趋势。这可能表明收入流动性的改善更多源于社会经济发展所创造的客观外在环境的转变，而以教育和社会地位为代表的个人能力与综合素质在其中发挥的作用较小。

7.1.2　财政教育支出有助于改善社会代际流动性

本书主要分规模、结构、责任分担三个问题，分别从理论层面和实证层面探讨了财政教育支出对社会代际流动性的影响效应。结果显示：

第一，财政教育支出确实会改善社会代际流动性。首先，规模问题层面，子代受教育水平正向依赖于父代受教育水平，地区财政教育支出会对子代受教育水平产生正向作用，同时也会降低上述父代对子代的影响，从而削弱代际传递，改善社会代际流动性。其次，结构问题层面，各级教育阶段财政教育支出均有助于降低代际传递，改善代际流动性，相比之下，以义务教育为代表的基础教育作用要大于高等教育（具体从大到小依次为小学、初中、高中、高校、幼儿园）。最后，责任分担层面，除市本级外其他各级政府的财政教育支出均有助于降低代际传递、改善代际流动性，相比之下，省级政府和县级政府的作用更大。上述三个基本结论在考虑了内生性问题、进行了其他检验后依然保持稳健。

第二，财政教育支出对社会代际流动性的改善作用会因宏观区域和微观个体的不同而产生异质性。首先，城乡方面，各级教育、各级政府财政教育支出对代际流动性的改善作用都在农村家庭更强。其次，区位方面，规模问题没有体现出明显的异质性；分教育阶段看，除初中外，各级教育阶段财政教育支出对社会代际流动性的改善效应均在中部地区较强；分政府层级看，中央本级的作用在东部和中部地区较小，而在西部和东北部地区作用较大，省本级和市本级作用则在西部较小。再次，父代特征异质性方面，无论是规模、结构还是责任分担问题，改善作用均在低收入家庭和低学历家庭中更强。最后，子代特征异质性方面，改善作用均在男性子代、“80后”子代中更强。

7.1.3 财政教育支出会通过多种渠道改善社会代际流动性

财政教育支出可以通过多种渠道改善代际流动性，而这些渠道不仅包含宏观层面的因素，并且也可能通过影响微观主体，作用于代际流动性。

第一，宏观层面。首先，财政教育支出通过直接提高公共教育服务水平，或是间接向社会传递政策信号，改善社会风气、提高居民对教育的重视程度，进而减弱父代对子代的影响；分教育阶段看，各级教育阶段财政教育支出都能够通过改善社会风气进而增强代际流动性，其中基础教育的效应更强；分政府层级看，省级政府通过改善社会风气促进代际流动性的作用更强。其次，财政教育支出通过提供更多公共教育服务来促进教育均衡发展，社会各阶层的个体都能有较为平等的受教育机会，这进一步减弱了父代对子代的影响。结构方面，以义务教育为代表的基础教育作用更强；责任分担方面，县级政府和省级政府发挥主要作用。

第二，家庭层面。财政教育支出可能会对家庭对子代的人力资本投资产生影响，而这一影响又可以进一步分为两类：首先是相对效应，即财政教育支出通过降低家庭教育支出对子代的相对影响，进而减弱子代对父代的依赖程度，促进代际流动；分教育阶段看，基础教育弱化家庭教育支出对子代正向影响的力度较大；分政府层级看，县级和省级政府减弱力度更大，但中央本级支出则加强了家庭教育支出对子代的正向影响。其次是绝对效应，即财政教育支出通过直接“挤出”家庭教育支出，从而降低父代对子代的影响；分教育阶段看，高等教育阶段的这一挤出效应更强，而基础教育阶段这一效应并不明显；分政府层级看，中央和省级政府的挤出效应更强。

第三，个体层面，财政教育支出也可能通过影响个体教育表现，进而减弱父代对子代的影响。首先是相对效应，即财政教育支出可以增加整个地区的受教育机会，进而通过减弱个体受教育表现对子代的相对影响，弱化子代对父代的依赖程度，促进代际流动；分教育阶段看，基础教育的弱化效应更强；分政府层级看，县级和省级政府的减弱效应更强。其次是绝对效应，即财政教育支出通过弥补子代人力资本投资，直接改变个体教育表现，从而降低父代对子代的影响。分教育阶段看，这一机制显示出完全中介效应；分政府层级看，省级和县级政府的作用力度更强。

7.2 政策启示

7.2.1 基本取向

社会流动性是影响收入分配的重要方面，提升社会流动性，尤其是代际流动性可以缓解收入分配不公带来的负面效应。然而近年来，社会上频频出现一些“富二代”“穷二代”“官二代”“拼爹”的现象，“鲤鱼跃龙门”“寒门出贵子”难再，由此激发的矛盾不断，进而日渐成为社会公众关注的焦点。而教育具有社会流动功能，通过接受教育，处于社会底层人群的后代有机会获得公平的就业机会，从而摆脱原有阶层束缚，拓宽向上流动的渠道，因此，是影响社会代际流动、促进社会公平的重要途径。本书研究显示，财政教育支出有助于改善社会代际流动性，进而是缩小收入差距、改善收入分配的重要途径，这就要求教育经费投入能够保持同步增长、均衡配置，更要求政府发挥其主渠道作用。因此，结合本书研究的规模、结构、责任分担三个问题和所得结论，本书提出以下三点基本政策取向：

首先，进一步加大财政教育支出规模。本书研究显示，财政教育支出规模有助于改善社会代际流动性，因此，从促进社会公平的角度出发，各级政府仍需继续加大财政教育支出力度，进一步扩大财政教育支出规模。

其次，优化财政教育支出结构。本书研究显示，以义务教育为代表的基础教育财政教育支出对改善社会代际流动性的作用更大，因此，为促进社会公平，财政教育支出应更多地偏向于基础教育。当前，基础教育普及程度已达一定水平，为保障基础教育又好又快发展，进一步促进社会代际流动，下一步应着重提升其教学质量，在继续加大财政性基础教育经费投入的同时，应重点保障各地基础教育平衡发展，推进公共服务均等化，让更多来自贫困地区和贫困家庭的孩子享受相对公平和优质的教育，拓宽代际流动渠道。对于高等教育，下一步应继续拓宽高等教育经费筹措渠道，推动高等教育朝着市场化方向发展，充分发挥财政性资金对私人资本的引导作用，形成高等教育资金供给多元化格局，走内涵式发展之路。

最后，理顺各级政府财政教育支出责任分担。本书研究显示，县级政府和省级政府的财政教育支出对改善社会代际流动性的作用更大。这一方面是由于这两级政府分别是基础教育和高等教育的主要承担者和责任人；另一方面也同这两级政府的基本属性息息相关：县级政府作为基层政府，是基本公共服务的直接供给者，更加贴近百姓生活，更能满足百姓需求，而省级政府作为连接中央政府和基层政府的纽带，不仅可以更好地落实中央政策，还可以因地制宜、精准施策。因此，理顺各级政府间财政教育支出责任分担，要着重发挥县级政府和省级政府的作用。当前，随着公共教育领域中央和地方财政事权和支出责任划分改革的不断推进，对于中央和地方各自应承担的责任已有了较为明确的划分，下一步应尽快推进省以下财政教育事权与支出责任划分改革，完善相关转移支付制度。

7.2.2 具体思路

(1) 警惕社会代际流动性减弱趋势

本书研究结论显示，我国代际收入弹性系数呈现先下降后上升的正“U”形态势，代际教育和社会地位弹性系数总体呈现上升态势，这意味着在代际收入流动性逐步改善的过程中，我国教育、社会地位代际流动性在持续减弱；同时，近年来社会代际流动性确有减弱的趋势。

一方面，代际收入流动性的变动趋势与我国的改革发展实际相关。改革开放以来，党和国家的工作重心逐步转移至经济建设上来，我国经济迎来了发展的新纪元。1992 年，我国确立了社会主义市场经济体制，创造性地将社会主义制度和市场经济融合起来，并在发展中逐步体现出了制度优势：一方面，我国是社会主义国家，生产资料全民共有，这在意识层面赋予每个个体以平等的身份，任何人只要有相应的能力，即便是底层人群，其后代都有可能通过努力获得向上流动的机会；另一方面，大力发展市场经济，充分释放市场主体的活力，经济发展欣欣向荣，为个体的社会流动创造了更多机会和可能。在这一背景下，我国代际收入流动性持续加强。而 2010 年以来，改革逐步步入了深水区和攻坚期，我国面临经济转型升级、产业结构调整等诸多难题，迎来了经济结构调整的“阵痛期”，相比过往十数年，改革红利释放更为艰难，个体在社会中流动的机会相对较少，因此代际收入流动性又有所加强。

另一方面，代际教育、社会地位流动性与代际收入流动性的变动差异进一步表明，收入流动性的改善更多源于社会经济发展所创造的客观外在环境的转变，而以教育和社会地位为代表的个人能力与综合素质在其中发挥的作用较小。这给我们带来了一定启示：我国社会和经济发展成果斐然，为加强社会代际流动性提供了有利的客观条件，但要从根本上撼动代际间的社会阶层，可能还需从个体的能力与素质方面入手，尤其是在改革逐步步入深水区、改革红利难释放的当下，如何进一步改善社会代际流动性，将是一项重要议题，而以财政教育支出为支撑的公共教育在这一方面将大有可为。

（2）发挥财政教育支出的积极作用："雪中送炭"还是"锦上添花"

沿着上述思路，本书探讨了财政教育支出对社会代际流动性的影响，研究发现，财政教育支出能够改善社会代际流动性，但通过基于子代出生年份的异质性检验表明，这一改善作用呈现递减趋势，即相较于"90 后"，财政教育支出对代际流动性的改善作用在"80 后"中更强。这表明财政教育支出的作用可能从"雪中送炭"转向了"锦上添花"。在较早年份，我国社会经济发展水平仍处于较低水平，人民可支配收入较低，同时普遍对教育的重视程度不够。在这种情况下，财政教育支出作为子代人力资本投资的重要组成部分，能在较大程度上减弱家庭对子代的影响，产生的边际效应较大，起到了"雪中送炭"的作用。而随着经济的不断增长和社会的持续进步，一方面，人民生活水平日渐提高，父代进行人力资本投资的能力持续加强；另一方面，随着改革的不断深化，改革红利短期内难以释放，人们对教育的重视程度与日俱增，各个阶层的父代越来越倾向于通过子女教育来体现其优势，让子代"赢在起跑线"。在这种情况下，财政教育支出可能只是"锦上添花"，对代际流动性产生的边际作用较小。

这进一步给我们带来一定的政策启示：随着我国社会经济环境的客观变化，财政教育支出对社会代际流动性产生的边际效用在递减，在这一背景下，财政教育支出政策的重心应从"粗"到"细"，由"面"到"点"，着重在有效性和精准性上下工夫，充分发挥财政教育支出的积极作用。具体结合本书研究结论，有效性可体现为发挥基于宏观层面的传导机制作用，精准性则体现为发挥基于家庭层面和个体层面的传导机制作用。

（3）提高财政教育支出有效性：旨在促进教育公平

经典的代际传递理论认为，以教育为代表的人力资本积累是改善社会代际流动的重要途径，通过接受教育，处于社会底层人群的后代有机会获得公平的就业机会，从而摆脱原有阶层束缚，拓宽向上流动的渠道。但是，这一观点实则蕴含了一个重要前提——机会均等。如果教育系统内部本身就存在阶层分化，社会各阶层就无法拥有平等受教育的机会，那么教育将成为阶层固化的“助推器”。可见，教育能否改善、在多大程度上改善社会代际流动，关键在于机会均等的实现程度，而以财政教育支出为支撑的公共教育将在这一方面扮演重要的角色。

本书研究也显示，财政教育支出能够通过促进教育均衡，进而改善社会代际流动性，这一促进作用尤其在基础教育阶段作用更大。与此同时，以义务教育为代表的基础教育本就是构成政府基本公共服务的重要组成部分，因此，从这一角度来看，促进教育均衡的重心应在基础教育阶段。当前我国已完成全面普及义务教育的历史任务，学前教育和高中教育入学率也已达到一定水平，但依然存在不平衡不充分的发展，而这些不平衡具体体现在地区差距、城乡差距以及校际差距。为此，可进一步从以下四个方面入手，促进教育均衡：

第一，优化教育资源配置，重点向农村地区和贫困地区倾斜。义务教育方面，加大农村地区和贫困地区财政教育支出力度，完善校舍、教学设备等基础设施建设，加强教师队伍建设。高中教育方面，适当降低农村学生准入门槛，扩大农村地区招生比例，增加贫困生奖助学金，设置标准实施学杂费减免。学前教育方面，可通过设立学前教育专项经费、大力发展公办幼儿园、合理制定公办幼儿园收费标准、扶持非营利幼儿园提供公益普惠服务、以政府投入和基金会运作相结合的方式等来加大对学前教育的财政投入。

第二，打破校际壁垒，实施集团化办学。为推进教育资源均等化，进一步提升公共教育服务质量，可在县级政府的统筹安排下，实行“名校+弱校”“1+1”集团化办学。具体而言，在组织领导方面，对两个法人单位实施一体化管理，共用同一领导班子并建立捆绑发展工作责任制，实施捆绑考核并纳入干部绩效考核。在日常教学方面，实行“集团”内学校发展规划、教学思路、教师力量等资源共享，可成立合作教研室，共同开展专家培训、联合教研等，相关处室也可建立对口协作机制，提高工作效率。

第三，打破城乡壁垒，以“对口支援”方式组成教育联盟。为促进城乡公共教育均衡发展，可在县级政府的统筹安排下，根据地理位置和实际发展情况，建立“城+乡”“一对一”或“一对多”教育联盟。在联盟内，推进基础教育学校“点对点”共同发展，包括建立干部教师交流制度、设置分校、定向支援等。与此同时，可共同成立联校或进修校，在日常教研、教师培训、教学技能、学科活动等各个方面发挥对教育联盟的引领性和指导性作用。

第四，使用现代科技实现优质教育资源共享。为进一步扩大优质教育服务的供给范围，可借助现代科技、信息化技术实现优质教育资源对农村地区、薄弱学校的全覆盖。首先，建立一体化的数字化图书馆，促进校际间图书资源共享。其次，设置优质学校跨校学习课程，开放和打造更多面向全域的优质课程。最后，推进网校建设，实现名师课程、优质课程线上共享，并实时同步更新。

（4）提高财政教育支出精准性

首先，提高对贫困家庭的支出精准性。本书研究显示，财政教育支出对代际流动性的改善作用在低收入家庭和低学历家庭样本中作用更强，这意味着财政教育支出可以更好地缓解低收入家庭面临的预算约束，从而与父代人力资本投资形成互补，减弱父代对子代的影响，改善代际流动。因此，从这一角度来看，应进一步提高对贫困家庭的精准支出力度。为此，第一，要做好建档立卡、特困、低保、残疾等家庭经济困难学生的认定工作。可根据地区实际情况，明确家庭经济困难学生的困难等级，如“困难”“特别困难”等，同时建立认定工作的动态调整机制，定期审核。第二，分教育阶段、按认定的困难等级，分别设置补助项目和补助标准，如学前教育阶段可设保育教育费补助和生活补助，义务教育阶段可设营养餐补助和寄宿生活费补助，高中教育阶段重心在于免学费、杂费，提高国家助学金标准，高等教育阶段重心在于完善国家助学金、国家励志奖学金、国家助学贷款、“三助”岗位津贴等制度。第三，合理确定各方责任。不仅要分教育阶段、按项目合理安排财政资金分担比例，同时要加大校内资助力度，从事业收入中计提一定比例的资金，用于减免家庭经济困难学生收费。

其次，增加对学生的直接支出力度。本书研究显示，财政教育支出可以直接影响个体教育表现，从而减弱父代对子代的影响，改善代际流动，并且，这一传导机制表现出完全中介效应。因此，从这个角度来看，增加对学生的直接支出力度可能会进一步放大财政教育支出对社会代际流动性的改善作用。为此，一方面，要发挥学生资助的积极作用，尤其是对于有学龄子女的低收入家庭来说，学生资助不仅可以减弱家庭面临的预算约束，帮助贫困家庭稳定脱贫、高质量脱贫，同时也是有效防止贫困代际传递、因学致贫和因学返贫的重要途径。另一方面，要发挥学生奖学金的积极作用，尤其是在高中教育和高等教育阶段，不仅可以有效弥补家庭教育支出的不足，降低教育成本，从而减弱代际传递，加强代际流动，而且可以对学生形成激励，激发其学习动力，促进人力资本积累。为此，可进一步合理调整财政教育支出结构，适当缩减部分基建支出，增加对学生奖助学金的直接支出。

（5）发挥县级政府主力作用，加强省级统筹

首先，继续发挥好县级政府直接提供公共教育服务的主力军作用。县级政府作为公共教育服务的直接提供者和具体政策的执行者，在教育事业发展中始终扮演着重要角色。为此，应继续发挥好县级政府的主力军作用，确保各项财政教育资金足额、及时发放，监督辖区内各学校办学情况，合理配备师资，统筹城乡教育发展，对各学校办学情况进行绩效考核。与此同时，为进一步解决基层政府财政教育支出压力过大的问题，可适当将部分高中及以上教育阶段的支出责任上移至市级政府，如高中阶段免学（杂）费补助和国家助学金、高校国家助学金及助学贷款等，适当降低县级政府分担比例。

其次，加强省级统筹力度。一是制度建设。省级政府负责统一制定本区域内各级教育的规章制度、发展规划，指导和监督教育工作，进行教学质量评估等；在推进省以下教育事权与支出责任过程中，省级政府需发挥“领头羊”作用，通过制定政策法规、下发文件的形式，清晰界定各级政府及相关部门、学校、个人在公共教育方面的事权与支出责任，贯彻落实权责法定，为教育发展营造良好的法治环境。二是设定标准。一方面要设定地区办学标准，包括基础教育阶段的学校规模、班级规模，生均学校用地、校舍用地、绿化用地、体育设施以及实验室、图书馆、多媒体教室、音乐美术器材等，也包括高等教育阶段各学校的招生计划、学位标准、师生比等。另一方面要设定地区财政教育经费拨款标准，包括生均财政教育经费拨款标准、公用经费标准、学生奖助学金标准、教师工资标准等。在此基础之上，可借鉴中央与地方权责划分形式，分项目、按比例、分档确定各级政府应承担的支出责任，同样可从义务教育、学生资助、其他教育三方面入手进行具体划分。三是均衡省域各地区间教育发展。省级政府不仅承担着推进本地教育事业发展的职责，同时也负有均衡地区教育发展的责任，这就要求省级政府一方面需按照学校行政隶属关系承担教育支出责任，另一方面也需要通过财政教育支出推进教育均衡，具体来看：义务教育阶段，重点保障公用经费及时足额划拨，统筹城乡公办义务教育教师薪资，实施农村义务教育营养膳食补助计划，加强对家庭困难学生补助力度。基础教育阶段学生资助方面，省级政府应分项目、按比例、分档承担相应责任，原则上经济发展越落后的地区，省级政府分担比例越高。

（6）完善地区间教育资金转移支付

教育资金转移支付是上级政府履行公共教育服务支出责任的重要途径，

也是弥补地区间教育发展不均、推进教育服务均等化的重要手段，在理顺政府间支出责任方面扮演着重要角色，为此应做到以下三个方面：

第一，完善中央对地方教育资金转移支付制度。按照“加大一般性转移支付力度，清理、整合、规范专项转移支付”的总体思路，一是要加大中央对地方的教育资金一般转移支付力度，尤其是贫困地区、边远地区和农村地区，使地方政府财力与支出责任相匹配，努力提高各级政府积极性，以此均衡地方财力，推进公共服务均等化；二是要清理中央政府种类繁多、名目复杂、交叉重叠的专项转移支付，建立专项转移支付资金使用绩效评价体系，及时取缔资金使用效率低下、功能虚设的教育转移支付项目，使有限的经费真正用到实处，提高资金使用效率。

第二，完善地方上级政府对下级政府的教育资金转移支付力度。在我国的教育体制下，县级政府是公共教育服务的主要提供者，因而此处涉及的上级政府主要包含省级政府和市级政府。首先，对于省级政府而言，一方面要通过转移支付，承担部分属于自身的教育财政事权，另一方面，作为衔接中央政府和基层政府的纽带，承担均衡区域内教育发展的重任，需统筹安排中央和本级转移支付，可根据各地区发展和实际情况，结合学生在籍人数和人均财政收入水平，综合考量转移支付的分配方式，以减轻基层政府“按生”支出压力。其次，对于市级政府而言，可着重发挥其在均衡城乡教育发展中的作用，在教育资源配置中更多向农村倾斜；同时，为减轻基层政府财政压力，可适当提高市级政府在中央和省级专项转移支付配套资金上的分担比例。

第三，探索建立政府间横向教育资金转移支付制度。横向转移支付是同级政府间的资金转移，一般是富裕地区对贫困地区的横向资金资助，是缓解地区发展不均衡的有效途径。但由于种种因素，我国目前还未建立制度化的横向转移支付制度，但现有的援藏对口支援工作已具备部分横向转移支付的特征。未来随着各项条件的不断成熟，可进一步探索建立政府间横向教育资金转移支付制度，包括中央政府主导下的省际横向转移和省级政府主导下的市际横向转移，同时需相应强化财政监督和绩效管理。

（7）探索建立财政教育支出的长效机制

2014年，新预算法取消了财政性教育资金与国内生产总值的固定挂钩，为保证财政性教育支出的稳定性与可持续增长，应尽快建立财政性教育支出保障机制，在这方面，实行财政教育资金“定标准、定责任、有监督”或许是一个行之有效的方法。

定标准，即制定和完善各级教育办学标准。具体可以包括两个层面：一是基本标准，也可称为全国标准，由中央部门统一制定，包括各级各类教育生均财政教育经费拨款标准、公用经费标准、办学标准、学生奖助学金标准、教师工资标准等。二是动态标准，即在基本标准的基础上，以省为单位划定省级标准。各省应综合考虑地区教育发展现状，结合经济发展、人口变动、生源分布、地理特征、交通状况等客观因素，因地制宜地设定不低于全国标准，既能满足教育需求，又充分考虑财政供应能力，包括学校设置、校园建设、教育设备、师资队伍、教学质量、经费保障等在内的办学标准。同时，允许各地根据实际教育需求、生均培养成本、物价水平、发展前景等具体因素制定不低于省级标准的地方标准。以此由上到下，形成“以标准定支出”的方式，一方面保证了财政教育经费的稳定支出，另一方面，较为统一的全国标准或地方标准也有利于促进公共教育服务均等化。

定责任，则需要定两个方面的责任：一是定各级教育政府与市场的责任；二是定各级政府之间的责任。但这不单涉及财政教育支出政策，更关乎国家治理体系与教育体制改革。为此，一方面要深化教育体制改革，逐步完善以政府办学为主、社会各界参与的办学体制，健全以财政拨款为主、其他多渠道为辅的教育经费筹资体系，在各教育阶段，也应分别明确政府应承担的主体责任。另一方面，由中央部门牵头，逐步推出和完善公共教育领域各级政府间事权与支出责任划分改革方案，总体上应遵循事权与支出责任相适应、事权与财权相匹配、支出责任与财力相匹配的原则，这也是目前我国在财政教育领域所推行的重点改革任务。

有监督，重在强调为财政教育支出稳定增长提供制度保障。一是尽快完善相关的法律法规建设，使财政性教育经费拨付做到有法可依、违法必究。如进一步细化《中华人民共和国教育法》中关于财政教育经费支出稳定增长的条款，设定具体且易于量化的绩效评价准则对其增长情况进行评价、审核和监督。二是强化财政教育资金预算管理。将财政教育支出纳入各级财政预算，由人民代表大会统一进行审核、批准与监督，不仅需要对财政教育支出总额进行审核，而且要审核各项支出是否达到基本标准，由此形成财政性教育经费稳定增长的法律保障；三是提升各级政府财政透明度，最大程度实现教育支出预决算信息公开，尤其转移支付要细化至地方、项目，以此接受来自社会公众的监督。

7.3　研究不足与展望

教育体制是一个庞大体系，财政教育支出政策也因教育阶段不同、地区不同、受众不同而具有较大的差异性。由于自身水平限制，本书仅涉及了财政教育支出政策的部分问题，仍有部分相关问题有待后人进行更加深入的研究。

首先，财政教育支出政策复杂多样，本书仅涉及了其中较为宏观的规模、结构、责任分担三个问题，未来可进一步细化研究，如集中于某一教育阶段；细分不同类型的财政教育支出，如学生资助、生均拨款、基建支出、教师配比等；细分财政教育支出对象，如农村或城镇、学生或学校。

其次，考虑到宏微观数据的可获得性，本书在样本选择方面依然受限，对财政教育支出的政策效应检验也仅能集中在20世纪末到21世纪初这一阶段。未来，随着政府信息的不断公开以及覆盖面更广的微观统计调查的不断进行，数据将逐渐丰富和多样，基于大样本量的相关研究有待进一步开展。

再次，关于财政教育支出作用于社会代际流动性的传导机制有待进一步挖掘。本书虽然从宏观、家庭、个人三个层面较为创新地提出了相关传导机制，但总体来看，这一部分国内研究尚处于起步阶段，未来随着相关理论探讨的不断深入和微观调查的逐步进行，两者之间的影响机理有待进一步挖掘和检验。

最后，财政教育体制和政策是一个相当庞大的体系，本书运用经济数量模型研究仅是提供一个深入分析的视角，以期为决策者提供一些理论参考。未来，我国财政教育事业发展仍要以习近平新时代中国特色社会主义思想为指导，以马克思主义政治经济学为指导，走中国特色发展之路。

附　　录

附表 1　　基准回归—规模—市级—不加控制变量

变量	(1)	(2)	(3)	(4)
dad_edu	0.4606*** (0.0090)		0.4153*** (0.0092)	0.4063*** (0.0852)
fis_edu		1.9065*** (0.0499)	1.5203*** (0.0484)	1.5051*** (0.1547)
fis_edu · *dad_edu*				0.0018 (0.0165)
Chips 库效应	NO	NO	NO	NO
个体控制变量	NO	NO	NO	NO
城乡效应	NO	NO	NO	NO
区域控制变量	NO	NO	NO	NO
区域固定效应	NO	NO	NO	NO
观测值	13584	13631	13345	13345
调整后 R^2	0.1633	0.0896	0.2201	0.2201

注：***、**、*分别表示在1%、5%、10%水平上显著；若无特别说明，括号中为稳健标准误。

附表 2　　基准回归—规模—市级—加入控制变量

Panel A：控制 Chips 库效应				
变量	(1)	(2)	(3)	(4)
dad_edu	0.4600*** (0.0089)		0.4144*** (0.0090)	0.3970*** (0.0844)
fis_edu		1.9348*** (0.0494)	1.5523*** (0.0478)	1.5230*** (0.1539)
fis_edu · *dad_edu*				0.0034 (0.0163)

续表

Panel A：控制 Chips 库效应				
变量	(1)	(2)	(3)	(4)
Chips 库效应	YES	YES	YES	YES
个体控制变量	NO	NO	NO	NO
城乡效应	NO	NO	NO	NO
区域控制变量	NO	NO	NO	NO
区域固定效应	NO	NO	NO	NO
观测值	13584	13631	13345	13345
调整后 R^2	0.1953	0.1232	0.2543	0.2543
Panel B：进一步加入个体控制变量				
变量	(1)	(2)	(3)	(4)
dad_edu	0.4471*** (0.0090)		0.4004*** (0.0091)	0.3840*** (0.0845)
fis_edu		1.9054*** (0.0495)	1.5323*** (0.0479)	1.5048*** (0.1537)
fis_edu · dad_edu				0.0032 (0.0163)
Chips 库效应	YES	YES	YES	YES
个体控制变量	YES	YES	YES	YES
城乡效应	NO	NO	NO	NO
区域控制变量	NO	NO	NO	NO
区域固定效应	NO	NO	NO	NO
观测值	13582	13629	13343	13343
调整后 R^2	0.2128	0.1516	0.2696	0.2696
Panel C：进一步控制城乡效应				
变量	(1)	(2)	(3)	(4)
dad_edu	0.3002*** (0.0096)		0.2843*** (0.0095)	0.4414*** (0.0811)
fis_edu		1.2108*** (0.0502)	1.1184*** (0.0486)	1.3811*** (0.1490)
fis_edu · dad_edu				-0.0309* (0.0158)
Chips 库效应	YES	YES	YES	YES

续表

Panel C：进一步控制城乡效应				
变量	(1)	(2)	(3)	(4)
个体控制变量	YES	YES	YES	YES
城乡效应	YES	YES	YES	YES
区域控制变量	NO	NO	NO	NO
区域固定效应	NO	NO	NO	NO
观测值	13582	13629	13343	13343
调整后 R^2	0.3069	0.2851	0.3372	0.3374
Panel D：进一步加入区域控制变量				
变量	(1)	(2)	(3)	(4)
dad_edu	0.2676 *** (0.0095)		0.2699 *** (0.0095)	0.4588 *** (0.0828)
fis_edu		0.4196 *** (0.0741)	0.4993 *** (0.0725)	0.8026 *** (0.1561)
fis_edu · *dad_edu*				-0.0372 ** (0.0162)
Chips 库效应	YES	YES	YES	YES
个体控制变量	YES	YES	YES	YES
城乡效应	YES	YES	YES	YES
区域控制变量	YES	YES	YES	YES
区域固定效应	NO	NO	NO	NO
观测值	13343	13629	13343	13343
调整后 R^2	0.3462	0.3032	0.3488	0.3490
Panel E：进一步加入区域固定效应				
变量	(1)	(2)	(3)	(4)
dad_edu	0.2767 *** (0.0096)		0.2799 *** (0.0096)	0.4691 *** (0.0863)
fis_edu		0.7227 *** (0.1002)	0.8431 *** (0.0983)	1.1441 *** (0.1710)
fis_edu · *dad_edu*				-0.0373 ** (0.0169)
Chips 库效应	YES	YES	YES	YES
个体控制变量	YES	YES	YES	YES

续表

Panel E：进一步加入区域固定效应				
变量	(1)	(2)	(3)	(4)
城乡效应	YES	YES	YES	YES
区域控制变量	YES	YES	YES	YES
区域固定效应	YES	YES	YES	YES
观测值	13343	13629	13343	13343
调整后 R^2	0.3572	0.3135	0.3610	0.3613

注：***、**、*分别表示在1%、5%、10%水平上显著；若无特别说明，括号中为稳健标准误。

附表3　　基准回归—规模—省级—不加控制变量

变量	(1)	(2)	(3)	(4)
dad_edu	0.4606*** (0.0090)		0.4381*** (0.0092)	0.5050*** (0.1307)
fis_edu		1.8057*** (0.0723)	1.2808*** (0.0681)	1.3865*** (0.2257)
fis_edu · *dad_edu*				-0.0117 (0.0227)
Chips库效应	NO	NO	NO	NO
个体控制变量	NO	NO	NO	NO
城乡效应	NO	NO	NO	NO
区域控制变量	NO	NO	NO	NO
观测值	13584	13870	13584	13584
调整后 R^2	0.1633	0.0365	0.1815	0.1815

注：***、**、*分别表示在1%、5%、10%水平上显著；若无特别说明，括号中为稳健标准误。

附表4　　基准回归—规模—省级—加入控制变量

Panel A：控制Chips库效应				
变量	(1)	(2)	(3)	(4)
dad_edu	0.4600*** (0.0089)		0.4366*** (0.0091)	0.6264*** (0.1280)
fis_edu		1.8562*** (0.0710)	1.3329*** (0.0671)	1.6332*** (0.2213)

续表

Panel A：控制 Chips 库效应				
变量	(1)	(2)	(3)	(4)
fis_edu · *dad_edu*				-0.0333 (0.0222)
Chips 库效应	YES	YES	YES	YES
个体控制变量	NO	NO	NO	NO
城乡效应	NO	NO	NO	NO
区域控制变量	NO	NO	NO	NO
观测值	13584	13870	13584	13584
调整后 R^2	0.1953	0.0702	0.2151	0.2152
Panel B：进一步加入个体控制变量				
变量	(1)	(2)	(3)	(4)
dad_edu	0.4471*** (0.0090)		0.4223*** (0.0092)	0.6179*** (0.1281)
fis_edu		1.8424*** (0.0707)	1.3172*** (0.0671)	1.6264*** (0.2212)
fis_edu · *dad_edu*				-0.0343 (0.0222)
Chips 库效应	YES	YES	YES	YES
个体控制变量	YES	YES	YES	YES
城乡效应	NO	NO	NO	NO
区域控制变量	NO	NO	NO	NO
观测值	13582	13868	13582	13582
调整后 R^2	0.2128	0.1013	0.2318	0.2319
Panel C：进一步控制城乡效应				
变量	(1)	(2)	(3)	(4)
dad_edu	0.3002*** (0.0096)		0.2858*** (0.0097)	0.6957*** (0.1248)
fis_edu		1.2589*** (0.0662)	1.0395*** (0.0647)	1.6876*** (0.2164)
fis_edu · *dad_edu*				-0.0719*** (0.0217)
Chips 库效应	YES	YES	YES	YES

续表

Panel C：进一步控制城乡效应				
变量	(1)	(2)	(3)	(4)
个体控制变量	YES	YES	YES	YES
城乡效应	YES	YES	YES	YES
区域控制变量	NO	NO	NO	NO
观测值	13582	13868	13582	13582
调整后 R^2	0.3069	0.2669	0.3186	0.3191

Panel D：进一步加入区域控制变量				
变量	(1)	(2)	(3)	(4)
dad_edu	0.2807*** (0.0097)		0.2804*** (0.0097)	0.7152*** (0.1280)
fis_edu		0.3879** (0.1530)	0.3121** (0.1490)	0.9351*** (0.2460)
fis_edu · *dad_edu*				-0.0762*** (0.0223)
Chips 库效应	YES	YES	YES	YES
个体控制变量	YES	YES	YES	YES
城乡效应	YES	YES	YES	YES
区域控制变量	YES	YES	YES	YES
观测值	13582	13868	13582	13582
调整后 R^2	0.3212	0.2730	0.3214	0.3220

注：***、**、*分别表示在1%、5%、10%水平上显著；若无特别说明，括号中为稳健标准误。

附表5　　基准回归—规模—全国—不加控制变量

变量	(1)	(2)	(3)	(4)
dad_edu	0.4606*** (0.0090)		0.4339*** (0.0093)	0.8612*** (0.1428)
fis_edu		1.6213*** (0.0565)	1.1438*** (0.0542)	1.6412*** (0.1822)
fis_edu · *dad_edu*				-0.0527*** (0.0175)
Chips 库效应	NO	NO	NO	NO
个体控制变量	NO	NO	NO	NO

续表

变量	(1)	(2)	(3)	(4)
城乡效应	NO	NO	NO	NO
区域控制变量	NO	NO	NO	NO
观测值	13584	13870	13584	13584
调整后 R^2	0.1633	0.0431	0.1846	0.1849

附表 6　　　　基准回归—规模—全国—加入控制变量

Panel A：控制 Chips 库效应				
变量	(1)	(2)	(3)	(4)
dad_edu	0.4600*** (0.0089)		0.4330*** (0.0091)	0.9720*** (0.1391)
fis_edu		1.6302*** (0.0557)	1.1538*** (0.0534)	1.7812*** (0.1784)
fis_edu · *dad_edu*				-0.0665*** (0.0170)
Chips 库效应	YES	YES	YES	YES
个体控制变量	NO	NO	NO	NO
城乡效应	NO	NO	NO	NO
区域控制变量	NO	NO	NO	NO
观测值	13584	13870	13584	13584
调整后 R^2	0.1953	0.0752	0.2170	0.2176
Panel B：进一步加入个体控制变量				
变量	(1)	(2)	(3)	(4)
dad_edu	0.4471*** (0.0090)		0.4187*** (0.0093)	0.9520*** (0.1399)
fis_edu		1.6182*** (0.0555)	1.1441*** (0.0533)	1.7646*** (0.1788)
fis_edu · *dad_edu*				-0.0658*** (0.0171)
Chips 库效应	YES	YES	YES	YES
个体控制变量	YES	YES	YES	YES
城乡效应	NO	NO	NO	NO
区域控制变量	NO	NO	NO	NO
观测值	13582	13868	13582	13582
调整后 R^2	0.2128	0.1063	0.2338	0.2344

续表

Panel C：进一步控制城乡效应				
变量	(1)	(2)	(3)	(4)
dad_edu	0.3002 *** (0.0096)		0.2846 *** (0.0097)	1.0095 *** (0.1389)
fis_edu		1.0751 *** (0.0532)	0.8769 *** (0.0523)	1.7204 *** (0.1771)
fis_edu · *dad_edu*				-0.0895 *** (0.0171)
Chips 库效应	YES	YES	YES	YES
个体控制变量	YES	YES	YES	YES
城乡效应	YES	YES	YES	YES
区域控制变量	NO	NO	NO	NO
观测值	13582	13868	13582	13582
调整后 R^2	0.3069	0.2680	0.3190	0.3201

Panel D：进一步加入区域控制变量				
变量	(1)	(2)	(3)	(4)
dad_edu	0.2807 *** (0.0097)		0.2794 *** (0.0097)	0.8741 *** (0.1415)
fis_edu		0.8059 *** (0.1637)	0.5759 *** (0.1598)	1.2464 *** (0.2337)
fis_edu · *dad_edu*				-0.0734 *** (0.0174)
Chips 库效应	YES	YES	YES	YES
个体控制变量	YES	YES	YES	YES
城乡效应	YES	YES	YES	YES
区域控制变量	YES	YES	YES	YES
观测值	13582	13868	13582	13582
调整后 R^2	0.3212	0.2739	0.3218	0.3225

注：***、**、*分别表示在1%、5%、10%水平上显著；若无特别说明，括号中为稳健标准误。

附表 7　　工具变量回归结果—GMM

Panel A

变量	(1) 县 - First Stage	(2) 县 - 2SLS	(3) 市 - First Stage	(4) 市 - 2SLS
dad_edu		0.8540*** (0.1518)		0.7851*** (0.1264)
fis_edu		2.4543*** (0.3102)		1.0439*** (0.2199)
fis_edu · *dad_edu*		-0.1202*** (0.0311)		-0.1014*** (0.0249)
Ⅳ_*fis_edu_around*	0.3404*** (0.0140)		0.4838*** (0.0164)	
Ⅳ_*fis_inc_around*	0.1357*** (0.0072)		0.0222** (0.0107)	
Anderson LM (p - value)		2097.936 (0.0000)		3994.793 (0.0000)
Cragg - Donald Wald F		689.469		1429.464
Stock - Yogo - 10%		16.87		16.87
Sargan Test (p - value)		6.685 (0.0354)		4.102 0.1286
观测值	8896	8710	14187	13217
调整后 R^2	0.4246	0.2849	0.5974	0.3125

Panel B

变量	(1) 省 - First Stage	(2) 省 - 2SLS	(3) 全国 - First Stage	(4) 全国 - 2SLS
dad_edu		0.9781*** (0.2098)		1.2240*** (0.2724)
fis_edu		2.5900*** (0.3478)		3.2914*** (0.3763)
fis_edu · *dad_edu*		-0.1219*** (0.0368)		-0.1164*** (0.0336)
Ⅳ_*fis_edu_around*	0.0298*** (0.0105)		0.0737*** (0.0090)	

续表

Panel B				
变量	(1) 省 - First Stage	(2) 省 - 2SLS	(3) 全国 - First Stage	(4) 全国 - 2SLS
Ⅳ_*fis_inc_around*	0.2271*** (0.0098)		0.1669*** (0.0052)	
Anderson LM (p - value)		5203.525 (0.0000)		2697.298 (0.0000)
Cragg - Donald Wald F		2808.635		1120.663
Stock - Yogo - 10%		13.43		13.43
Sargan Test (p - value)		2.315 (0.1282)		0.002 (0.9634)
观测值	14610	13582	14610	13582
调整后 R^2	0.8810	0.2943	0.8465	0.2914
Chips 库效应	YES	YES	YES	YES
个体控制变量	YES	YES	YES	YES
城乡效应	YES	YES	YES	YES
区域控制变量	YES	YES	YES	YES

注：***、**、*分别表示在1%、5%、10%水平上显著；若无特别说明，括号中为稳健标准误。

附表 8　　　　工具变量回归结果—LIML

Panel A				
变量	(1) 县 - First Stage	(2) 县 - 2SLS	(3) 市 - First Stage	(4) 市 - 2SLS
dad_edu		0.8550*** (0.1519)		0.7853*** (0.1264)
fis_edu		2.4574*** (0.3105)		1.0437*** (0.2200)
fis_edu · *dad_edu*		-0.1204*** (0.0311)		-0.1015*** (0.0249)
Ⅳ_*fis_edu_around*	0.3404*** (0.0140)		0.4838*** (0.0164)	
Ⅳ_*fis_inc_around*	0.1357*** (0.0072)		0.0222** (0.0107)	

续表

Panel A				
变量	(1) 县 - First Stage	(2) 县 - 2SLS	(3) 市 - First Stage	(4) 市 - 2SLS
Anderson LM (p - value)		2097.936 (0.0000)		3994.793 (0.0000)
Cragg - Donald Wald F		689.469		1429.464
Stock - Yogo - 10%		16.87		16.87
Sargan Test (p - value)		6.685 (0.0354)		4.102 0.1286
观测值	8896	8710	14187	13217
调整后 R^2	0.4246	0.2849	0.5974	0.3125

Panel B				
变量	(1) 省 - First Stage	(2) 省 - 2SLS	(3) 全国 - First Stage	(4) 全国 - 2SLS
dad_edu		0.9781 *** (0.2098)		1.2240 *** (0.2724)
fis_edu		2.5904 *** (0.3478)		3.2914 *** (0.3763)
fis_edu · *dad_edu*		-0.1219 *** (0.0368)		-0.1164 *** (0.0336)
Ⅳ_*fis_edu_around*	0.0298 *** (0.0105)		0.0737 *** (0.0090)	
Ⅳ_*fis_inc_around*	0.2271 *** (0.0098)		0.1669 *** (0.0052)	
Anderson LM (p - value)		5203.525 (0.0000)		2697.298 (0.0000)
Cragg - Donald Wald F		2808.635		1120.663
Stock - Yogo - 10%		13.43		13.43
Sargan Test (p - value)		2.315 (0.1282)		0.002 (0.9634)
观测值	14610	13582	14610	13582
调整后 R^2	0.8810	0.2943	0.8465	0.2914
Chips 库效应	YES	YES	YES	YES
个体控制变量	YES	YES	YES	YES
城乡效应	YES	YES	YES	YES
区域控制变量	YES	YES	YES	YES

注：***、**、*分别表示在1%、5%、10%水平上显著；若无特别说明，括号中为稳健标准误。

附表 9　　微观个体异质性—子代出生年代—以 1987 年为界

Panel A：规模

变量	(1) 县	(2) 市	(3) 省	(4) 全国
dad_edu	0.4859*** (0.0796)	0.4569*** (0.0830)	0.7033*** (0.1289)	0.8650*** (0.1429)
fis_edu	1.0480*** (0.1493)	0.8064*** (0.1565)	0.9285*** (0.2468)	1.2555*** (0.2346)
fis_edu · dad_edu	-0.0371** (0.0160)	-0.0322** (0.0162)	-0.0697*** (0.0225)	-0.0691*** (0.0176)
fis_edu · dad_edu · dummy_87year	-0.0100*** (0.0022)	-0.0070*** (0.0019)	-0.0067*** (0.0017)	-0.0049*** (0.0012)
观测值	10654	13343	13582	13582
调整后 R^2	0.3371	0.3497	0.3227	0.3234

Panel B：结构

变量	(1) 高等教育	(2) 高中	(3) 初中	(4) 小学	(5) 幼儿园
dad_edu	0.6221*** (0.0750)	0.6420*** (0.1073)	0.8244*** (0.1863)	0.9108*** (0.2135)	0.3964*** (0.0463)
fis_edu	1.1096*** (0.1327)	0.7465*** (0.2082)	1.0476*** (0.3153)	0.6698** (0.2854)	0.4214*** (0.1244)
fis_edu · dad_edu	-0.0498*** (0.0116)	-0.0601*** (0.0190)	-0.0793*** (0.0284)	-0.0863*** (0.0304)	-0.0275** (0.0127)
fis_edu · dad_edu · dummy_87year	-0.0063*** (0.0015)	-0.0067*** (0.0018)	-0.0061*** (0.0015)	-0.0057*** (0.0014)	-0.0067*** (0.0026)
观测值	13582	13582	13582	13582	13582
调整后 R^2	0.3263	0.3226	0.3226	0.3225	0.3222

Panel C：责任分担

变量	(1) 中央本级	(2) 省本级	(3) 市本级	(4) 县本级
dad_edu	0.3181*** (0.0197)	0.4252*** (0.0441)	0.3037*** (0.0239)	0.4859*** (0.0796)
fis_edu	0.2671*** (0.0481)	0.7619*** (0.1383)	0.3181*** (0.0677)	1.0480*** (0.1493)

续表

Panel C：责任分担				
变量	(1) 中央本级	(2) 省本级	(3) 市本级	(4) 县本级
fis_edu · *dad_edu*	-0.0088 (0.0057)	-0.0378*** (0.0127)	-0.0099 (0.0070)	-0.0371** (0.0160)
fis_edu · *dad_edu* · *dummy_87year*	-0.0053** (0.0023)	-0.0091*** (0.0026)	-0.0021 (0.0024)	-0.0100*** (0.0022)
观测值	13582	13582	13343	10654
调整后 R^2	0.3256	0.3235	0.3484	0.3371
Chips 库效应	YES	YES	YES	YES
个体控制变量	YES	YES	YES	YES
城乡效应	YES	YES	YES	YES
区域控制变量	YES	YES	YES	YES

注：***、**、*分别表示在1%、5%、10%水平上显著；若无特别说明，括号中为稳健标准误。

参考文献

[1] Angrist J D, Krueger A B. The Effect of Age at School Entry on Educational Attainment: An Application of Instrumental Variables with Moments from Two Samples [J]. Publications of the American Statistical Association, 1992, 87 (418): 328 - 336.

[2] Arellano M, Meghir C. Female Labour Supply and On - the - Job Search: An Empirical Model Estimated Using Complementary Data Sets [J]. Review of Economic Studies, 1992, 59 (3): 537 - 559.

[3] Atkinson, A. B. , Trinder C. G. , Maynard A. K. Evidence on Intergenerational Income Mobility in Britain [J]. Economic Letters, 1978, 1: 383 - 388.

[4] Baker M, Solon G. Earnings Dynamics and Inequality among Canadian Men, 1976 - 1992: Evidence from Longitudinal Income Tax Records [J]. Journal of Labor Economics, 2003, 21 (2): 289 - 321.

[5] Becker G S, Tomes N. An Equilibrium Theory of the Distribution of Income and Intergenerational Mobility [J]. Journal of Political Economy, 1979, 87 (6): 1153 - 1189.

[6] Becker G S, Tomes N. Human capital and the rise and fall of families. [J]. Journal of Labor Economics, 1986, 4 (3, Part 2): S1 - S39.

[7] Behrman J, Taubman P. Intergenerational Earnings Mobility in the United States: Some Estimates and a Test of Becker's Intergenerational Endowments Model [J]. Review of Economics & Statistics, 1985, 67 (1): 144 - 151.

[8] Beller E, Hout M. Intergenerational social mobility: the United States in comparative perspective. [J]. Future of Children, 2006, 16 (2): 19 - 36.

[9] Bingley P, Corak M, Westergaardnielsen N. The Intergenerational Transmission of Employers in Canada and Denmark [J]. Iza Discussion Papers, 2011.

[10] Björklund A, Jäntti M. Intergenerational Income Mobility in Sweden

Compared to the United States [M]. American Economic Review, 1997, 87 (5): 1009 -1018.

[11] Björklund A, Salvanes K G. Chapter 3 - Education and Family Background: Mechanisms and Policies [J]. Handbook of the Economics of Education, 2011, 3 (5002): 201 -247.

[12] Bjorklund D F, Pellegrini A D. The origins of human nature: Evolutionary developmental psychology [M]. American Psychological Association, 2002.

[13] Blanden J. Cross - national rankings of intergenerational mobility: a comparison of approaches from economics and sociology [J]. Journal of Economic Surveys, 2013, 27 (1): 38 -73.

[14] Böhlmark A, Lindquist M J. Life - Cycle Variations in the Association between Current and Lifetime Income: Replication and Extension for Sweden [J]. Journal of Labor Economics, 2006, 24 (4): 879 -896.

[15] Brezis E S, Hellier J. Social mobility at the top and the higher education system [J]. European Journal of Political Economy, 2018, 52: 36 -54.

[16] Chevalier A, Denny K, McMahon D. A multi - country study of inter - generational educational mobility [J]. workingpaper, University College Dublin Institute for the Study of Social Change (Geary Institute), 2003.

[17] Corak M, Piraino P. Intergenerational earnings mobility and the inheritance of employers [J]. Iza Discussion Papers, 2010.

[18] Couch K. A. , Lillard D. R. Generational Income Mobility in North America and Europe: Non - linear patterns of intergenerational mobility in Germany and the United States [M]. Cambrige: Cambridge University Press, 2004.

[19] Davies J B, Zhang J, Zeng J. Intergenerational Mobility under Private vs. Public Education [J]. University of Western Ontario, Economic Policy Research Institute Working Papers, 2003, 107 (3): 399 -417.

[20] Deary I J, Taylor M D, Hart C L, et al. Intergenerational social mobility and mid - life status attainment: Influences of childhood intelligence, childhood social factors, and education [J]. Intelligence, 2005, 33 (5): 1 -472.

[21] Eide E R, Showalter M H. Factors Affecting the Transmission of Earnings across Generations: A Quantile Regression Approach [J]. Journal of Human Resources, 1999, 34 (2): 253 -267.

[22] Ferreira, S. & Veloso, F. Intergenerational mobility of wages in Brazil [J]. Brazilian Review of Econometrics, 2006, 26: 181 -211.

[23] Francisco Pérez - González. Inherited Control and Firm Performance [J]. American Economic Review, 2006, 96 (5): 1559 -1588.

[24] Galton F. Hereditary Genius: An Inquiry into its Laws and Consequences [M]. London, UK: MacMillan and Co. , 1869.

[25] Galton F. Natural Inheritance [M]. Placitas, New Mexico: Genetics Heritage Press, 1889.

[26] Grawe, Nathan D. Primary and Secondary School Quality and Intergenerational Earnings Mobility [J]. Journal of Human Capital, 2010, 4 (4): 331 -364.

[27] Greene W H. Econometric Analysis (4th) [M]. Upper Saddle River: Prentice Hall, 2000.

[28] Guido N, Serrano J, Leonardo G. Educational inequality and intergenerational mobility in Latin America: A new database [J]. Journal of Development Economics, 2018, 134: 329 -349.

[29] Haider S, Solon G. Life - Cycle Variation in the Association between Current and Lifetime Earnings [J]. American Economic Review, 2006, 96 (4): 1308 -1320.

[30] Hassler J, Mora J V R, Zeira J. Inequality and Mobility [J]. Journal of Economic Growth, 2007, 12 (3): 235 -259.

[31] Herrington, Christopher M. Public education financing, earnings inequality, and intergenerational mobility [J]. Review of Economic Dynamics, 2015, 18 (4): 822 -842.

[32] Hidalgo - Hidalgo M, Iñigo Iturbe - Ormaetxe. Long - run effects of public expenditure on poverty [J]. The Journal of Economic Inequality, 2018, 16.

[33] Iannelli, Cristina. Educational Expansion and Social Mobility: The Scottish Case [J]. Social Policy and Society, 2011, 10 (02): 251 -264.

[34] Ichino A, Karabarbounis L, Moretti E. The Political Economy of Intergenerational Income Mobility [J]. Economic Inquiry, 2011, 49 (1): 47 -69.

[35] Inkwan Chung, Hyunjoon Park. Educational expansion and trends in intergenerational socia mobility among Korean men [J]. Social Science Research, 2019.

[36] Iyigun M F. Public Education and Intergenerational Economic Mobility [J]. International Economic Review, 1999, 40 (3): 697 -710.

[37] Jerrim J, Macmillan L. Income Inequality, Intergenerational Mobility, and the Great Gatsby Curve: Is Education the Key? [J]. Doqss Working Papers, 2015, 94 (2): 1 -1.

[38] Kramarz F, Skans O N. When Strong Ties are Strong: Networks and Youth Labour Market Entry [J]. Cepr Discussion Papers, 2014, 81 (3) .

[39] Li Z, Liu L, Wang M. Intergenerational income mobility and public education spending: Evidence from China [J]. Children and Youth Services Review, 2014, 40: 89 -97.

[40] Lucas R E B, Kerr S P. Intergenerational income immobility in Finland: contrasting roles for parental earnings and family income [J]. Journal of Population Economics, 2013, 26 (3): 1057 -1094.

[41] Mayer S E, Lopoo L M. Government spending and intergenerational mobility [J]. Journal of Public Economics, 2008, 92 (1 -2): 139 -158.

[42] Mazumder B. Fortunate Sons: New Estimates of Intergenerational Mobility in the United States Using Social Security Earnings Data [J]. Review of Economics & Statistics, 2005, 87 (2): 235 -255.

[43] Mazumder B. Earnings Mobility in the Us: A New Look at Intergenerational Inequality [J]. Working Papers, 2001.

[44] Mimoun M B, Raies A. Public education expenditures, human capital investment and intergenerational mobility: a two - stage education model [J]. Bulletin of Economic Research, 2010, 62 (1): 31 -57.

[45] Mulligan C. B. Parental Priorities and Economic Inequality [M]. Chicago: University of Chicago Press, 1997.

[46] Murtazashvili I, Di L, Prokhorov A. Two - sample nonparametric estimation of intergenerational income mobility in the United States and Sweden [J]. Canadian Journal of Economics/revue Canadienne Déconomique, 2015, 48 (5): 1733 -1761.

[47] Oreopoulos P, Page M E, Stevens A H. The Intergenerational Effects of Compulsory Schooling [J]. Journal of Labor Economics, 2006, 24 (4): 729 - 760.

[48] Pfeffer F T, Hertel F R. How Has Educational Expansion Shaped Social Mobility Trends in the United States? [J]. Social Forces, 2015, 94 (1): 143 - 180.

[49] Piopiunik M. Intergenerational Transmission of Education and Mediating Channels: Evidence from a Compulsory Schooling Reform in Germany [J]. Scandinavian Journal of Economics, 2014, 116 (3): 878 - 907.

[50] Piraino, P. Comparable estimates of intergenerational income mobility in Italy [J]. Journal of Economic Analysis & Policy, 2006, 7: 1711 - 1735.

[51] Raaum O, Salvanes K G, Eric O S. The Neighbourhood is Not What it Used to be [J]. Economic Journal, 2006, 116 (508): 200 - 222.

[52] Rauh, Christopher. Voting, education, and the Great Gatsby Curve [J]. Journal of Public Economics, 2017, 146: 1 - 14.

[53] Rauscher E. Social Returns to Education: Exploiting U. S. Compulsory Schooling Laws: 1850 - 1930 [D]. New York: New York University, 2012.

[54] Restuccia D, Urrutia C. Intergenerational Persistence of Earnings: The Role of Early and College Education [J]. American Economic Review, 2004, 94 (5): 1354 - 1378.

[55] Restuccia D, Urrutia C. Intergenerational Persistence of Earnings: The Role of Early and College Education [J]. American Economic Review, 2004, 94 (5): 1354 - 1378.

[56] Solon G. Intergenerational Income Mobility in the United States [J]. American Economic Review, 1992, 82 (3): 393 - 408.

[57] Solon, G. A Model of Intergenerational Mobility Variation over Time and Place [J]. Generational Income Mobility in North America and Europe, 2004: 38 - 47.

[58] Sorokin P. Social Mobility [M]. London and New York: Harpers and Brothers, 1927.

[59] Sturgis P, Franz B. Increasing Inter - Generational Social Mobility: Is Educational Expansion the Answer [J]. British Journal of Sociology, 2015, 66 (3): 512 - 533.

[60] Uchida, Yuki. Education, social mobility, and the mismatch of talents [J]. Economic Theory, 2018, 65: 575 - 607.

[61] Van de Werfhorst, HG. A detailed examination of the role of education in intergenerational social - class mobility [J]. Social Science Information Sur Les Sciences Sociales, 2002, 41: 407 - 438.

[62] Xie Y, Zhou X. Income inequality in today's China. [J]. Proceedings of the National Academy of Sciences of the United States of America, 2014, 111 (19): 6928.

[63] Yang J, Qiu M. The impact of education on income inequality and intergenerational mobility [J]. China Economic Review, 2016, 37: 110 - 125.

[64] Zhong H. Does Education Expansion Increase Intergenerational Mobility? [J]. Economica, 2013, 80 (320): 760 - 773.

[65] Zimmerman D J. Regression Toward Mediocrity in Economic Stature [J]. American Economic Review, 1992, 82 (3): 409 - 429.

[66] 柏檀. 论学前教育公共服务中政府间财政责任的合理配置 [J]. 教育学术月刊, 2013 (1): 101 - 103.

[67] 毕宪顺, 张峰. 改革开放以来中国高等教育的跨越式发展及其战略意义 [J]. 教育研究, 2014, 35 (11): 62 - 71.

[68] 陈静漪, 宗晓华. 农村义务教育财政体制改革与发展——改革开放四十年回顾与展望 [J]. 教育经济评论, 2018, 3 (6): 43 - 61.

[69] 陈琳, 沈馨. 父代关系与代际收入流动: 基于教育和就业的视角 [J]. 南方经济, 2016, V34 (5): 34 - 45.

[70] 陈琳, 袁志刚. 中国代际收入流动性的趋势与内在传递机制 [J]. 世界经济, 2012 (6): 115 - 131.

[71] 陈琳, 袁志刚. 授之以鱼不如授之以渔? ——财富资本、社会资本、人力资本与中国代际收入流动 [J]. 复旦学报 (社会科学版), 2012 (4): 99 - 113 + 124.

[72] 陈琳. 中国城镇代际收入弹性研究: 测量误差的纠正和收入影响的识别 [J]. 经济学 (季刊), 2016 (1).

[73] 陈琳. 中国代际收入流动性的实证研究: 经济机制与公共政策 [D]. 上海: 复旦大学, 2011.

[74] 陈琳. 促进代际收入流动: 我们需要怎样的公共教育——基于 CHNS 和 CFPS 数据的实证分析 [J]. 中南财经政法大学学报, 2015 (3): 27 - 33 + 159.

［75］陈如龙．中华人民共和国财政大事记（1949—1985）［M］．北京：中国财政经济出版社，1989.

［76］邸玉娜．代际流动、教育收益与机会平等——基于微观调查数据的研究［J］．经济科学，2014，Vol.0（1）：65－74.

［77］段义德．财政支出促进教育公平的作用机制分解及验证——基于CHIP2013数据的分析［J］．四川师范大学学报（社会科学版），2018，45（4）：94－102.

［78］方鸣，应瑞瑶．中国城乡居民的代际收入流动及分解［J］．中国人口·资源与环境，2010，20（5）：123－128.

［79］高培勇．中国财税体制发展道路［M］．北京：经济管理出版社，2013.

［80］高小立，李欢欢．新中国70年农村义务教育财政体制改革探析［J］．四川师范大学学报（社会科学版），2019，46（5）：40－47.

［81］郭丛斌，丁小浩．中国劳动力市场分割中的行业代际效应及教育的作用［J］．教育研究，2005（1）：34－40.

［82］郭丛斌，闵维方．教育：创设合理的代际流动机制——结构方程模型在教育与代际流动关系研究中的应用［J］．教育研究，2009，30（10）：5－12.

［83］郭丛斌，闵维方．中国城镇居民教育与收入代际流动的关系研究［J］．教育研究，2007（5）：3－14.

［84］郭凡．当前广州社会的代际流动［J］．社会学研究，1995（6）：59－66.

［85］国家教育委员会计划建设司．中国教育成就（1986—1990）［M］．北京：人民教育出版社，1991：99－100.

［86］哈维格斯特．教育的社会流动价值［M］．上海：复旦大学出版社，2004：55.

［87］韩军辉．关于我国居民代际收入流动的研究［J］．统计与决策，2009（10）：118－120.

［88］韩军辉．基于面板数据的代际收入流动研究［J］．中南财经政法大学学报，2010（4）：21－25.

［89］韩丽丽，李廷洲．改革开放40年我国高等教育资助体系的回顾与展望［J］．中国高教研究，2018（6）：29－36.

[90] 郝雨霏，陈皆明，张顺．中国高校扩大招生规模对代际社会流动的影响［J］．西北大学学报（哲学社会科学版），2014，44（2）：122－129.

[91] 何东昌．中华人民共和国重要教育文献（1949—1975）［M］．海口：海南出版社，1998.

[92] 何东昌．中华人民共和国重要教育文献（1976—1990）［M］．海口：海南出版社，1998.

[93] 何东昌．中华人民共和国重要教育文献（1991—1997）［M］．海口：海南出版社，1998.

[94] 何东昌．中华人民共和国重要教育文献（1998—2002）［M］．海口：海南出版社，2003.

[95] 何东昌．中华人民共和国重要教育文献（2003—2008）［M］．海口：海南出版社，2010.

[96] 何晓琦，邓晓岚．跨代收入流动及其评估［J］．统计研究，2006，23（6）：39－43.

[97] 胡洪曙，亓寿伟．中国居民家庭收入分配的收入代际流动性［J］．中南财经政法大学学报，2014（2）：20－29.

[98] 江建军．棚户区本地居民的代际流动研究［D］．上海：华东师范大学，2004.

[99] 兰德尔·柯林斯．文凭社会［M］．北京：北京大学出版社，2018：5.

[100] 乐志强．高等教育促进代际流动的作用——基于“读书无用论”现象的思考［J］．北京社会科学，2018（10）：89－99.

[101] 乐志强，尹科．改革开放以来我国高等教育的逆袭效应和继承效应分析［J］．教育与经济，2020，36（6）：59－67＋84.

[102] 乐志强，尹科．虎父无犬子？——基于教育在代际流动中的作用机制的分析［J/OL］．重庆高教研究：1－15.

[103] 李秉中．我国教育经费支出的制度性短缺与改进路径［J］．教育研究，2014（10）：41－47.

[104] 李波，黄斌，汪栋．回顾与前瞻：中国义务教育财政体制 70 年［J］．华中师范大学学报（人文社会科学版），2019，58（6）：35－44.

[105] 李宏彬，孟岭生，施新政，等．父母的政治资本如何影响大学生在劳动力市场中的表现？——基于中国高校应届毕业生就业调查的经验研究

[J]. 经济学，2012，11（2）：1011－1026.

[106] 李建勇. 当代中国城市的社会分层与社会流动 [J]. 探索与争鸣，1992（4）：37－46＋36.

[107] 李力行，周广肃. 家庭借贷约束、公共教育支出与社会流动性 [J]. 经济学（季刊），2015，14（1）：65－82.

[108] 李祥云，卢跃茹，雷玉琪. 我国政府间义务教育事权与支出责任合理划分研究 [J]. 教育经济评论，2018（1）.

[109] 李小胜. 中国城乡居民代际收入流动分析 [J]. 统计与信息论坛，2011，26（9）：48－54.

[110] 李修彪，黄乾. 中国教育代际流动程度的测算——基于 CGSS 的实证 [J]. 统计与决策，2020，36（18）：46－49.

[111] 李永贤. 建国后解决教育经费不足问题的探讨 [J]. 国家教育行政学院学报，2005（4）：82－88.

[112] 李振宇，王骏. 中央与地方教育财政事权与支出责任的划分研究 [J]. 清华大学教育研究，2017（5）：35－43.

[113] 刘楠楠，段义德. 财政支出对教育代际流动性的影响 [J]. 财经科学，2017（9）：41－51.

[114] 刘巧利. 70 年：新中国基础教育发展大事记（1949—2019 年）[J]. 中小学管理，2019（9）：9－13.

[115] 刘伟. 论抗战时期毛泽东财政思想的科学内涵 [J]. 党史文苑，2006（24）：36－37.

[116] 刘文，沈丽杰. 政府公共支出对代际收入弹性的影响研究 [J]. 劳动经济评论，2017，10（2）：22－35.

[117] 刘志国，范亚静. 教育与居民收入代际流动性的关系研究 [J]. 统计与决策，2014（22）：101－105.

[118] 龙翠红，王潇. 中国代际收入流动性及传递机制研究 [J]. 华东师范大学学报（哲学社会科学版），2014（5）：156－164.

[119] 楼继伟. 40 年重大财税改革的回顾 [J]. 财政研究，2019（2）：3－29.

[120] 卢盛峰，陈思霞，张东杰. 教育机会、人力资本积累与代际职业流动——基于岳父母/女婿配对数据的实证分析 [J]. 经济学动态，2015（2）：19－32.

［121］吕炜，郭曼曼，王伟同．教育机会公平与居民社会信任：城市教育代际流动的实证测度与微观证据［J］．中国工业经济，2020（2）：80－99.

［122］马海涛，蔡杨，郝晓婧．财政科技支出是否促进了中国工业企业创新？［J］．经济与管理评论，2019，35（5）：43－57.

［123］马海涛，郝晓婧．财政监督演变与财税体制改革——改革开放四十年的回顾与展望［J］．财政监督，2018（11）：5－10.

［124］马海涛，郝晓婧．社会主要矛盾变迁与财税体制改革［J］．经济与管理评论，2018，34（4）：5－15.

［125］马海涛，郝晓婧．现代化经济体系建设与税制改革［J］．税务研究，2018（2）：5－11.

［126］马海涛，郝晓婧．中央和地方财政事权与支出责任划分研究——以公共教育领域为例［J］．东岳论丛，2019，40（3）：46－59＋191.

［127］马海涛，任强，孙成芳．改革开放40年以来的财税体制改革：回顾与展望［J］．财政研究，2018（12）：2－9.

［128］马海涛，汪昊．中国特色财政改革的伟大实践——改革开放40年回顾与思考［J］．财经问题研究，2018（11）：13－19.

［129］马海涛，肖鹏．改革开放四十年我国财税改革回顾与展望［J］．地方财政研究，2018（11）：4－9＋19.

［130］马瑜，王琪延．教育对代际流动的影响效应分析［J］．现代管理科学，2015（11）：64－66.

［131］宋旭光，何宗樾．义务教育财政支出对代际收入流动性的影响［J］．财政研究，2018.

［132］宋旭光，何佳佳．家庭化迁移经历对代际流动性的影响［J］．中国人口科学，2019（3）：92－102＋128.

［133］孙开，王冰．政府间普通教育事权与支出责任划分研究——以提供公平而有质量的教育为视角［J］．财经问题研究，2018，No.417（8）：75－83.

［134］孙美红．改革开放40年我国农村学前教育的变迁与政府责任［J］．学前教育研究，2019（1）：33－44.

［135］孙三百，黄薇，洪俊杰．劳动力自由迁移为何如此重要？——基于代际收入流动的视角［J］．经济研究，2012，47（5）：147－159.

［136］谭远发．父母政治资本如何影响子女工资溢价：“拼爹”还是“拼搏”？［J］．管理世界，2015（3）：22－33.

[137] 汪栋，蒋劭杰，黄斌．我国教育税收管理制度改革的路径选择［J］．税务研究，2017（3）：115－120.

[138] 汪小芹．中国社会代际流动趋势与结构分解［J］．经济学动态，2018（11）：59－73.

[139] 汪燕敏，金静．我国教育对代际收入流动的影响——基于代际数据的观察［J］．管理现代化，2013（3）：123－125.

[140] 汪燕敏，金静．我国教育对代际收入流动的影响——来自分位数回归的经验证据［J］．福建江夏学院学报，2015，5（5）：1－6.

[141] 王海港．中国居民收入分配的代际流动［J］．经济科学，2005（2）：18－25.

[142] 王美今，李仲达．中国居民收入代际流动性测度——“二代”现象经济分析［J］．中山大学学报（社会科学版），2012，52（1）：172－181.

[143] 王生发，刘金东．政治资本、代际传递、进入与晋升：以公共部门为例［J］．南方经济，2016，34（5）：46－61.

[144] 温忠麟，张雷，侯杰泰．有中介的调节变量和有调节的中介变量［J］．心理学报，2006（3）：448－452.

[145] 谢旭人．中国财政60年（上卷）［M］．北京：经济科学出版社，2009.

[146] 徐俊武，易祥瑞．增加公共教育支出能够缓解“二代”现象吗？——基于CHNS的代际收入流动性分析［J］．财经研究，2014，40（11）：17－28.

[147] 徐俊武，张月．子代受教育程度是如何影响代际收入流动性的？——基于中国家庭收入调查的经验分析［J］．上海经济研究，2015（10）：121－128.

[148] 徐丽，杨澄宇，吴丹萍．教育投资结构对居民收入代际流动的影响分析——基于OLG模型的政策实验［J］．教育经济评论，2017，2（4）：36－62.

[149] 徐晓红．中国城乡居民收入差距代际传递变动趋势：2002—2012［J］．中国工业经济，2015（3）：5－17.

[150] 严斌剑，王琪瑶．城乡代际收入流动性的变迁及其影响因素分析［J］．统计与决策，2014（17）.

[151] 杨会良，杨雅旭．改革开放四十年中国教育财政制度演进历程、

特征与未来进路 [J]. 教育经济评论，2018，3 (6)：3 - 13.

[152] 杨会良. 改革开放前我国教育财政体制的演变与特征 [J]. 河北大学学报 (哲学社会科学版)，2006 (4)：58 - 63.

[153] 杨娟，周青. 增加公共教育经费有助于改善教育的代际流动性吗? [J]. 北京师范大学学报 (社会科学版)，2013 (2)：16 - 17.

[154] 杨娟，赖德胜，邱牧远. 如何通过教育缓解收入不平等? [J]. 经济研究，2015，50 (9)：86 - 99.

[155] 杨瑞龙，王宇锋，刘和旺. 父亲政治身份、政治关系和子女收入 [J]. 经济学 (季刊)，2010，9 (3)：871 - 890.

[156] 杨新铭，邓曲恒. 城镇居民收入代际传递现象及其形成机制——基于2008年天津家庭调查数据的实证分析 [J]. 财贸经济，2016，37 (11)：47 - 61.

[157] 杨耀武，杨澄宇. 中国基尼系数是否真地下降了? ——基于微观数据的基尼系数区间估计 [J]. 经济研究，2015，50 (3)：75 - 86.

[158] 杨中超. 教育扩招促进了代际流动? [J]. 社会，2016，36 (6)：180 - 208.

[159] 杨尊伟. 改革开放40年我国高等教育管理体制改革的回顾与前瞻 [J]. 河北师范大学学报 (教育科学版)，2018，20 (5)：13 - 19.

[160] 叶晓阳. "以权择校"：父母政治资本与子女择校 [J]. 世界经济文汇，2012 (4)：52 - 73.

[161] 袁连生，何婷婷. 中国教育财政体制改革四十年回顾与评价 [J]. 教育经济评论，2019，4 (1)：11 - 37.

[162] 臧日宏. 经济学 [M]. 北京：中国农业大学出版社，2003：201 - 202.

[163] 张山. 财政义务教育支出对代际收入流动的影响 [J]. 经济问题，2021 (2)：71 - 79.

[164] 张淑娟. 我国教育税收政策改革研究 [J]. 国际税收，2019 (3)：77 - 80.

[165] 赵剑治，陆铭. 关系对农村收入差距的贡献及其地区差异——一项基于回归的分解分析 [J]. 经济学 (季刊)，2010，9 (1)：363 - 390.

[166] 中共中央组织部组织局，中共中央宣传部宣传教育局. 邓小平理论通俗读本 [M]. 北京：党建读物出版社，2000.

［167］中华人民共和国国家教育委员会计划财务司．中国教育成就（1980—1985）［M］．北京：人民教育出版社，1986：103－104.

［168］中华人民共和国教育部计划财务司．中国教育成就（1949—1983）［M］．北京：人民教育出版社，1985：371－372.

［169］周波，苏佳．财政教育支出与代际收入流动性［J］．世界经济，2012（12）：41－61.

［170］周明海，徐杨云涛．高校扩招与中国代际收入流动［J］．教育经济评论，2017（6）：85－99＋116.

［171］周兴，张鹏．代际间的职业流动与收入流动——来自中国城乡家庭的经验研究［J］．经济学（季刊），2015，14（1）：351－372.

［172］周兴，王芳．城乡居民家庭代际收入流动的比较研究［J］．人口学刊，2014，36（2）：64－73.

［173］朱永新．中国教育改革大系——教育体制与教育财政卷［M］．武汉：湖北出版社，2015.